minimal

S

S2

bleiben

doch richtiger

ch Breite

nur Optisch, am besten

hintergründig

durch das halbe Mass

Plexiglas ganze Länge

AVRAMIDIS

AVRAMIDIS

oder

DER RHYTHMUS DER STRENGE

Werner Hofmann

HIRMER VERLAG

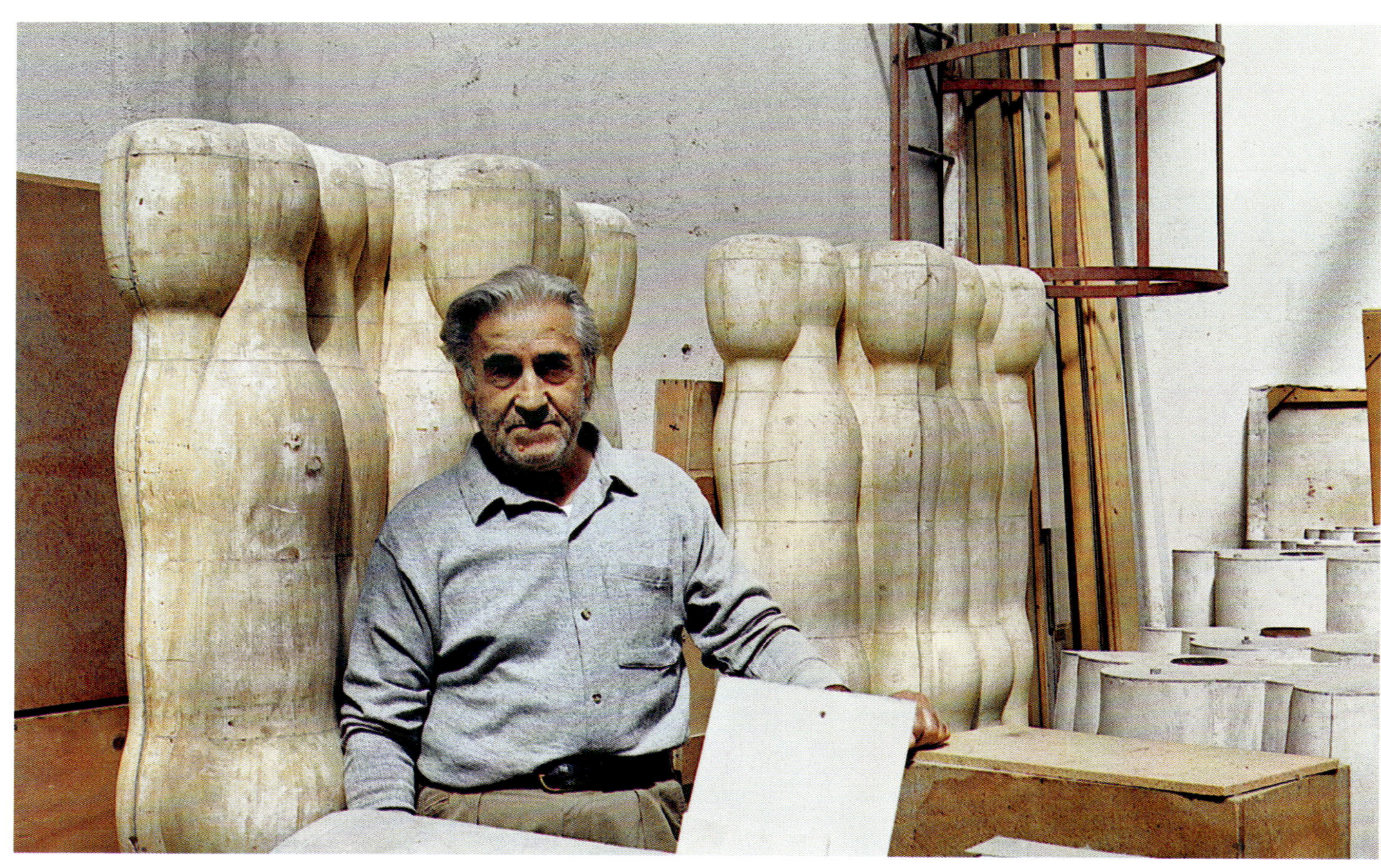

INHALT

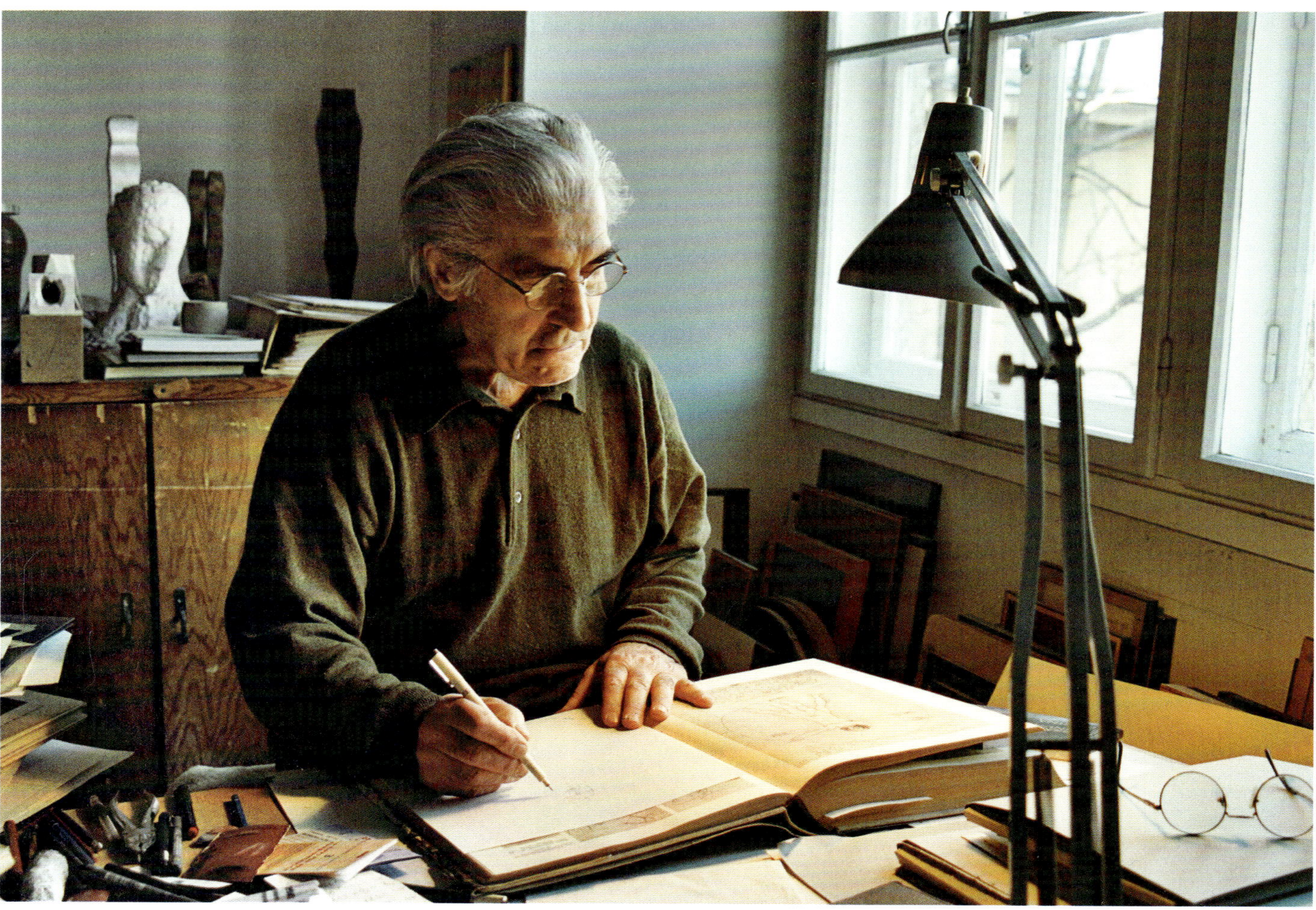

Abb. 1 Joannis Avramidis beim Studium Leonardos

AVRAMIDIS

oder

DER RHYTHMUS DER STRENGE

I. BINNENRAUMKÖRPER

Avramidis, so sieht es der erste Blick, ist an den Traditionsbrüchen der Moderne des 20. Jahrhunderts unbeteiligt vorbeigegangen. Die Fragen, die ihn beschäftigen, erforderten einen längeren Atem als die Zeitgenossenschaft, die sich mit dem Stück Gegenwart begnügt, in dem wir leben. Für Avramidis stand und steht die ganze Neuzeit zur Disposition, mithin auch die Erbmasse, die aus der Antike herbeigeholt wurde, um das, was wir »Renaissance« nennen, zu stützen und zu rechtfertigen.

Leonardos Prototyp

Am Anfang dieser Erneuerung tritt uns, Forderung und Versprechen in einem, Leonardos berühmter Mann im Quadrat entgegen, der zugleich ein homo ad circulum ist: Seine Frontalität und die ausgebreiteten Arme weisen ihm einen Ort zwischen den Zeiten zu (Abb. 1 und 2).[1] Wir kennen die geöffneten Arme aus dem Orantengestus der frühen christlichen Malerei. So steht der heilige Apollinaris im Apsismosaik der ihm geweihten Kirche bei Ravenna und blickt auf die gläubige Gemeinde und deren Priester herab. Über ihm in einem Kreis ein prunkvolles Kreuz. Es ist ein Triumphkreuz, in dem die Erinnerung an den Kreuzestod ausgelöscht ist. Leonardo hat den Gestus des Heiligen zur gebieterischen Haltung eines Gekreuzigten gestrafft, zugleich aber neutralisiert, von der Leidenserfahrung entlastet. Sein menschlicher Prototyp bezieht sich zwar noch auf das Koordinatenkreuz von Golgotha, doch hat er sich der Opfer- wie der Jenseitsdimension entledigt. Aus dem exemplarisch leidenden Erlöser ist der Mensch geworden, das Maß aller Dinge, der sich anschickt, das Universum nach seinem Bild zu ordnen. Die organische Gesetzlichkeit dieses nackten Körpers, eingebettet in zwei geometrische Grundfiguren, veranschaulicht das neue, anthropozentrische Weltbild.

---

1 Das Foto zeigt den Zeichner Avramidis, wie er vor einem aufgeschlagenen Buch sitzt, auf dessen linker Seite Leonardos *Mann im Quadrat* abgebildet ist. Wahrscheinlich arbeitet er an einer Paraphrase des berühmten Blattes.

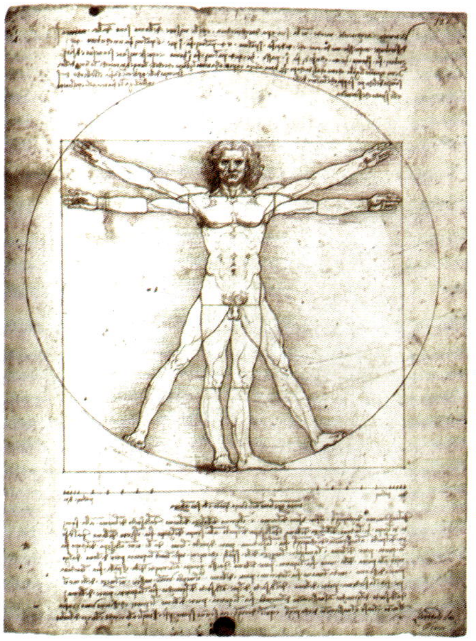

Abb. 2 Leonardo, Proportionsschema des Menschen nach Vitruv. Um 1490, Feder und Tinte laviert, 34,4 × 24,5 cm, Venedig, Galleria dell'Accademia

Vitruvs Anweisung

Leonardo beruft sich auf Vitruvs Anweisung im dritten seiner *Zehn Bücher über Architektur*. Dort wird der menschliche Körper als von der Natur zusammengesetzt (»natura composuit corpus humanis«) beschrieben: »Ebenso wie sich am Körper ein Kreis ergibt, wird sich auch die Figur des Quadrates an ihm finden. Wenn man nämlich von den Fußsohlen bis zum Scheitel Maß nimmt und wendet dieses Maß auf die ausgestreckten Hände an, so wird sich die gleiche Breite und Höhe ergeben, wie bei Flächen, die nach dem Winkelmaß quadratisch angelegt sind.«[2]

Leonardos komponierter Maßstabmensch ist zur Ikone erstarrt. Quadrat und Kreis umfassen ihn definitiv wie zwei Schlußstriche, innerhalb derer sein Bewegungspotential sich dem Gebot der Symmetrie fügt. Das symmetrische Bezugssystem stellt seine Inhalte still: Auf eine Achse bezogen, fixieren sich die Partner gegenseitig. In unserem Fall isoliert es den Mann in der Sperrzone von Quadrat und Kreis vom größeren Rest der Welt, der sich von dieser Axialität nicht disziplinieren läßt. Leonardos Prototyp kennt indes nur den Handlungsraum des geometrisch begrenzten Feldes, das nach regelmäßiger (symmetrischer) Füllung verlangt. So wird er zum Gegenbild der körperlichen Entfaltung, die zu den Wunschvorstellungen der Epoche zählte und an der Leonardo entscheidend mitwirkte. Der Mann im Quadrat hat die Spontaneität der Kreatürlichkeit abgelegt und sich im endgültig anmutenden Umriß eines Schemas verfestigt. Und doch steckt in diesem Verband von Gliedmaßen ein Spielangebot, mit dem sich potentiell daraus ausbrechen ließe. Den Gestus des Mannes profaniert ein Seitenblick auf den Hampelmann, dessen steife Bewegungsmechanik sich in ihm verbirgt. So kann das Erhabene ins Lächerliche, Selbstbestimmung in Fremdbestimmung umkippen.

Ein Spielangebot

Dennoch: die zentrale Aussage dieses anatomischen Non-plus-ultra ist die Gleichung von organischer Entfaltung und geometrischer Norm. Zugleich weiß aber dieses physische Selbstbewußtsein, daß ihm die Geometrie ihre Autorität aufnötigt. Der Körper hat nur die Wahl zwischen einem quadratischen und einem

2 Vitruv. Zehn Bücher über Architektur, übersetzt von Curt Fensterbusch, Berlin 1964, S. 129

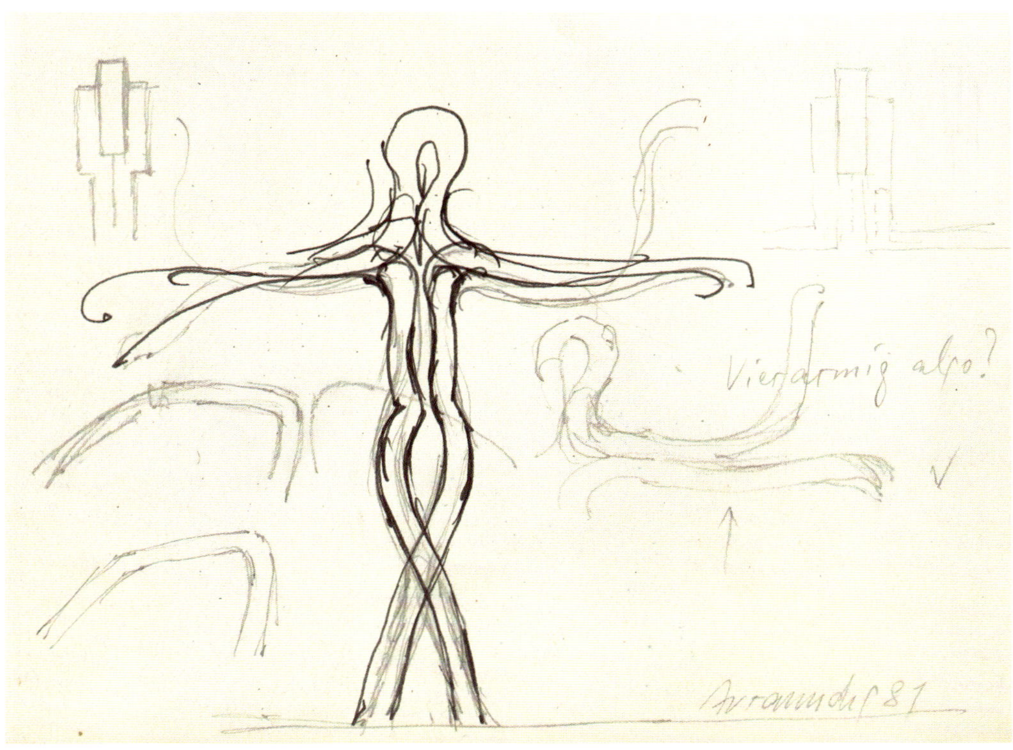

Abb. 3 Vierarmig also? 1981, Blei- und Filzstift auf Karton, sign. und dat. u. l., 16,5 × 22,2 cm

Eine Versuchsanordnung

runden Behältnis. Dazu kommt, daß sein Volumen wie in einer Versuchsanordnung in die Bildebene eingespannt ist. (Analog dazu ermittelte Vitruv seine Proportionsbeziehungen nicht am frei stehenden, sondern am liegenden Körper.)

1981 zeichnete Avramidis eine Gestalt, die wie eine beschwingte Paraphrase auf die Statik des Prototyps von Leonardo anmutet (Abb. 3). Sie stellt Abläufe von »Bandkörpern« dar – dieses Wort prägte Avramidis, um formale Zwitter zu bezeichnen, deren linearer Duktus zugleich körperliche Konsistenz enthält. Der organische Rhythmus besteht vornehmlich aus Linien; aus den in sich ruhenden Massen – Kopf und Rumpf – sind laufende Kurven geworden: Leonardos Axiom des autonomen Stehens ist dynamisch überwunden und zugleich zur letzten organischen Rhythmisierung gebracht, die den Körper in ein Geflecht von fließenden Binnenräumen umsetzt.

Das makellose Paradigma des Homo sapiens erectus ist eine vom Lebensatem abgehobene Kunstfigur, die sich selbst genügt. Leonardos Erfindung steht am Anfang des halben Jahrtausends, in dem die Bildkünste und die Plastik der menschlichen Figur immer neue Variationen abgewannen, und ist dennoch die strikte Negation dieser Vielgestaltigkeit. Ihr abweisendes Pathos läßt keine Handlungen zu, weder die selbstgewisse Tat noch den Rückzug in Schmerz und Selbstzweifel (etwa im Topos der melancholischen Nachdenklichkeit). Dieser

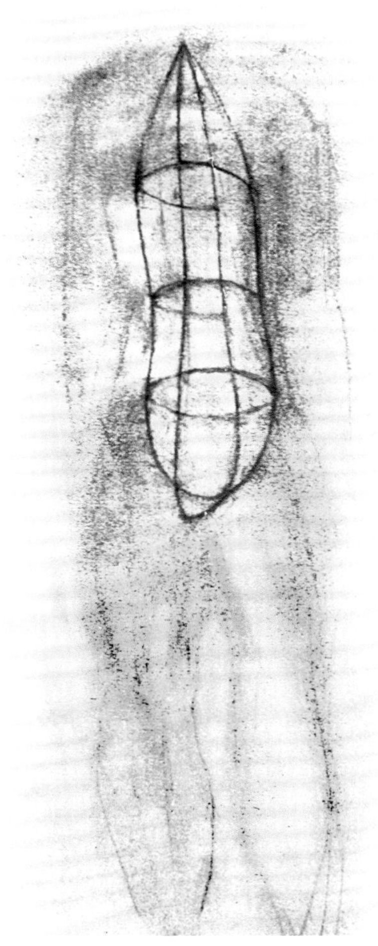

Abb. 4 Rumpf.
Um 1953, Kohle, 23 × 15,4 cm

Mann hat den Gekreuzigten dermaßen neutralisiert, sprich: formalisiert, daß er in dem Koordinatenfeld T, der anthropomorphen Formel für das Tragen und Lasten, verschwand. Die Gestalt weist die Kreatürlichkeit zurück, sie steht abseits von der condition humaine, jenseits von Gut und Böse – sie ist die verkörperte Indifferenz. Deshalb hat die Bewunderung, die Leonardos Zeichnung seit Jahrhunderten erweckt, nicht den Weg in einen schöpferischen Dialog gefunden. Sie wurde immer wieder zitiert und kopiert, doch blieb ihre Aussage Selbstgespräch. Dennoch läßt sich jede körperliche Erfindung der späteren Jahrhunderte auf das Blatt in der Accademia in Venedig zurückverfolgen. Dort findet sich, mit einem Wort aus Rilkes *Fünfter Elegie*, das sich auf Picassos *Saltimbanques* bezog, des »Dastehns großer Anfangsbuchstab« – eine der prägenden Initialen der europäischen Kunstgeschichte.

Rilkes Fünfte Elegie

Auch Avramidis hat mit diesem Anfangsbuchstaben sein Vokabular begonnen, ohne ihn zu zitieren und vielleicht ohne sich (im Kopf) auf ihn zu berufen. Diese Auseinandersetzung – deshalb beginne ich mit ihr – hatte sofort einen exemplarischen Rang. Sie richtete sich zwar auf eines von Avramidis' wichtigsten Themen, die ideale Vertikalität der Stele, war aber nicht auf deren Umriß, sondern auf das Gegenteil, die Binnenlandschaft des Körpers fixiert. Solcherart entging Avramidis der Isolierung in der Singularität, die Leonardo seinem Prototyp auferlegte. Die »Öffnung nach innen« mutet paradox an, doch bezeichnet sie nicht weniger als den Königsweg, den Avramidis seiner Kunst bereits sehr früh entdeckte. Das läßt sich nachvollziehen, wenn wir unseren Blick die kleinen Schritte gehen lassen, die der Künstler in die Zwischenräume, in die Intervalle und »Falten« seiner Formerfahrungen verlegt hat.

Öffnung nach innen

Ein Binnenraumkörper: die Spindel

Mit Recht hat Michael Semff den *Rumpf* von 1953 (Abb. 4) als Anfangsbuchstaben an den Beginn seines Kapitels »Der Weg zur Konstruktion« gestellt, freilich ohne ihn zu kommentieren. Das Blatt erhellt exemplarisch, wie Avramidis den Körper umakzentuiert und gleichsam nach innen umwendet, indem er aus dem anatomischen »Rumpf«, der nur als blasser Schemen angedeutet ist, einen

gegenüber:
Abb. 5 Kopfform.
1960, Polyester massiv auf Aluminiumkonstruktion, Höhe 30 cm

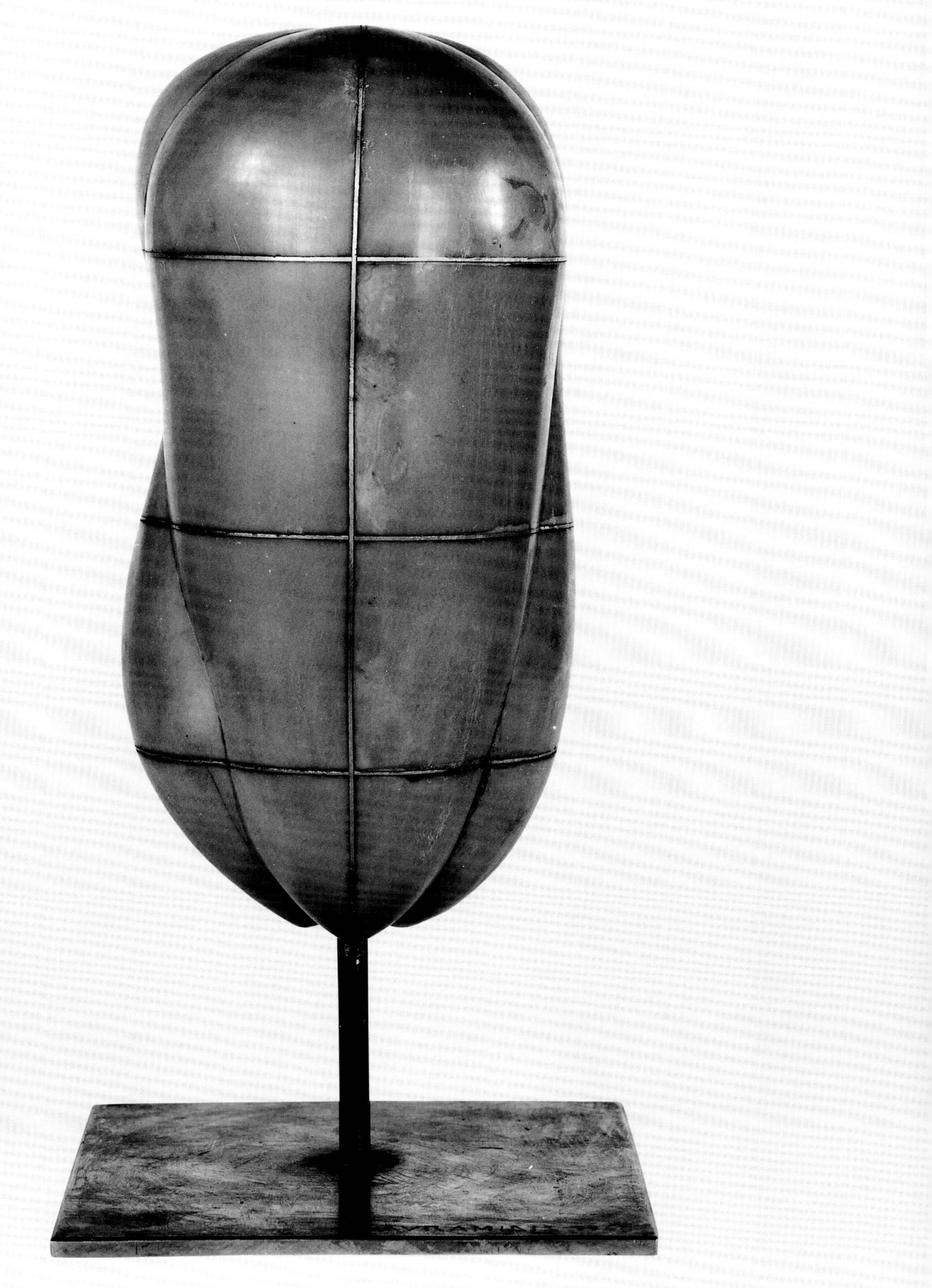

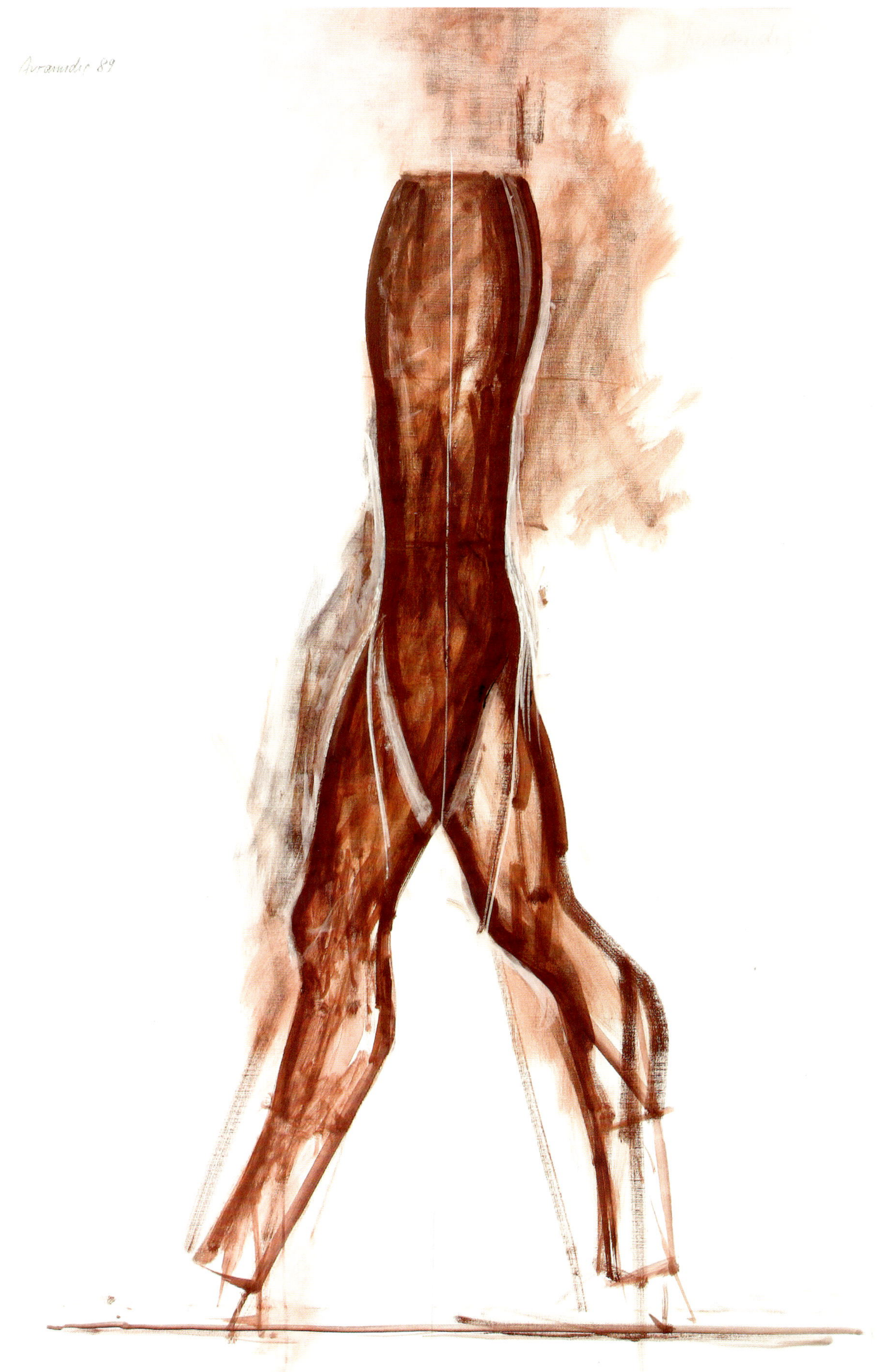

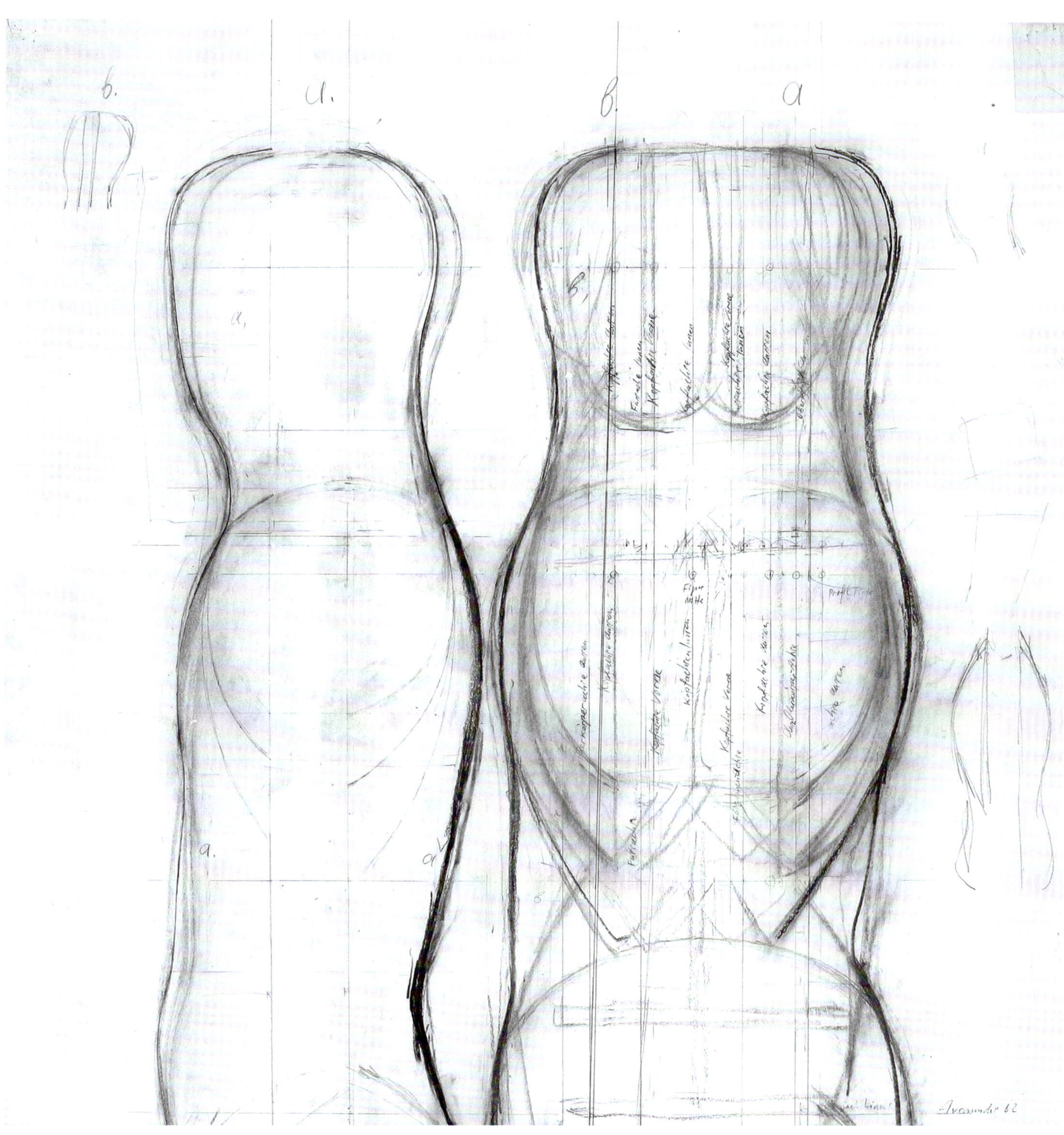

gegenüber:
Abb. 6 Großer Schreitender.
1989, Kunstharzfarbe auf Leinwand,
154 × 97 cm, sign. und dat. o. l.

Abb. 7 Konstruktionszeichnung.
1962, Kohle und Graphit auf Papier,
80 × 74,5 cm, sign. und dat. u. r.

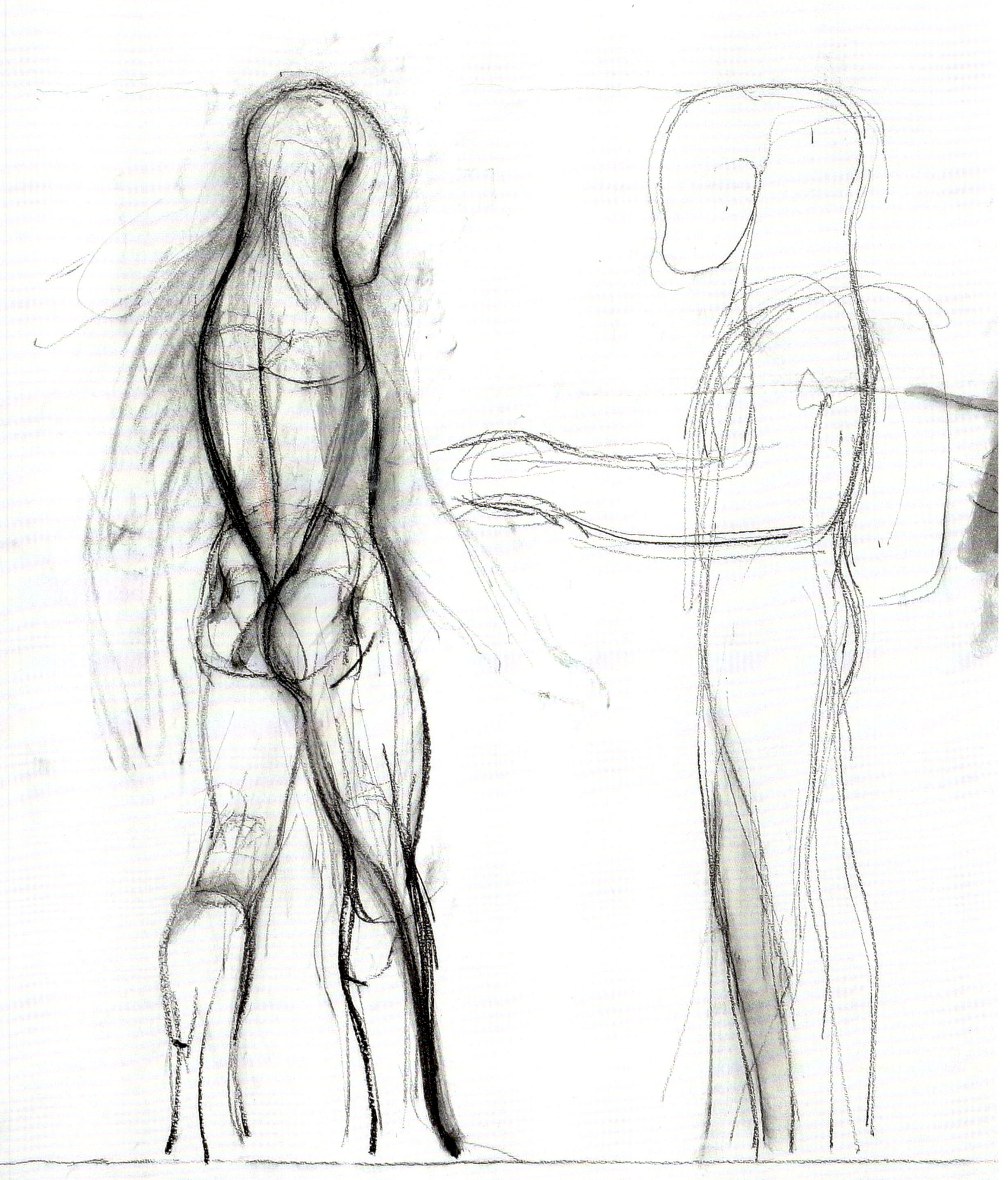
Avramidis 80

gegenüber:
Abb. 8 Zwei Figuren.
1980, Presskohle auf Papier,
67 × 49,2 cm, sign. und dat. o. r.

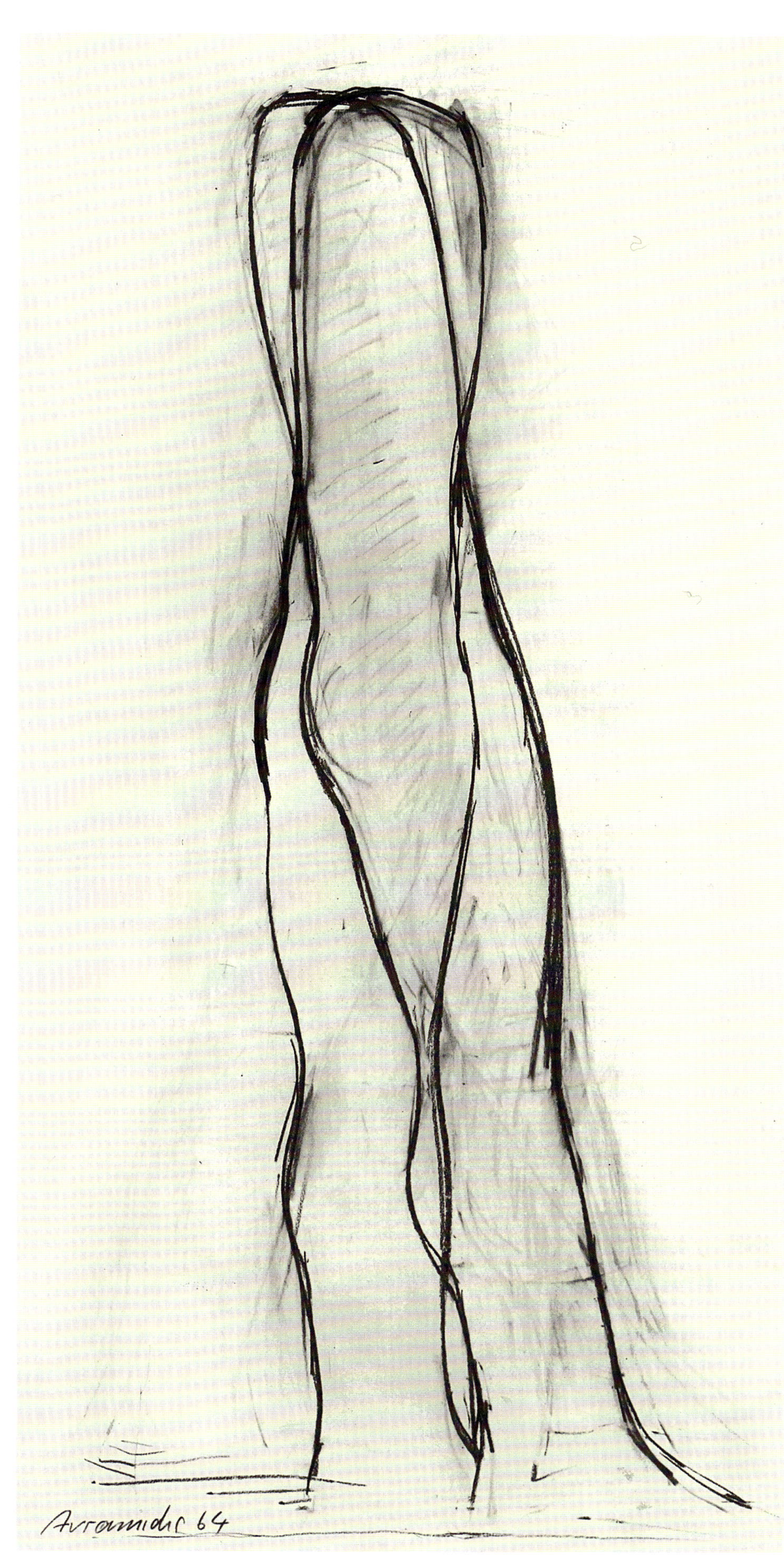

Abb. 9 Figur.
1964, Kohle, 170 × 88,7 cm,
sign. und dat. u. l., Athen,
Nationalgalerie

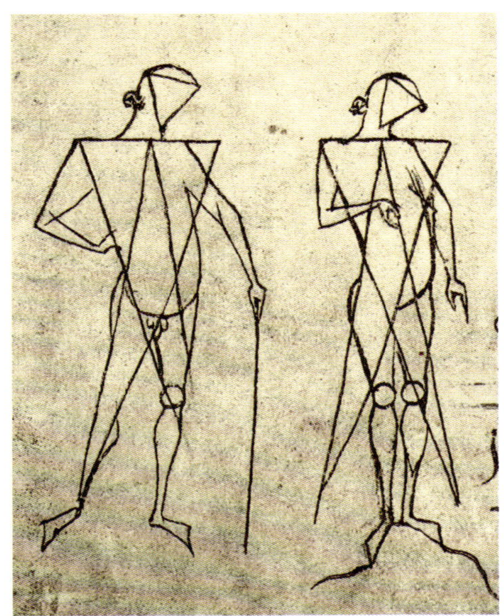

Abb. 10 Villard de Honnecourt, Skizzenbuch, Stehende Ritter. Fol. 18r, Detail, um 1235

zweiten, in ihn eingelagerten herausschält, ein durchsichtiges, spindelartiges Gebilde, das in schwebender Autonomie eine Art Binnenraumkörper enthält.

Diese Schlüsselfigur ist ambivalent. Sie enthält Energien des Sich-zusammen-Ziehens, aus denen die Metapher einer *Kopfform* hervorgehen kann (1960, Abb. 5). Sie kann sich aber auch als gefäßartiger schlanker Torso konstituieren (*Großer Schreitender*, 1989, Abb. 6), an dem auffällt, wie er sich, nach unten spitz zulaufend, von den Beinen abhebt. Das bewirkt der breite weiße Pinselstrich, der an dem Punkt des Schenkels endet, wo dieser sich mit dem rechten Bein überschneidet. So entsteht ein V, das dem Torso zu seiner Autonomie verhilft. Eine Konstruktionszeichnung von 1962 (Abb. 7) bringt diesen Vorgang zu einem heraldischen Abschluß. Die Kopfzone läßt zwei einander zugewandte Dreiviertelprofile erkennen (vgl. Abb. 8).

Zwischen dem *Großen Schreitenden* von 1989 und der *Figur* von 1964 (Abb. 9) liegt ein Vierteljahrhundert. Dieser frühe Doppelumriß enthält eine faszinierende, wenngleich unscheinbare Verwirrung. Das kommt von zwei linearen Gabelungen, an denen die Konturen der beiden Beine – welches ist vorne, welches dahinter? – entscheidend mitwirken. Ich beginne mit dem (vom Betrachter aus) linken Bein. Die Linie steigt monologisch bis zu einer Zone oberhalb der nur leicht angedeuteten Gesäßpartie, wo sie mit dem Umriß des anderen Beins zusammentrifft. Wie sich die beiden Linien kreuzen, entsteht eine Art Gabelung. Der weitere Verlauf nach oben wird von einem Außen- und einem Innenkontur bestritten, wobei nicht eindeutig auszumachen ist, welcher dem linken bzw. dem rechten Bein gehört. Die Linie entledigt sich stillschweigend ihrer sachlich beschreibenden Eindeutigkeit. Auf der gegenüberliegenden Seite eine analoge Situation: Kreuzung und Gabelung. So entstehen in der nach oben abschließenden Endrundung zwei »Stümpfe«, deren jeder aus einem der beiden Beine hervorgeht. Diese gebuckelten Stümpfe divergieren, so daß in der Mitte eine geschlossene Zwischenzone entsteht, die einen »Finger« bildet, der nach unten (oberhalb der Kniezone) spitz zusammenläuft – ein Intervall, in dem wir die »Spindel« wiederentdecken: sie bildet einen schmalen Torso innerhalb des großen Torsos.

Ein Torso im Torso

Der arm- und schulterlose Torso von 1964 verdankt sich der Überlagerung der beiden Beine, die der empirischen Anatomie widersprechen, da sie ein den gesamten Körper durchlaufendes Kontinuum bilden. In dieser fließenden Kontinuität nimmt Avramidis eine wichtige Korrektur an der herkömmlichen Anatomie vor, wie sie Leonardo seinem Prototyp einschreibt: ein horizontaler Strich oberhalb des Geschlechts markiert bei ihm die Grenzlinie zwischen Rumpf und Beinen (Abb. 2). Avramidis überspielt diese Zäsur, er ignoriert das Für-sich-Sein der Gliedmaßen, dem sich Leonardo in seinen Anatomiestudien sezierend näherte. Deshalb entspricht sein Kontinuum dem

Villard de Honnecourt

linearen Schema, das Villard de Honnecourt um 1235 in einen stehenden Ritter eintrug (Abb. 10).[3] Die Geraden A–H und B–G verlaufen von den Schultern bis zu den Fußspitzen und sind obendrein Bestandteile von zwei spitz zulaufenden Dreiecken. Man kann dieses deduzierte Konstrukt durchaus mit der Zeichnung von Avramidis vergleichen. Auch bei Villard entsteht ein Zwischenraum in der Rumpfpartie, der sich als Umriß einer geometrisch konstruierten Spindel lesen läßt. Dieses Intervall blieb für sich bestehen. Bei Avramidis bildet gerade der Zwischenraum – der Torso im Torso – eine wichtige formale Keimzelle, die das Ganze zusammenhält.

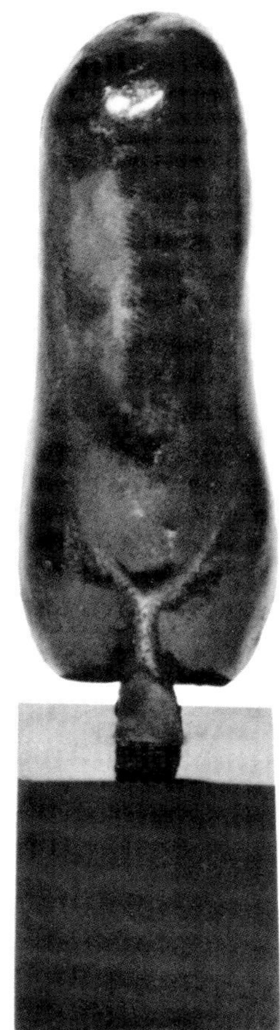

Abb. 11 Henri Matisse, Kleiner Torso. 1929, Bronze, Höhe 7,6 cm, Privatbesitz

Matisse

Als Matisse 1929 die kleine Bronze eines *Torso* erfand, glückte ihm ein Gebilde, das sich den »Spindeln« von Avramidis vergleichen läßt (Abb. 11). Doch die Nähe schlägt in Distanz um, sobald wir den Kontext der beiden Lebenswerke berücksichtigen. Im Formenhaushalt von Avramidis ist die »Spindel« eine induktiv gewonnene, konstante »Idee« gleich der Urpflanze Goethes, (der überrascht war, als der Kantianer Schiller darin eine »Idee« ausmachte,[4]) indes der Torso von Matisse zwar kein Zufallstreffer ist, aber sich doch mehr den Sinneserfahrungen eines Empirikers verdankt als einem systematischen Forschungs-

3 Tafel 35 in Hans R. Hahnloser: Villard de Honnecourt, Krit. Gesamtausgabe des Bauhüttenbuchs, 2. Aufl., Graz 1972

4 »Das ist keine Erfahrung, das ist eine Idee.« Schiller zu Goethe am 20. Juli 1794 nach der Sitzung der Naturforschenden Gesellschaft. Dazu Goethes Bericht in dem Kapitel *Glückliches Ereignis* in: Zur Morphologie. Erster Band, erstes Heft. Vgl. Goethe: Die naturwissenschaftlichen Schriften, bearbeitet von Dorothea Kuhn, Bd. 9, Weimar 1954, S. 79ff.

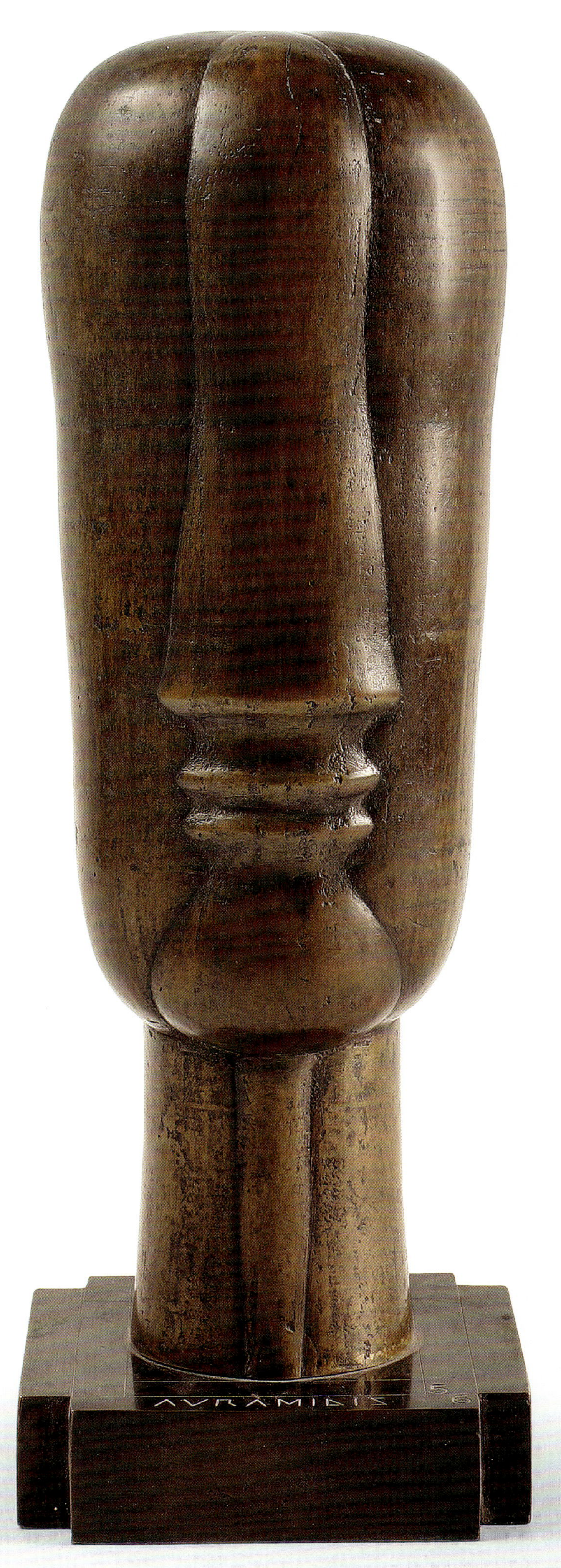
AVRAMIDIS
5
6

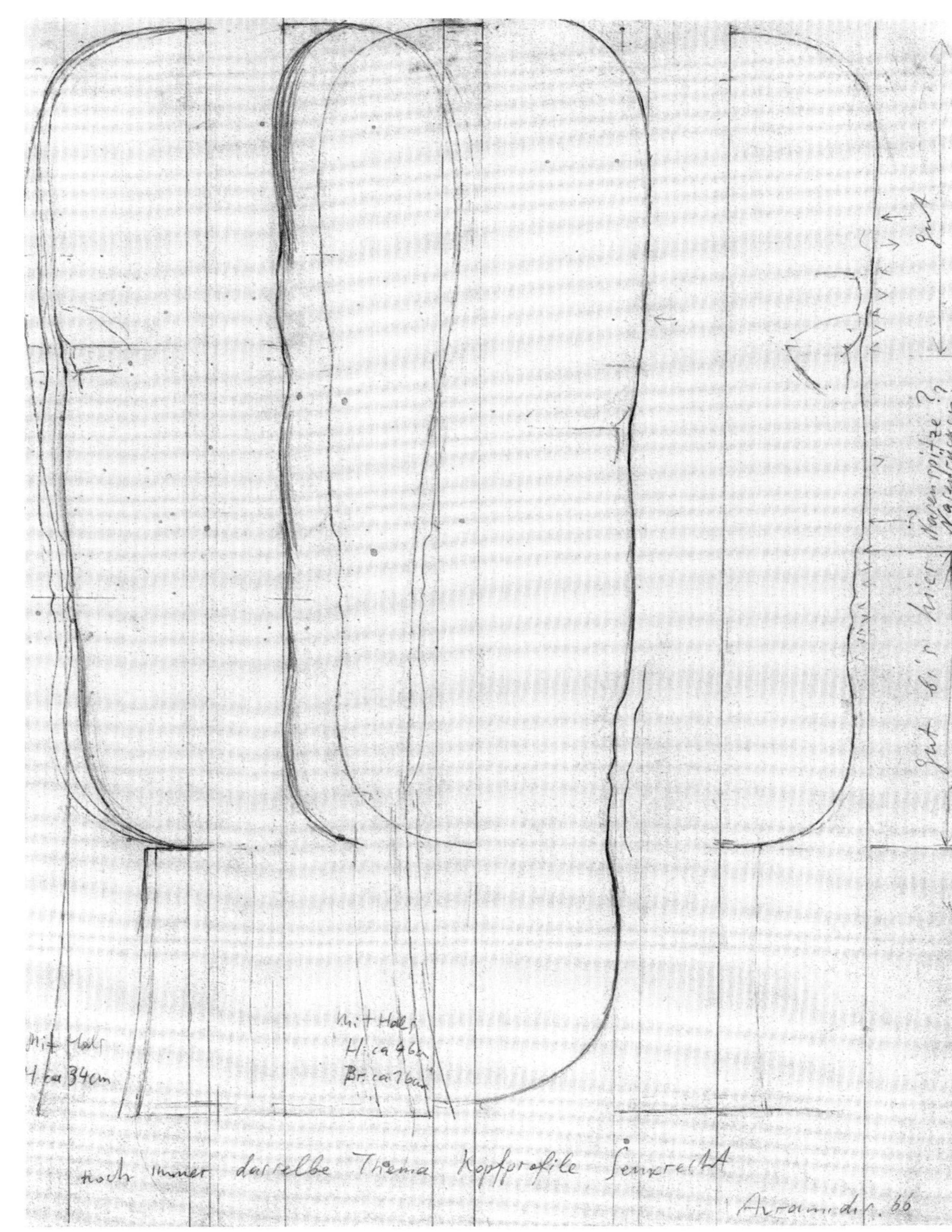

gegenüber:
Abb. 12 Vierformenkopf.
1956, Bronze, Höhe 32 cm

Abb. 13 Kopfprofile senkrecht.
1966, Graphitstift, 38 × 28,5 cm,
sign. und dat. u. r.

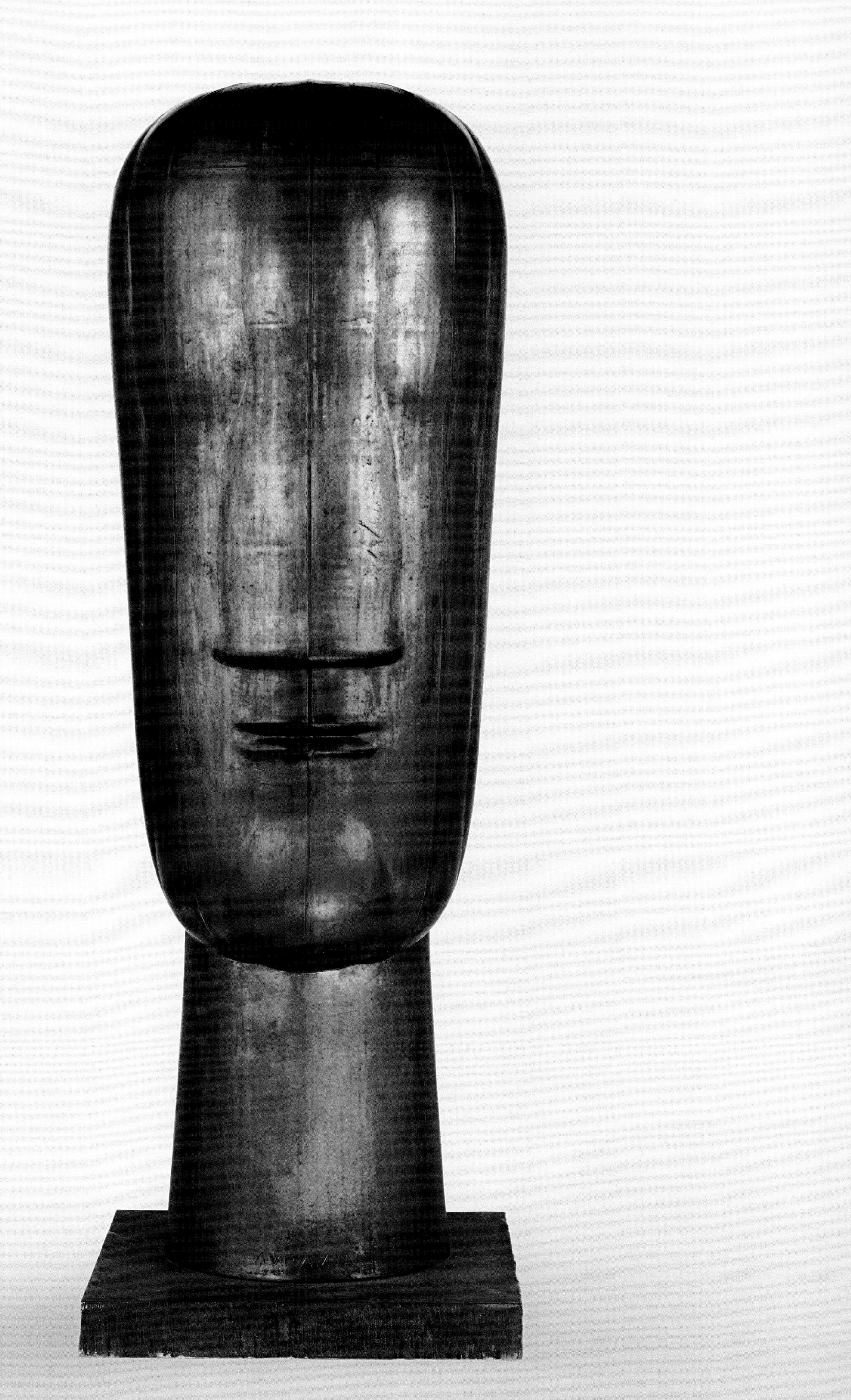

ansatz. Gewiß steht die kleine Bronze nicht isoliert im plastischen Gesamtwerk von Matisse: Albert Elsen wollte darin den Ausgangspunkt der *Venus in der Muschel* (1930) ausmachen – ein lockerer Bezug, dem aber die Bindung an ein formales System abgeht, wie sie die Doppelstruktur der »Spindel« auszeichnet. Diese Bindung kann man (aus der Sicht von Matisse) als Mangel an Spontaneität bewerten. Unser Blick auf das Gesamtwerk von Avramidis entdeckt darin

Integrierte Abweichungen

jedoch eine Folgerichtigkeit, den Entschluß eines Künstlers, der mit integrierten Abweichungen arbeitet. Sie garantieren seinem Werk den Rhythmus der Strenge.

Eine Doppelstruktur von der raffiniertesten Art ist der *Vierformenkopf* von 1956 (Abb. 12). Es gibt eine Zeichnung von mehreren zartlinigen Profilköpfen (Abb. 13), die allerdings keine Schlüssel zu der Bronze enthält, sondern bloß aufzeigt, daß Avramidis nicht an Aus- und Einbuchtungen oder Vorsprüngen interessiert war, sondern an einem linearen Kontinuum, das in sanften Schwingungen die Möglichkeit eines Profilkopfes anklingen läßt. Die Zeichnung addiert die Profile, der *Vierformenkopf* hingegen enthält deren Ineinandergleiten, wie es sich in der »heraldischen« Zeichnung andeutet (vgl. Abb. 7).

Köpfe aus zwei Profilen

Im *Großen Kopf* werden zwei Profile von links nach rechts und im Gegensinn so ineinander geschoben, daß sie überlappen und eine Mittelzone aus zwei Profilen entstehen (Abb. 14). Das nach links blickende Profil wurde von rechts herangeschoben, das andere in der Gegenrichtung. So entsteht in der Mittelachse eine vertikale Ausbuchtung mit einem breiten Nasenrücken, einer eigenmächtigen wulstigen Lippenpartie und einem Kinn in der Art einer Konsole. Besäße dieser Kopf zwei Augen, könnte man ihn als Metapher von Nietzsches »Doppelblick« auffassen, der gleichzeitig (also schielend) nach links und nach rechts blickt. Diesen bequemen Scherz hat Avramidis sich und uns erspart. Dennoch hat seine Konfiguration eine merkwürdige Nähe zur Kategorie des unterhaltsamen Verwirrbildes. Sie macht die verschlüsselte Verklammerung zweier Formen lesbar. In dieser Richtung stellt sich der Vergleich mit dem Kippbild der Rubinschen Vase ein, einer von vielen Schwarz-Weiß-Erfindungen, die mit Umschlageffekten arbeiten (Abb. 15). Die beiden einander zugewandten Profile ergeben als Negativ-Linien den Umriß einer Vase, ohne dabei ihre eigene Form einzubüßen, während Avramidis eine höhere Stufe der Symbiose einnimmt. Er überkreuzt die Profile, so daß sie einen Na-

Versteckte Identitäten

senrücken bilden, zugleich aber mit ihrer Identität Versteck spielen.

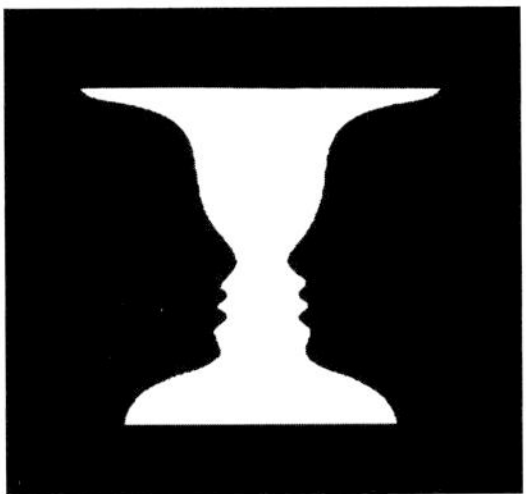

Abb. 15 Rubinsche Vase

gegenüber:
Abb. 14 Großer Kopf.
Um 1970, Bronze, Höhe 92,5 cm

Was soll diese Inversion, dieser komplizierte Binnenreim? Diese Frage stellt, wer den Künstler auf den Gemeinplatz verpflichtet, der lautet: »Von der bildenden Kunst verlangt man deutliche, klare, bestimmte Darstellungen.«[5] Das dekretierte nicht irgendein Banause, sondern der in Weimar residierende Kunstrichter, der es freilich im Grunde auch besser wußte. Aber wenn er die Brille Beckmessers aufsetzte, nahm Goethes Kunsturteil eine dogmatische Engstirnigkeit an. Ich zitiere den »Verlangt-man«-Satz gerne, weil er unverhohlen die Einsinnigkeit verkündet, die für viele der einzige Gewinn ist, den der Umgang mit Kunst einbringt. Man möchte die Erfahrungsgewohnheiten bestätigt bekommen, in denen man sich eingerichtet hat. Was diese Aufgabe nicht erfüllt, wird in ein dubioses Abseits verwiesen, in dem die Willkür des Künstlers nichts als Unverständlichkeiten hervorbringt.

Goethe

Der *Vierformenkopf* (Abb. 12) ist ein Beispiel dafür, daß ein Künstler unserer Tage bei seinen systematischen, objektiv nachvollziehbaren Formanalysen in die syntaktischen Bereiche uralter Kunstgriffe geraten kann, in denen uneingeschränkte Mehrdeutigkeit herrscht. Solche Erfahrungen können ganz plötzlich eintreten, etwa in der Entdeckung, die Rilke machte, als sich ihm vor Picassos *Saltimbanques*, die damals in einer Münchner Privatsammlung hingen, die Episode mit dem Trommler einer Gauklertruppe einstellte, die der Dichter auf einer Pariser Straße beobachtet hatte: Daraus wurde in der *Fünften Elegie* der Satz: »... eingegangen in seiner gewaltigen Haut, als hätte sie früher zwei Männer enthalten.«

Mehrdeutigkeit

Im *Vierformenkopf* erarbeitete sich Avramidis seinen Zugang zur Doppelidentität: genaues Kalkül schlägt darin in eine Beinahe-Verschmelzung der beiden gegenständigen Profile um. In Platons *Gastmahl* beschreibt Aristophanes das untergegangene »dritte Geschlecht«: »erstlich gab es drei Geschlechter von Menschen, nicht wie jetzt nur zwei, männliches und weibliches, sondern es gab noch ein drittes dazu, welches das gemeinschaftliche war von diesen beiden, dessen Name auch noch übrig ist, es selbst aber ist verschwunden.« (Übersetzung von Schleiermacher). Ich habe diese mythischen Vorstufen vor Jahren auf das zeichnerische Werk von Rudolf Hoflehner bezogen. Heute scheint es mir angezeigt, nicht nur an Hoflehner als Gegenspieler von Avramidis zu erinnern – was dieser nicht so sieht –, sondern mit Hilfe der Erzählung aus dem *Gastmahl* die antipodischen Positionen der beiden Künstler anzudeuten. Hoflehners Kreaturen tragen die Merkmale der Beschädigung, sie bewegen sich in Zerklüftungen und Kollisionen. Die Kunstfiguren von Avramidis kennen keine Gefährdungen ihrer Existenz. Sie verharren gebündelt in der Regungslosigkeit eines immerwährenden Zusammenhalts, der dem Einzelnen Schutz gewährt, indem

Platons »drittes Geschlecht«

Avramidis und Hoflehner

---

5 Johann Wolfgang Goethe: Über die Gegenstände der bildenden Kunst (1797), Schriften zur Kunst, Gedenkausgabe, Bd. 13, 2. Aufl., Zürich 1965, S. 122

gegenüber:
Abb. 16 Torso.
1954, Bronze, Höhe 158 cm

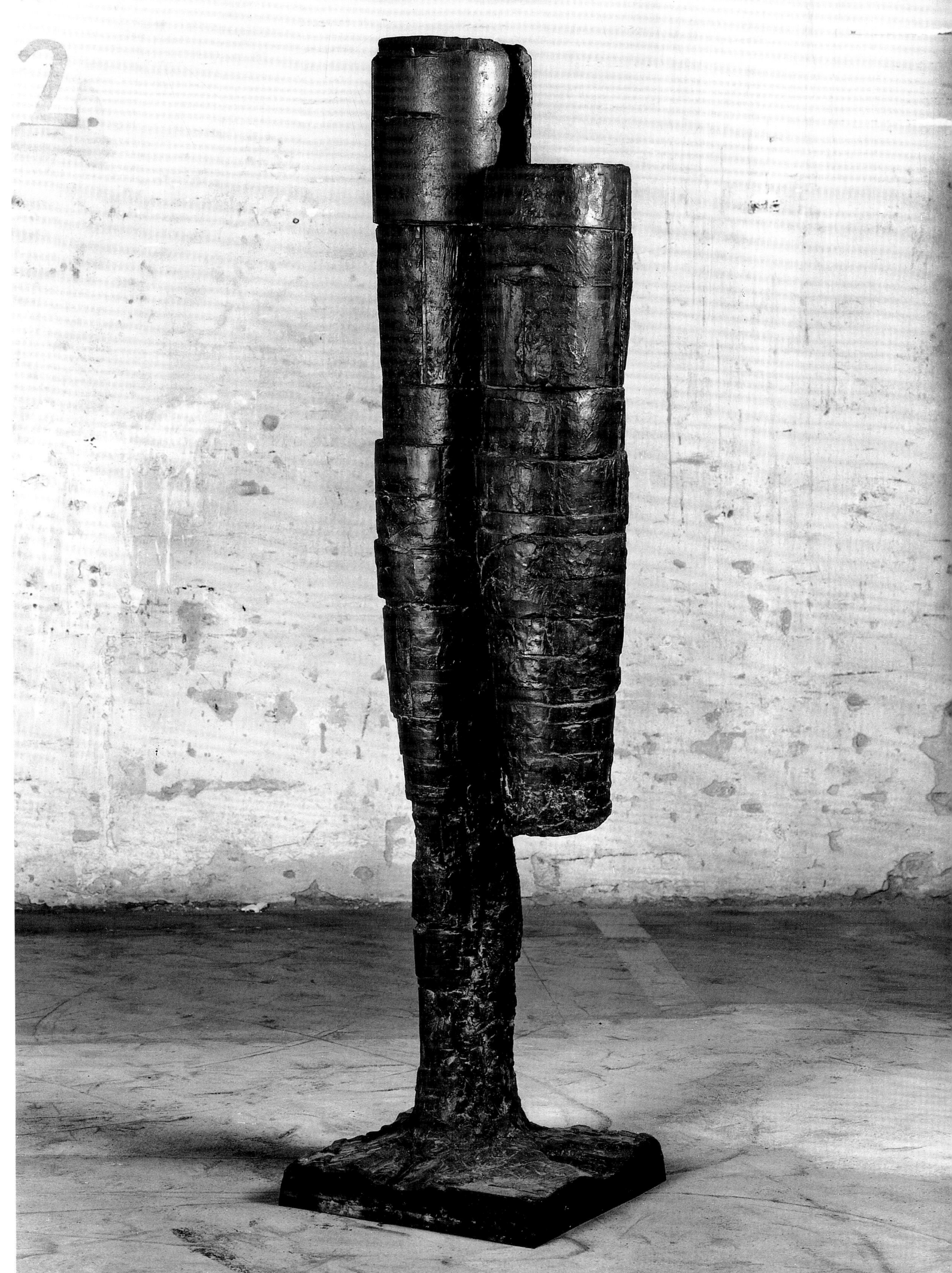

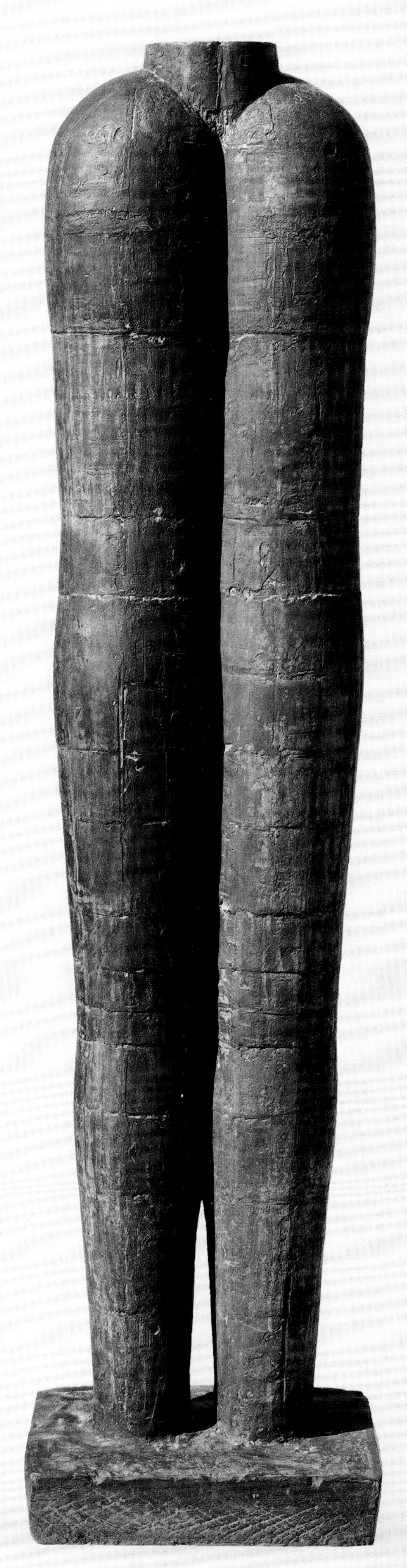

er dessen Eigenstimme unterschlägt. Hoflehners Risse und Verstümmelungen sind gleichsam die Metaphern der Schnittwunden, die entstanden, als Zeus befahl, die zweigeschlechtlichen Doppelwesen, die er fürchtete, in zwei Hälften zu zerschneiden. Jedes sehnte sich nun nach seiner anderen Hälfte: »... und so kamen sie zusammen, umfaßten sich mit den Armen und schlangen sich ineinander, und über dem Begehren, zusammenzuwachsen, starben sie aus Hunger und sonstiger Fahrlässigkeit, weil sie nichts getrennt voneinander tun wollten«. Die Doppelwesen von Avramidis leben in der Phase, die dem Zerschneiden vorausging. Damals bildeten diese Zwitter, die alles doppelt haben, das Geschlecht, das »große Gedanken« in sich trug.

Verdichtung und Öffnung

Wie sind die »großen Gedanken« beschaffen, die Avramidis in seinen Erfindungen untergebracht hat? Sie halten sich im Spannungsfeld von Verdichtung und Öffnung, Komprimat und Vervielfachung auf. Diese Formbewegungen sprechen die gleiche Sprache; sie verlaufen syntaktisch getrennt, aber in komplementären Bahnen. In beiden Richtungen arbeitet Avramidis an Neudefinitionen der menschlichen Gestalt, als deren bildsame Verfügungsmasse er die Konventionen verwendet, die seit Leonardos »homo ad quadratum« kanonischen Rang einnehmen. Nicht nur sieht er konsequent von den Geschlechtsmerkmalen ab, er vernachlässigt (unterdrückt?) die in sich geschlossenen Abschnitte des menschlichen Körperbaues, d.h. er hebt die Segmentierungen auf,

Neue Kontinuität

um neue an ihre Stelle zu setzen oder schlicht dort Kontinuitäten zu behaupten, wo früher Trennlinien verliefen. Da können, wie in den *Zwei Figuren* (1980, Abb. 8) die Querriegel der Schultern verschwinden, wenn sich in der Vorstellung ein Vertikalimpuls als neue Dominante aufdrängt, der den Kopf mit den Residuen von Rumpf und Becken zu zwei Kurven zusammenfügt, die wieder eine schlanke »Spindel« bilden. Diese existiert aber nicht als abgeschlossene Größe, sondern fließt ungehemmt in das rechte Bein ein. Die Essenz dieses Formgedankens, der darauf abzielt, die Teile vom Ganzen her neu zu definieren, enthalten bereits die Bronzen aus den 50er Jahren (Abb. 16, 17, 18). Beide Formbe-

Ein polymorphes Menschenbild

wegungen, die komprimierende wie die öffnende, enthalten Entwürfe eines polymorphen Menschenbildes, in dem die zwei Geschlechter mit ihren dualistischen Gegensätzen aufgehoben sind im Umriß eines Neuen Menschen – gewiß ein großer, poetischer Gedanke.

Ich beginne mit der Linie, die Verdichtungen hervorbringt und wende mich dann den dynamischen Chiffren der Vervielfachung zu. Miteinander verglichen, fesseln die drei Bronzen der Jahre 1954 und 1956 aus zwei Gründen. Sie vertreten, jede mit großer Entschiedenheit, drei grundsätzlich verschiedene Standpunkte – das Wort in seiner sachlichen Bedeutung genommen als der Punkt,

Wotruba und die frühen Bronzen

auf dem etwas steht. Die *Kleine Halbfigur* (1954, Abb. 18) basiert auf dem aus der Nähe zu Wotruba gewonnenen Entschluß, eine andere Art des Torsos zu erproben und statt einem hälftig gegliederten Zweibeiner ein einbeiniges Gebilde

gegenüber:
Abb. 17 Großer Torso – Kouros. 1956, Bronze, Höhe 152 cm

zu konstruieren. Dieses Standbein setzt sich in seiner Vertikalität bis in die Schädelzone fort, wo die Blockhaftigkeit unversehens einen modelliert wirkenden Abschluß bekommt. Der Rumpf wirkt wie ein Derivat des Beins. Im *Torso* von 1954 (Abb. 16) arbeitet Avramidis wieder mit einem selbständigen Vertikalkörper, dem er aber einen Beinstumpf als Begleitform anheftet, wodurch das Ganze eine demonstrative Asymmetrie bekommt. Soll dieses autonome Stück Bein (das nicht fragmentarisch wirkt) darauf hinweisen, daß das deutlich erkennbare Verfahren des Aufeinanderschichtens verschieden dicker Scheiben nicht die Illusion organischer Gebilde erwecken will, sondern sich aus Stückwerk zusammensetzt? Wir denken an das Wort Vitruvs von der Natur, die den menschlichen Körper »zusammensetzt«. So proklamiert Avramidis mit diesem dissonanten Doppelakkord die Freiheit des Zusammenfügens, die kein Wachstum vortäuscht, sondern die formalen Elemente in der materiellen Profanität von Bausteinen beläßt.

Der *Großer Torso – Kouros* von 1956 ist 152 cm hoch, also nicht ganz lebensgroß (Abb. 17). Wenn man unter Torso (ital. Baumstumpf) eine fragmentierte oder unvollendete Statue versteht, dann verfehlt dieser Titel den von Avramidis geschaffenen Sachverhalt, der ein unverstümmeltes Ganzes darstellt. Die Bronze besteht aus zwei Beinen, die Pfosten gleichen; da die Füße weggelassen sind, wirkt die kompakte Vertikalität wie in die Standfläche gerammt. Die beiden Beinpfosten enden in zwei halbrunden Buckeln. Dazwischen sitzt kein Ansatz zu einem Hals, sondern ein zylindrischer Stumpf wie ein aufgesetzter Verschluß. Die Gestalt besteht demnach aus zwei parallel geführten Beinen, die weder eine den Rumpf ankündigende Zäsur noch ein Schreitmotiv erkennen lassen. Mit andern Worten: das Ganze ist streng frontal konzipiert und zerfällt in zwei gleichrangige Hälften. Darin sehe ich den von Avramidis immer wieder variierten Gedanken der Verdoppelung, die zugleich die Spiegelung von zwei identischen Hälften enthält. (Oder ist es ein Selbstgespräch?) So kam, wir erinnern uns, die Ineinanderblendung (Verschmelzung) der beiden Profile im *Vierformenkopf* zustande. Daraus ging die Mittelachse hervor, die wir als Nase, Mund und Kinn aufschlüsseln.

Die Syntax der Verdoppelung

Der *Große Torso* enthält bereits die Elemente, deren Konvergenz später in die Syntax der Verdoppelung eingehen wird. Der Bezug zu Platons drittem Geschlecht bietet sich an. Er kommt – durchartikuliert – zum ersten Mal in der *Großen Figur* (1958, Abb. 19) zum Vorschein: das ist eine Spezies Mensch, die wie die mythischen Zwitter alles doppelt hat. »Ferner war die ganze Gestalt eines jeden Menschen rund, so daß Rücken und Brust im Kreise herumgingen.« Das sind Merkmale, auf die Avramidis zusteuert, die aber nicht auf den zweiten Titel der Arbeit – *Kouros* – passen. Dennoch ist er nützlich, denn er verweist auf die griechische Herkunft von Avramidis. »Kouroi« heißen die seit dem 7. Jht. v. Chr. entstandenen archaischen Jünglingsstatuen, die männliche

gegenüber:
Abb. 18 Kleine Halbfigur. 1954, Bronze, Höhe 65 cm

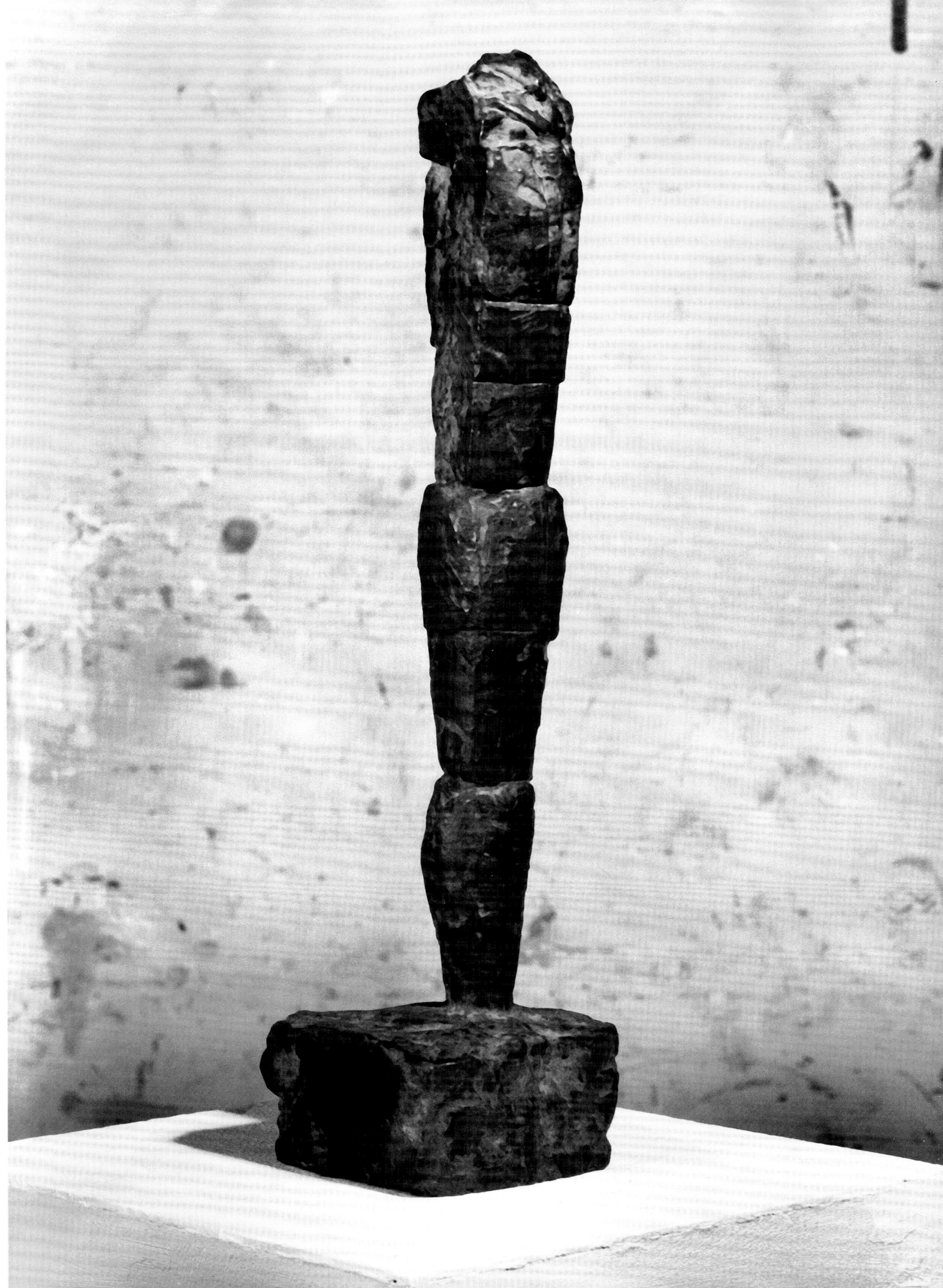

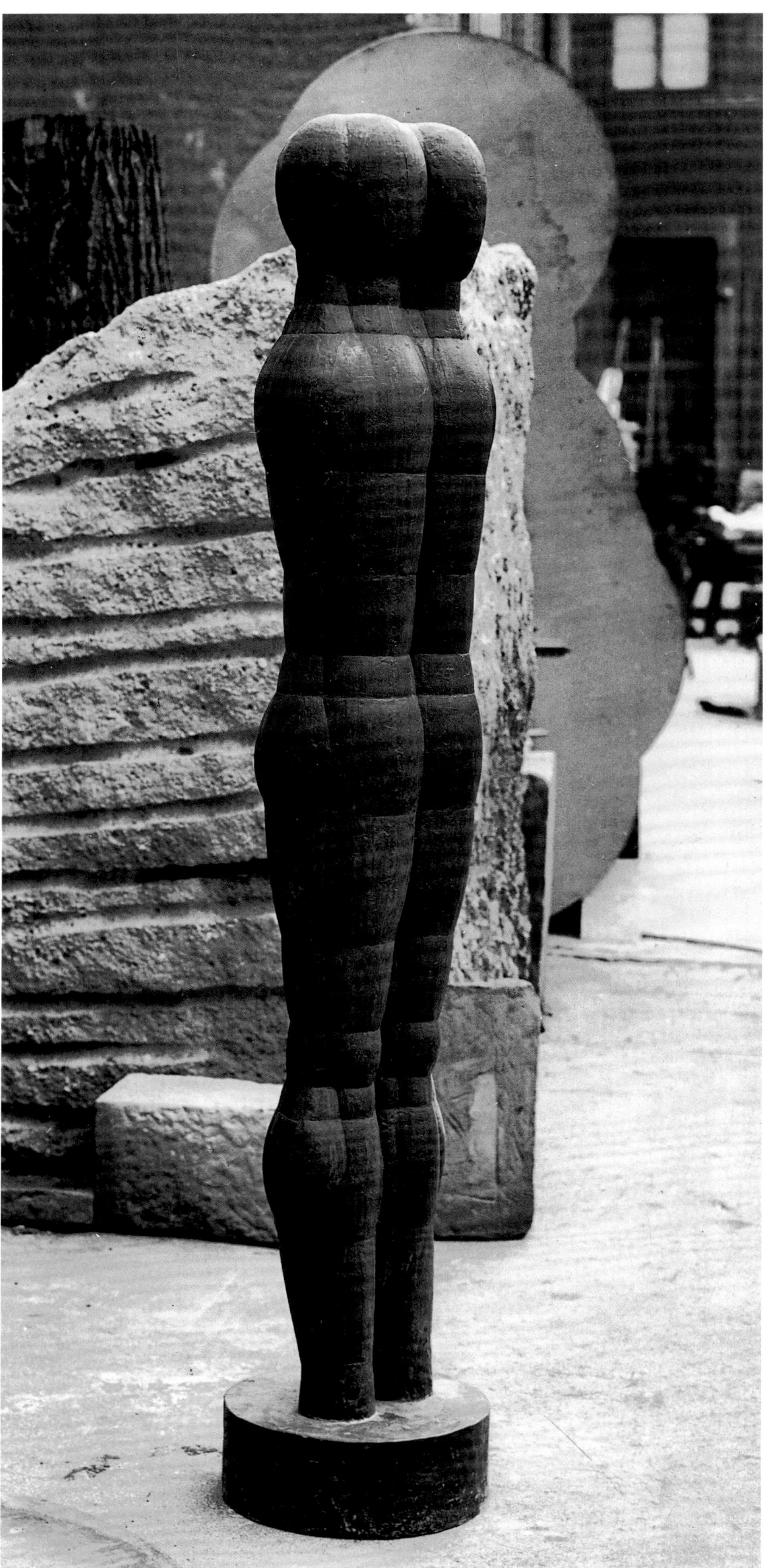

Abb. 19 Große Figur.
1958, Bronze, Höhe 156 cm

Gottheiten darstellen und auf Gräbern aufgestellt wurden. Ein »Kouros« ist nie als »Torso« intendiert, kann aber zu einem solchen verstümmelt werden.

Wir sind dem zentralen Formgedanken von Avramidis auf der Spur, der einen Schönheitsbegriff umkreist, dem unsere Moderne mißtraut, da sie der affirmativen, bejahenden Form kein Neuland abgewinnen kann. Das hat seine Gründe.

Thomas von Aquin

Das zum Kanon erhobene ästhetische Unisono berief sich auf die vier Qualitäten, die Thomas von Aquin im 13. Jahrhundert aufgestellt hatte: integritas, claritas, proportio und consonantia.[6] Was dieses wunschbildliche Ideal im eigenen Regelmaß erstarren ließ, war die Praxis, die dahinter stand. Sie war auf jene »Eindeutigkeit« fixiert, als deren Verfechter wir Goethe kennengelernt haben. Die Schönheit wurde an das Ende einer Einbahnstraße verwiesen, die keine Formgespräche zuließ, aus denen Vieldeutigkeit hervorging. Für Pico della

Pico della Mirandola

Mirandola, das hat Edgar Wind gezeigt, war die Schönheit »zusammengesetzt« und obendrein ein in sich »gegensätzliches Prinzip«.[7] Jedoch erst, »wenn sie zueinander ins rechte Verhältnis treten, vereinigen sich die Gegensätze und wird Zwietracht zur Eintracht«. Mir scheint, das Avramidis genau dieses Ziel

Integrierte Widerrede

im Auge hat. Dieser Meister der integrierten Widerrede erfand eine neue Schönheit, deren Finalität Irritationen und gezielte Verwirrungen enthält. Da er sich ein Maximum an struktureller Verdichtung zum Ziel gesetzt hat, entwickelt er morphologische Prozesse, in deren Verlauf sich die Sprachmittel verschlüsseln und der Eindeutigkeit entziehen. Wie das geschieht, läßt sich unschwer nachvollziehen.

Der gezeichnete Entwurf zur *Großen Figur* (1958, Abb. 20) enthält in den Schultern und im Gesäß eine Verdoppelung, die daher kommt, dass (mindestens) zwei Anatomien ineinander geschoben sind. In der Plastik, die der Durchsichtigkeit der Zeichnung entbehrt, liest sich das als ein Neben- und Ineinander vertikaler Abläufe, die aus lauter anatomischen Abweichungen, Seitenwegen und »Exkursen« bestehen (Abb. 21). Was uns einmal als unbetontes »Intervall« erscheint, ist für den zweiten Blick eine durchaus gewollte Formzone. Jede Formzelle enthält das potentielle Doppelleben eines Palindroms, verfügt also über zwei gleichrangige, jedoch entgegengesetzte Richtungen. Als Goethe sich mit der Metamorphose der Pflanzen beschäftigte, hat er diese Revokation nichts als Kunstmöglichkeit, sondern als »Naturgesetz« ausfindig gemacht und darin eine »rückschreitende Metamorphose« erblickt (Die Metamorphose der Pflanzen, 1. Bandes erstes Heft, Kap. X.75). Es gibt in dieser dichten Artikulation keine Zwischenräume, keine Leere, alles wirkt an der consonantia mit. Wer, dem Titel folgend, *die* Figur sucht und sie in einer eindeutigen Formulierung er-

---

6 Thomas von Aquin: Summa theologica, 39,9; zitiert nach Rosario Assunto: Die Theorie des Schönen im Mittelalter, Köln 1963, S. 178

7 Edgar Wind: Heidnische Mysterien in der Renaissance, Frankfurt am Main 1981, S. 106

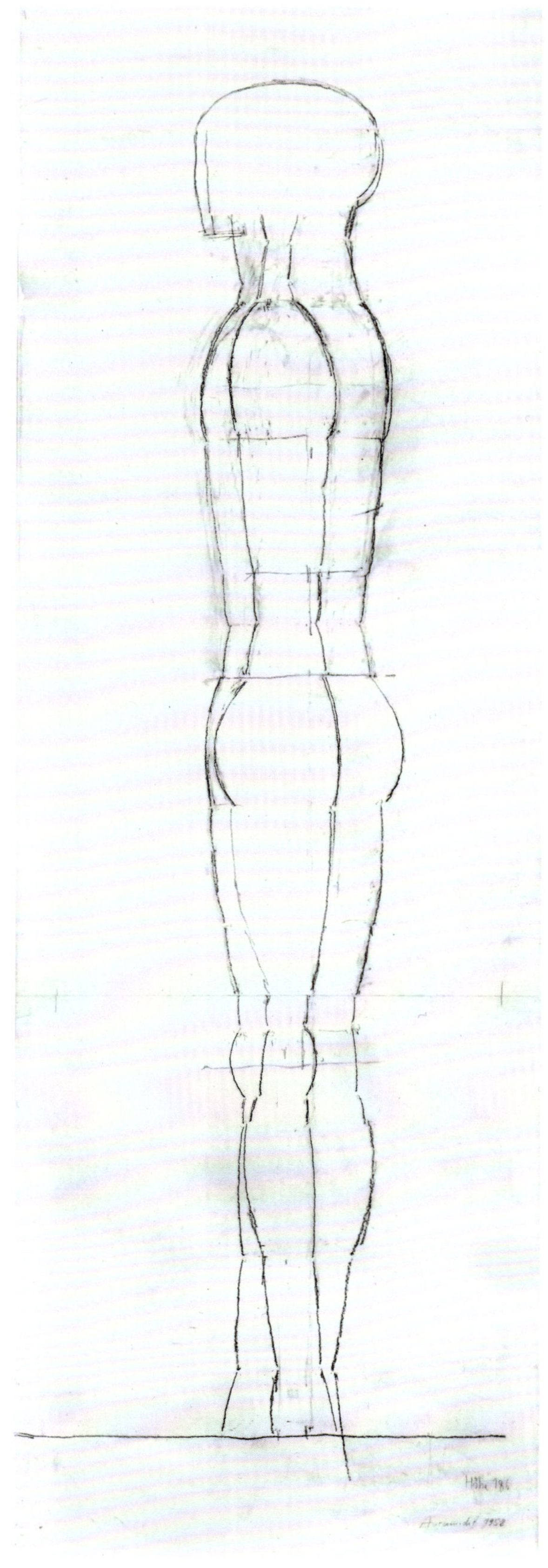

Abb. 20 Große Figur.
1958, Kohle, 215 × 68 cm

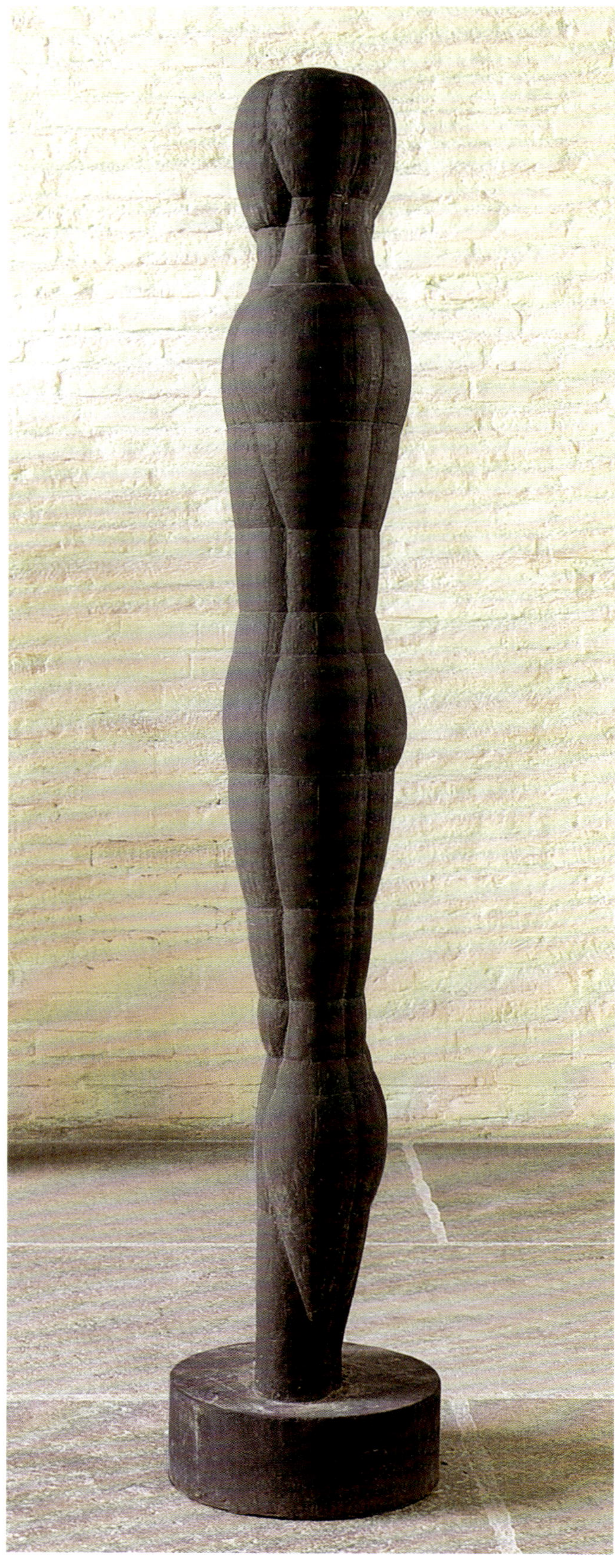

Abb. 21 Große Figur.
1958, Bronze, Höhe 196 cm

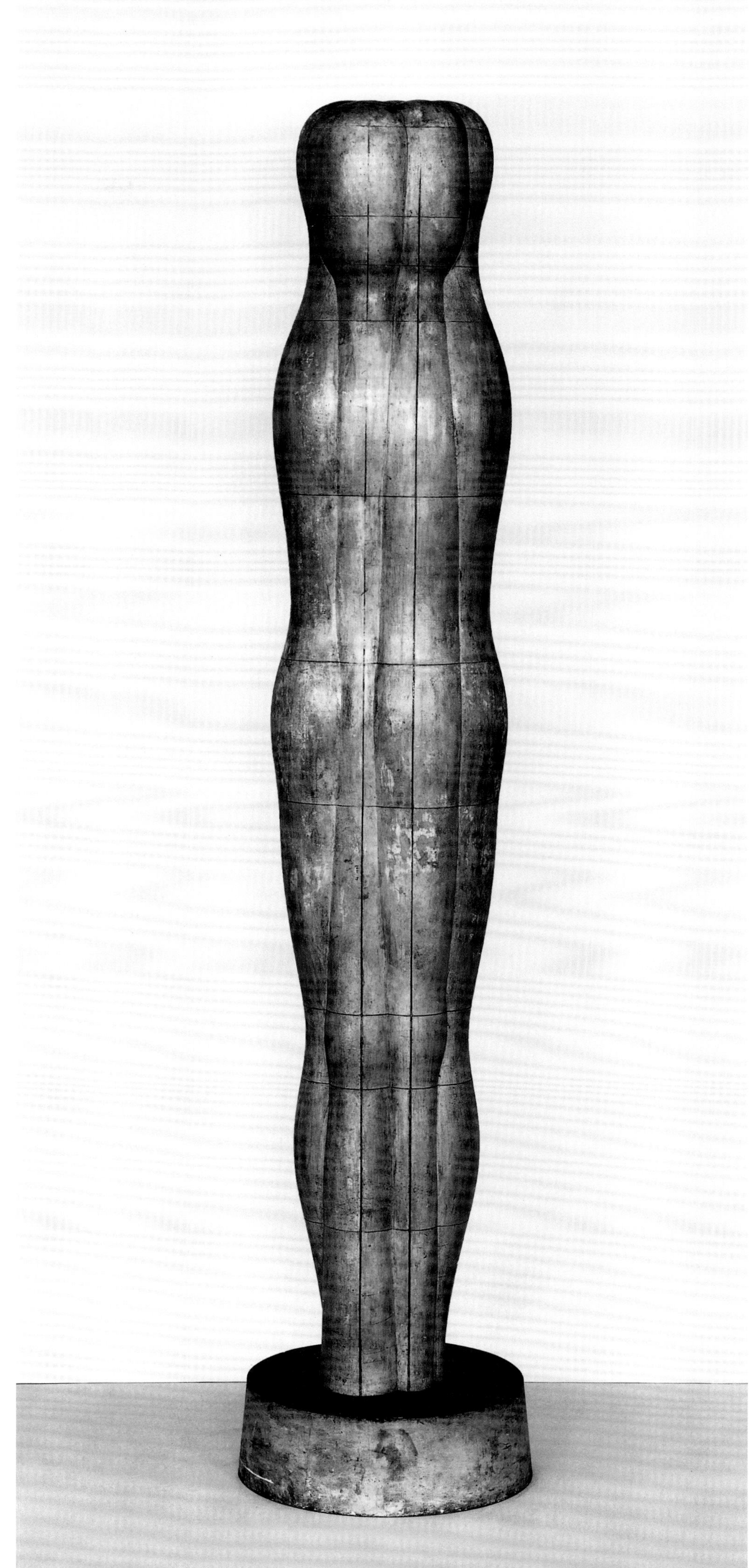

Abb. 22 Figur II (Profile fließend).
1959, Gipsoriginal, Höhe 173 cm

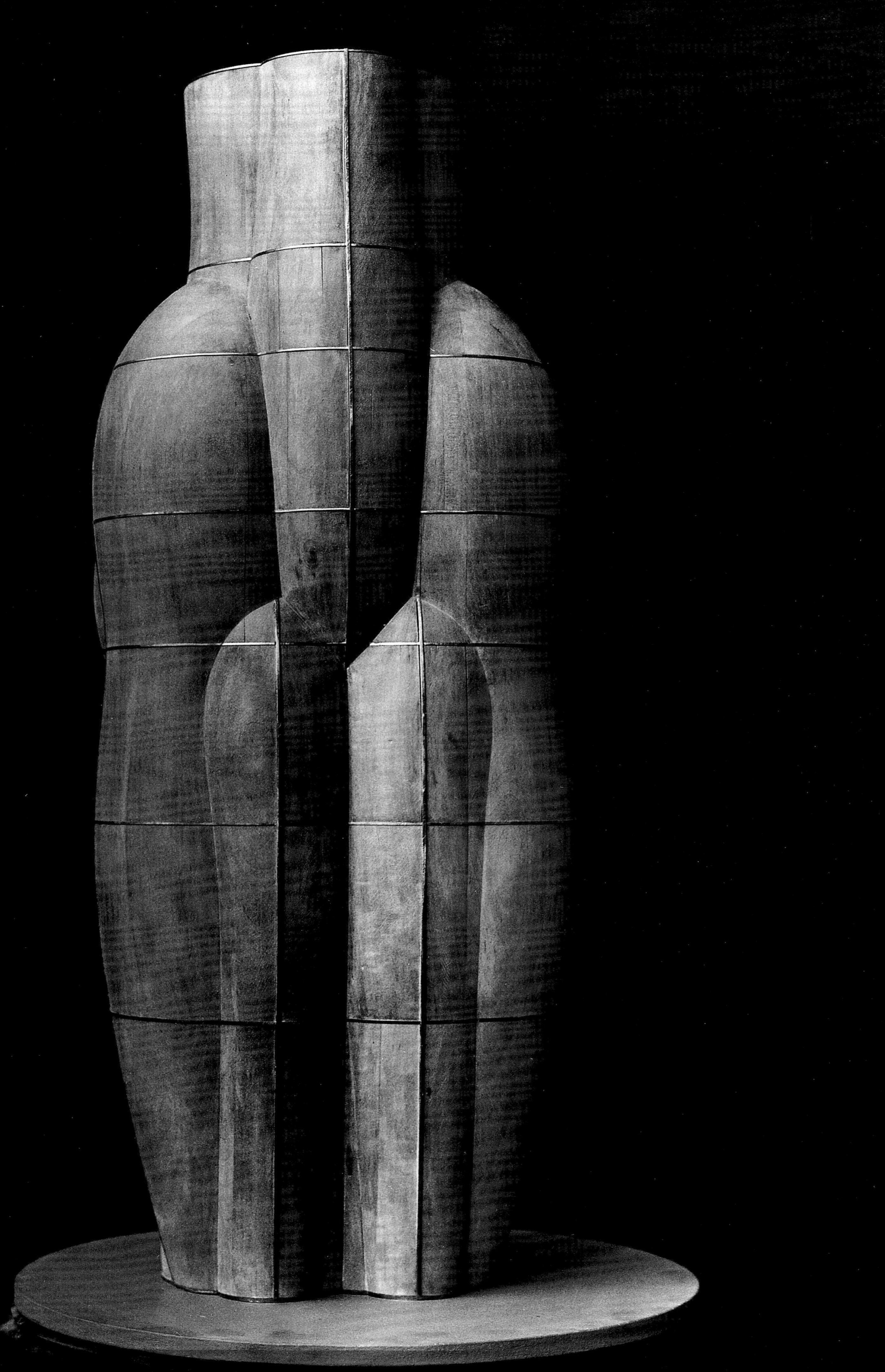

gegenüber:
Abb. 23 Torso I.
1961, Birnholz auf Messingkonstruktion, Höhe 70 cm

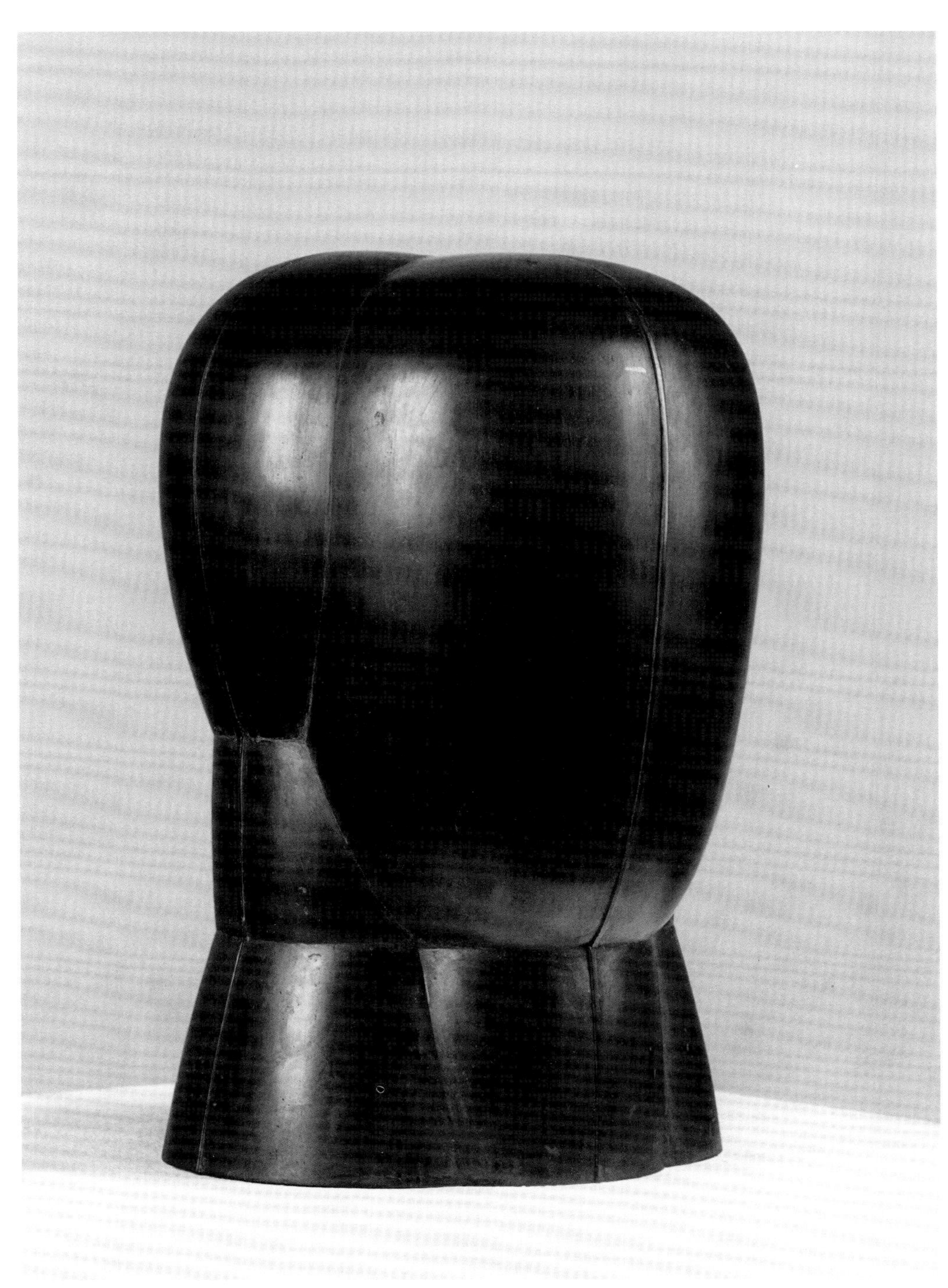

Abb. 24 Kopf.
1961/1970, Bronze,
Höhe 33,5 cm

wartet, wird sie nie finden. Wer Köpfe und Beine abzählt, wird sie nicht auf einen gemeinsamen Nenner bringen. Die »erschwerte Form« (Victor Sklovskij) bekommt einen zusätzlichen Akzent, wenn die vertikalen Stege streng parallel verlaufen und keine Rücksicht auf die körperlichen Hebungen und Senkungen nehmen, die sie dabei trennen (*Figur II*, 1959, Abb. 22).[8]

Die »erschwerte Form«

Der klassische Torso, der weder Kopf noch Fuß hat, kann nur eingeschränkt die Qualitätsmaßstäbe erfüllen, die Thomas von Aquin in seinen vier Kriterien aufzählte. Als entstellter Überrest eines Ganzen rechnet er hingegen mit Betrachtern, die das Entschlüsseln nicht verachten – besonders dann nicht, wenn es wie bei Avramidis eine verrätselte Schönheit verspricht, die ich polyfokal nennen möchte, weil sie nicht nur *einen* Fokus kennt. 1961/62 entstanden zwei Torsi. Der eine (*Torso I*, 1961, Abb. 23) verbirgt die Anatomie des Bruchstücks hinter einer symmetrischen Ausgewogenheit, für die man sich eine Nische oder einen Schrein wünschen würde. Wieder sind zwei Strukturen miteinander gekoppelt: die eine, ein Binnenkörper, wird von der anderen umfangen. Jene gleicht einem armlosen Rumpf, dessen Geschlechts-V zwei senkrechte Schenkel entspringen. Diese Kernzone wird von zwei Volumen umklammert, in denen die »Schenkel« vergrößert wiederkehren. Wie sie sich aufeinander zu beugen, stoßen sie auf einen halsartigen Stumpf, in dessen Mitte der Rumpf des Binnenkörpers sitzt, den wir bereits kennen. Alles, was einen Torso zu einem Torso macht, ist aus diesem sich genügenden Gebilde getilgt.

Verrätselte Schönheit

Die organisch durchwachsene Tektonik dieses Torsos nähert sich der Architektur, sie würde sich für einen hermetisch geschlossenen Sakralbau eignen, der einem unbekannten, unsichtbaren Gott dient – einem deus absconditus. Das Ganze ist ein Paradigma der bergenden Verschlossenheit. Es hat sein Bedeutungszentrum genau in der Mitte, wo das Geschlecht unter Verschluß gehalten wird. Das glatte, in sich kreisende Volumen verhilft auch den Köpfen dieser Zeit (Abb. 5, 24, 25) zur Aura der unberührbaren Distanz und macht sie zu undurchdringlichen Prototypen, die den Schädel mit der Würde einer geistig-körperlichen Idee jenseits der physiognomischen Zutaten versehen.

Nun zum anderen Torso, der 1962 entstand, aber von einem ganz anderen Duktus geformt wurde (*Torso II*, Abb. 26). Die beiden Torsi dokumentieren die Wahlfreiheit, in die ein Künstler an bestimmten Weggabeln geraten kann. Das klassische Beispiel ist die Situation, in der Picasso sich befand, als er die »dunkle Totalidee« (Brief Schillers an Goethe, Jena, 27. März 1801[9]) der *Demoiselles d'Avignon* in sich trug. Zwei Vorstudien dokumentieren sein Entscheidungsproblem. Die eine, heute in Philadelphia, ist ganz in geraden Linien

Wahlfreiheit

---

8 Viktor Sklovskij: Kunst als Verfahren, in: Texte der russischen Formalisten, I, hrsg. von Jurij Striedter, München 1969, S. 14f.

9 Vgl. S. 108, Anm. 19

gegenüber:
Abb. 25 Büste.
1962, Bronze, Höhe 40 cm

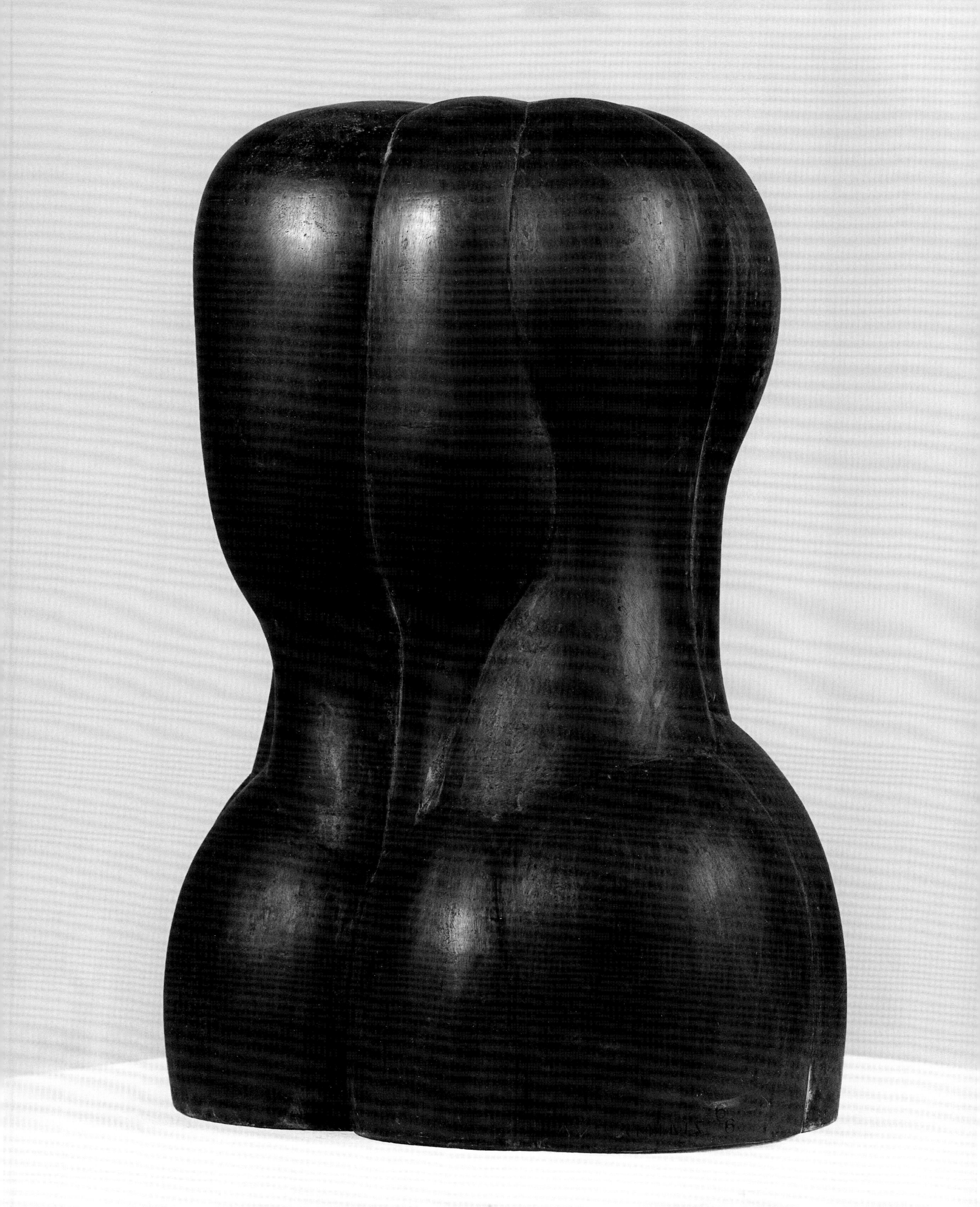

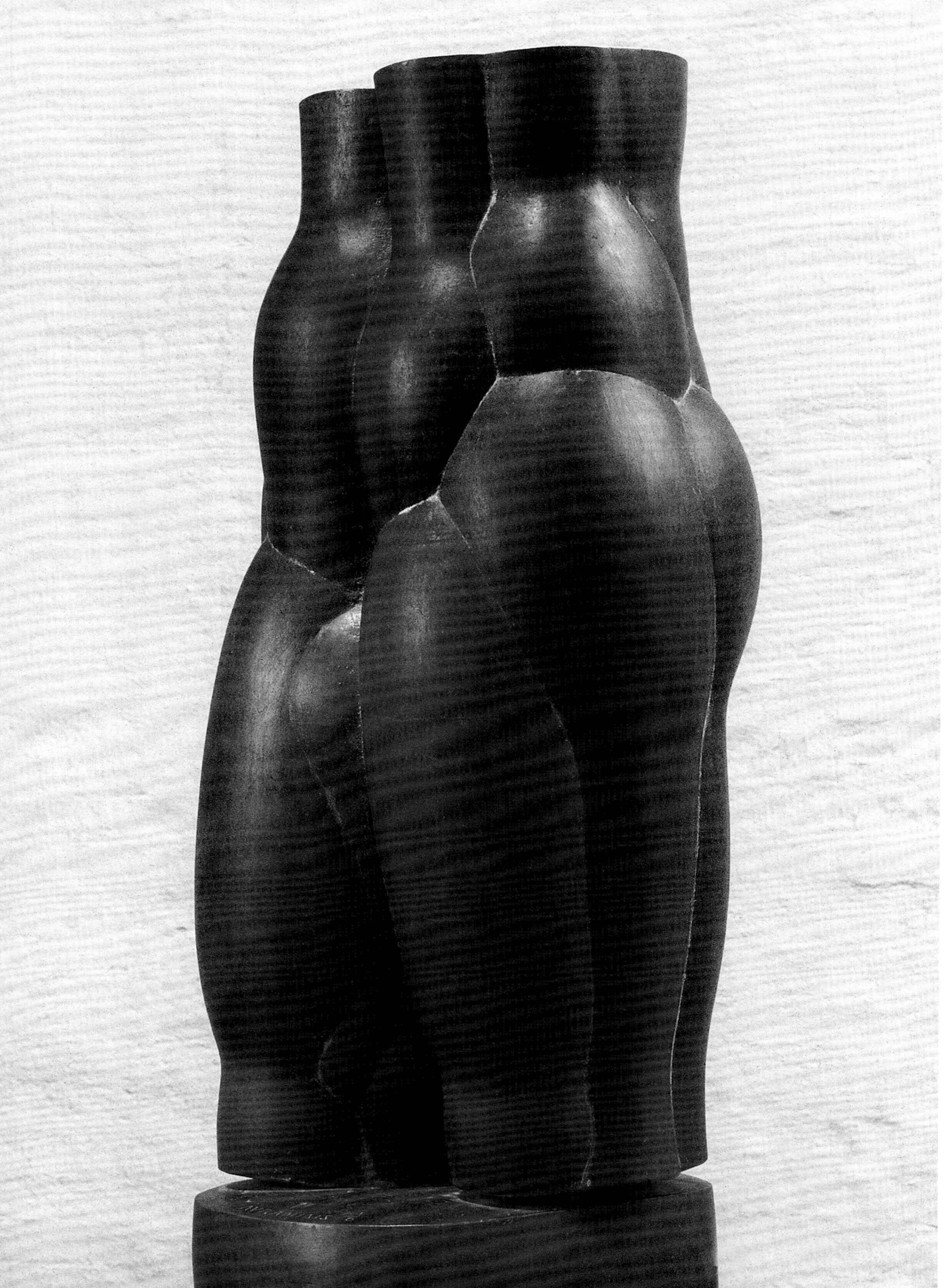

und spitzen Winkeln angelegt, die andere (in Basel) bringt dieselbe Komposition auf einen runden, kurvigen Nenner. Picasso wählte die kantigen, brüchigen Winkel und traf damit eine Entscheidung, aus der bald danach der Kubismus hervorging.

Eine Gegenmöglichkeit

Avramidis schuf den späteren der beiden Torsi als Gegenmöglichkeit zum ersten. Er enthält eine Absage an das Schnürsystem der waagrechten und senkrechten Metallstege, die das Formgeschehen kompartimentieren und umklammern, in die Regungslosigkeit bannen. Dagegen findet in *Torso II* tatsächlich »Form als Geschehen« statt. Die schwellenden Gliedmaßen kümmern sich nicht um symmetrische Entsprechungen, sie behaupten sich in einem dynamischen Gegeneinander, das gewaltsame Akzente trägt. Avramidis blickt durch die äußere Form auf die innere, in der die Muskeln ihre Verflechtungen austragen. Was auf den ersten Blick an das Pathos von Michelangelo erinnert, gibt sich allmählich als Erinnerung an die anatomischen Studien Leonardos zu erkennen, in denen erstmals das Muskelgeschehen als Prozeß zur Anschauung kam (Abb. 27).

Das Muskelgeschehen

Der »entbundene« Rhythmus des zweiten Torsos blieb Ausnahme im Lebenswerk von Avramidis, ein lust- und temperamentvolles Extempore. Das gibt uns Anlaß über das System der »Stege« nachzudenken. Dazu bietet die *Figur III* (1959/60, Abb. 28) didaktische Hilfe an. Wie jeder Generalnenner, der Regelmäßigkeit verbürgt, hat dieser innovative Kunstgriff zwei Seiten: Gewinn und Verlust. Einmal zerlegen die Stege die Vertikalität des Körpers in horizontale Segmente, die manchmal gleich breit sind, manchmal den Abschnitten der Anatomie folgen und zur straffen Akzentuierung verhelfen. Was bewirken diese Maßnahmen? Sie segmentieren das Ganze in einzelne Parzellen, die jedoch zugleich in ihrer repetitiven Abfolge den ganzen Körper vom Scheitel bis zur Sohle in eine ununterbrochene Kontinuität einspannen. Überdies sind sie am internen Aufbau der Figur entscheidend beteiligt. Aus Kreisen oder ineinander gelagerten Kreissegmenten bestehend, garantieren sie in ihrer Gesamtheit die makellose runde Vertikalität und verhindern Auswüchse oder Zusätze. So kehrt die konstante Vertikalgliederung das additive Moment hervor und löscht die kreatürliche Herkunft dieser geschlechtslosen Modellfiguren aus.

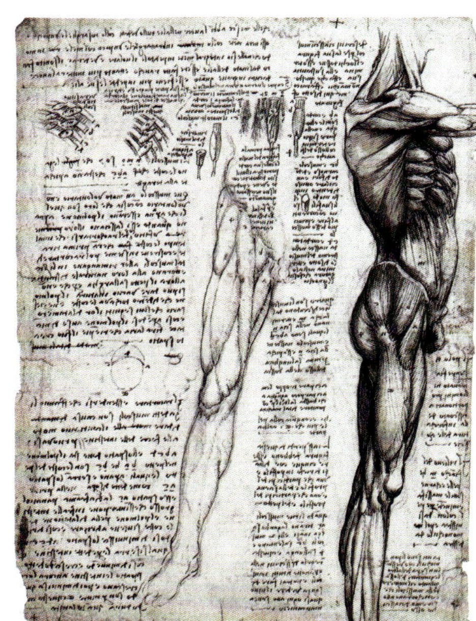

Abb. 27 Leonardo da Vinci, Muskeln des Beins. Um 1510, Kohle mit Feder und Tusche laviert, 28,6 × 20,7 cm, Windsor, Royal Collection

Die segmentierenden Stege

gegenüber:
Abb. 26 Torso II.
1962, Bronze, Höhe 70 cm

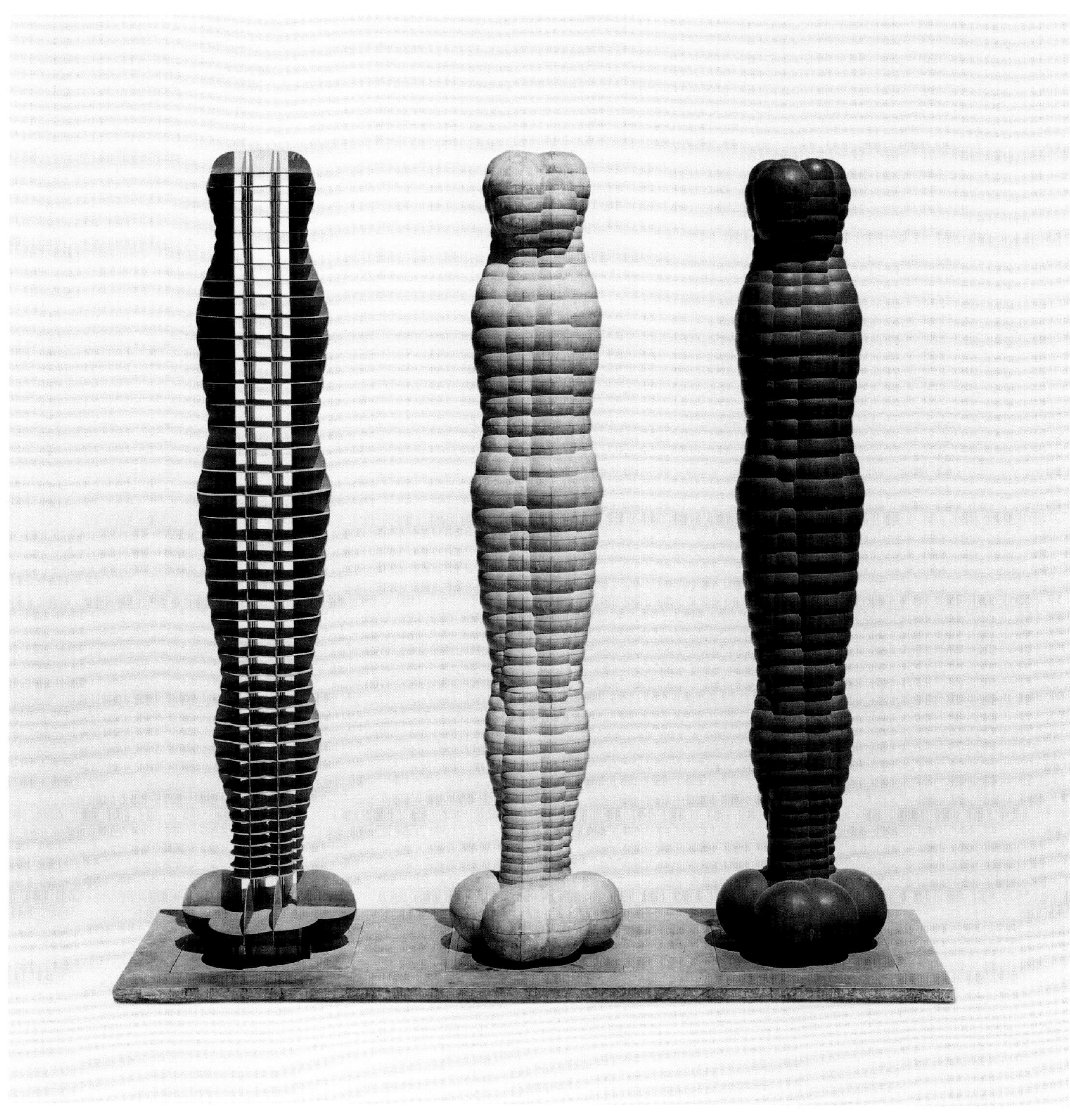

Abb. 28 Figur III.
1959/1960, Aluminiumkonstruktion,
Gips auf Aluminiumkonstruktion,
Bronze, Höhe 176,5 cm, Athen,
Nationalgalerie

folgende Doppelseite links:
Abb. 29 Figur I
(mit abgesetzten Profilen).
1963, Bronze, Höhe 200 cm

folgende Doppelseite rechts:
Abb. 30 Figur II
(mit fließenden Profilen).
1963, Bronze, Höhe 200 cm

Der Gewinn dieser Disziplinierung liegt darin, daß der Kreis als idealer Generalbaß die vollkommene Rundung der ganzen Gestalt bewirkt – eine Rundung, wie sie bei Platon als Eigenschaft des dritten Geschlechts gepriesen wird. Dabei geht verloren, was Hogarth die »line of beauty« nannte: das stetig fließende Ineinander der Körperteile.

Als Kennmarke hat dieser »Fluß« allerdings nicht mehr Gewicht für das Werk von Avramidis als die Zäsuren, von denen er manchmal unterbrochen wird. Beide tragen dieselbe Signatur. Das demonstriert sehr schön die Gegenüberstellung von *Figur I* und *Figur II* von 1963 (Abb. 29 und 30). Einmal begegnen wir »abgesetzten Profilen«, das andere Mal »fließenden«. Die beiden Aggregatzustände verweisen aufeinander. Wo der eine sich in prägnanten, eigenständigen Zeichen mitteilt, setzt der andere auf eine sanfte Symbiose, nicht ohne an zwei Stellen eine senkrechte »Naht« zu benutzen, die verbindet und doch auch den Gesamtkörper in zwei Hälften trennt.

Zwei Aggregatzustände

Die Extremposition der *Figur III* (Abb. 28) war notwendig aus Gründen der Selbstreinigung. Mit andern Worten: um den menschlichen Körper ein für alle Male aus den Verstrickungen zu befreien, die ihn schon einmal überwältigt hatten. Sieben Jahre zuvor war die *Weibliche Figur* (Abb. 31 und 32) entstanden, deren Körper – eine Tour de Force – aus einem einzigen Geschlinge von Wülsten zu bestehen scheint. Eine größere Distanz zum Förderer Wotruba einzunehmen, war schlechthin nicht möglich. Auch dieses »Wulstband«, wie Semff es nennt, war ein »Generalbaß«, freilich ein amorpher, gegen den kein anderer Code etwas hätte ausrichten können. Solcherart substituierte sich eine neue Laokoon-Schlange dem Körper, den sie vorher nicht nur umschlang, sondern verschlang. Doch dieser Heißhunger für das Gestaltlose war schnell gestillt und Avramidis entschloß sich zu einem anderen Vokabular.

Wotruba

Extrempositionen

Extrempositionen hat er freilich immer wieder eingenommen, etwa in den orthogonalen Köpfen und rechtwinkligen Bandfiguren um 1970, die uns noch beschäftigen werden. Auch dazu trug er freilich eine Gegenmöglichkeit in seinem monumentalen Repertoire, z.B. den mehrteiligen, fast 5 Meter langen Fries mit dem vielsagend eindeutigen Titel *Metamorphose* (Abb. 33). In diesen Widerreden, die Avramidis mit sich selbst führt, entdecken wir Aspekte seines Œuvres, die wir gerne übersehen, denn sie korrigieren die bequeme Vorstellung von einem Künstler, bei dem alles aus einem Guß ist, der sich und uns die Freiheiten versagt, die dem Springer des Schachspiels zustehen.

Was die tatsächliche innere Kontinuität dieses Werkes ausmacht, das ist der Umstand, daß zwischen signifikanten Einzelwerken oder Werkgruppen fortzeugende Energiesprünge wirken. Eine Arbeit kann auf andere einreden, was wir freilich erst merken, wenn wir, zurückblickende Propheten, die späteren Konsequenzen kennen. Die *Vollsymmetrische Figur IV* (1963, Abb. 34) ist ein Musterbeispiel für das, was man die »Urpflanze« von Avramidis nennen

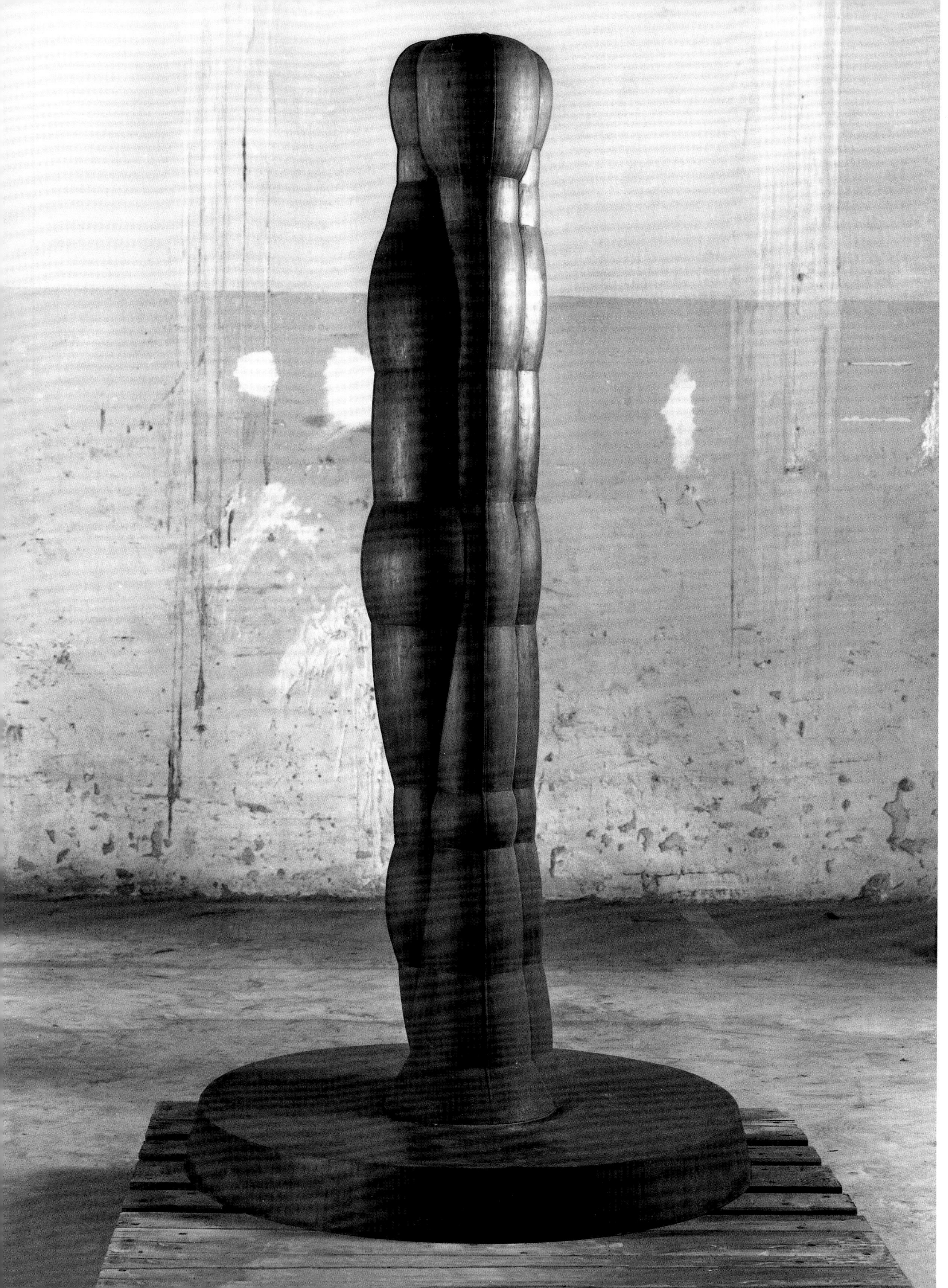

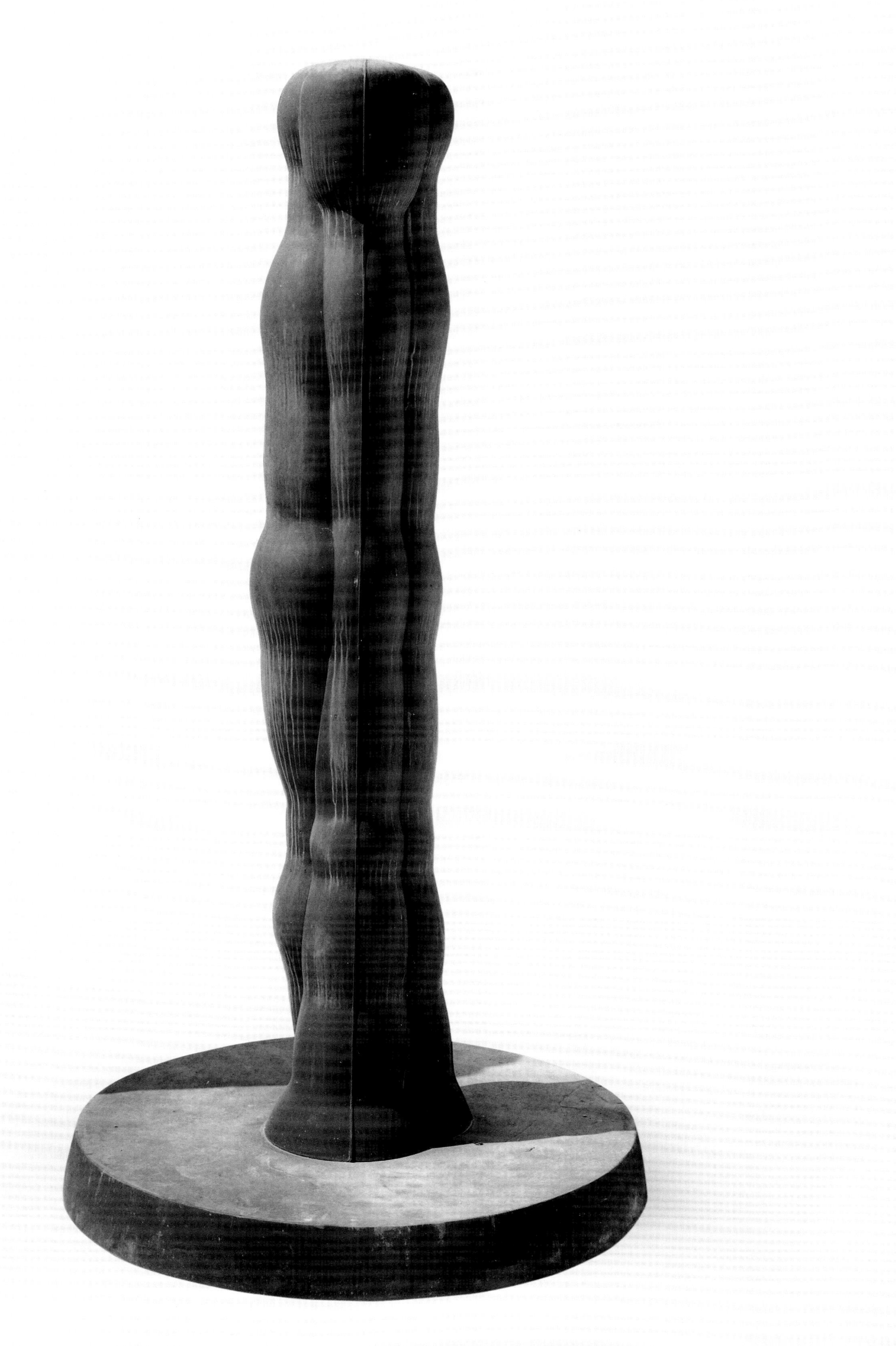

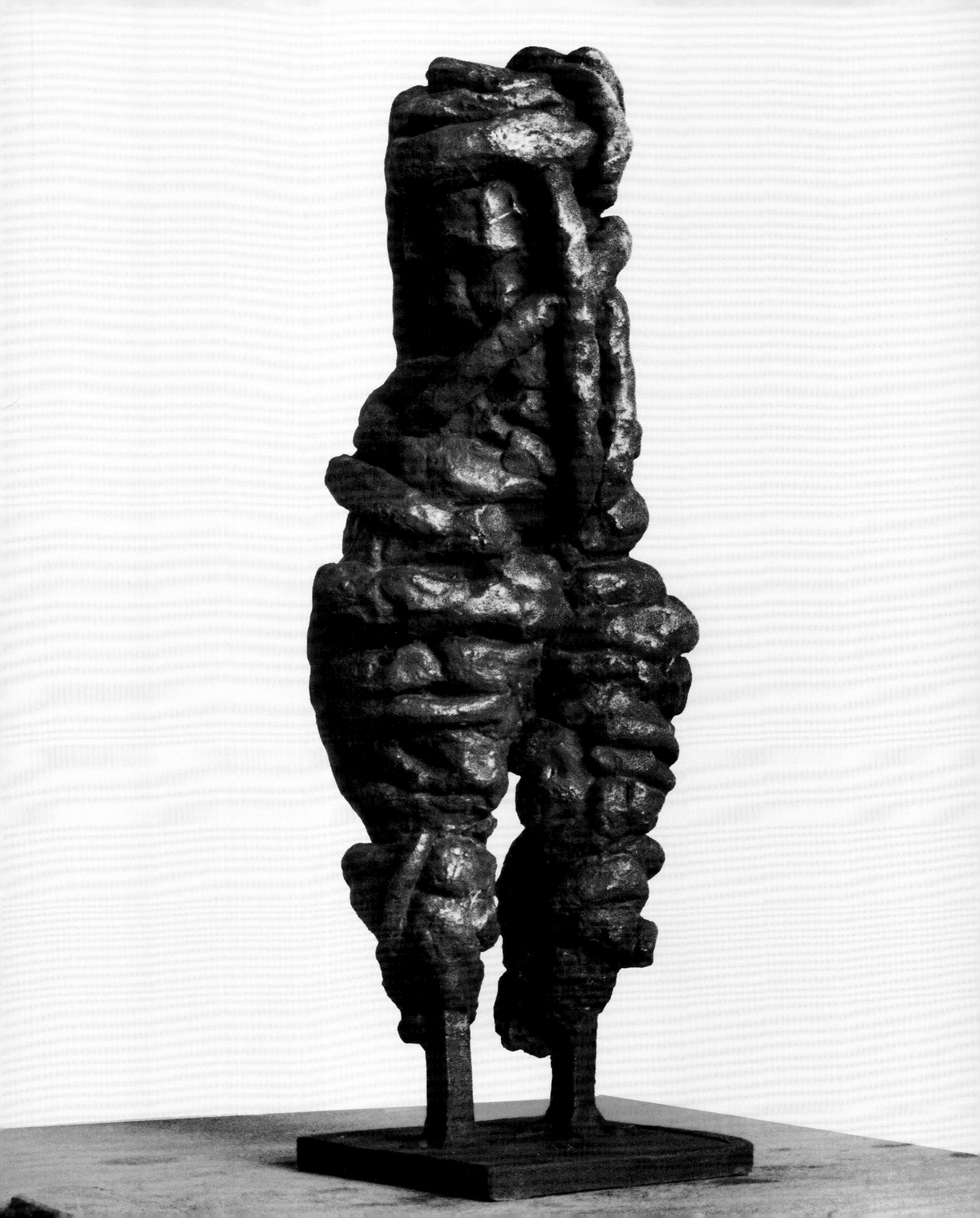

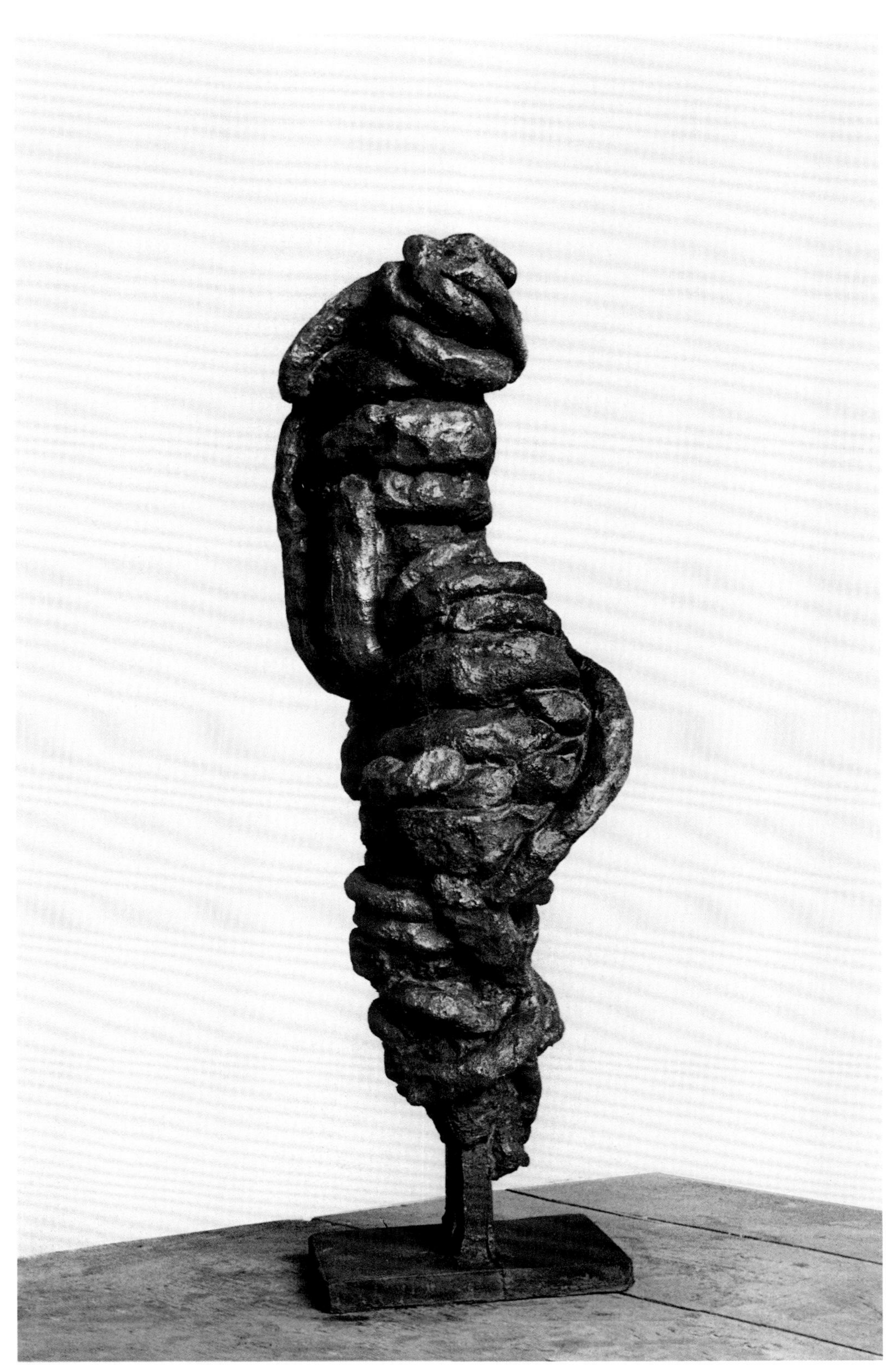

Abb. 31, 32 Weibliche Figur.
1953, Bronze, Höhe 53 cm,
Athen, Nationalgalerie

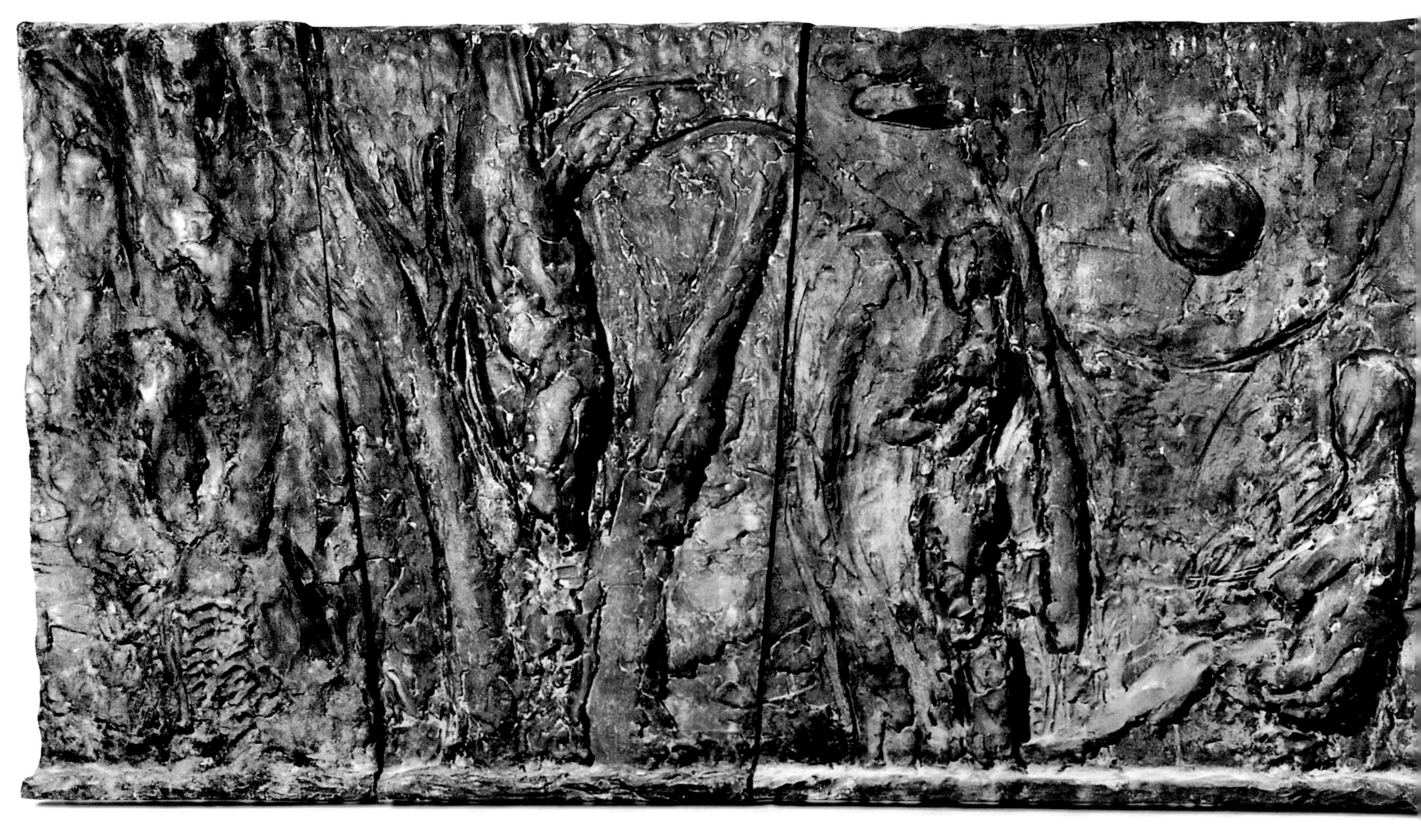

Abb. 33 Metamorphose.
1960, Bronze-Relief (sechsteilig),
132 × 480 cm

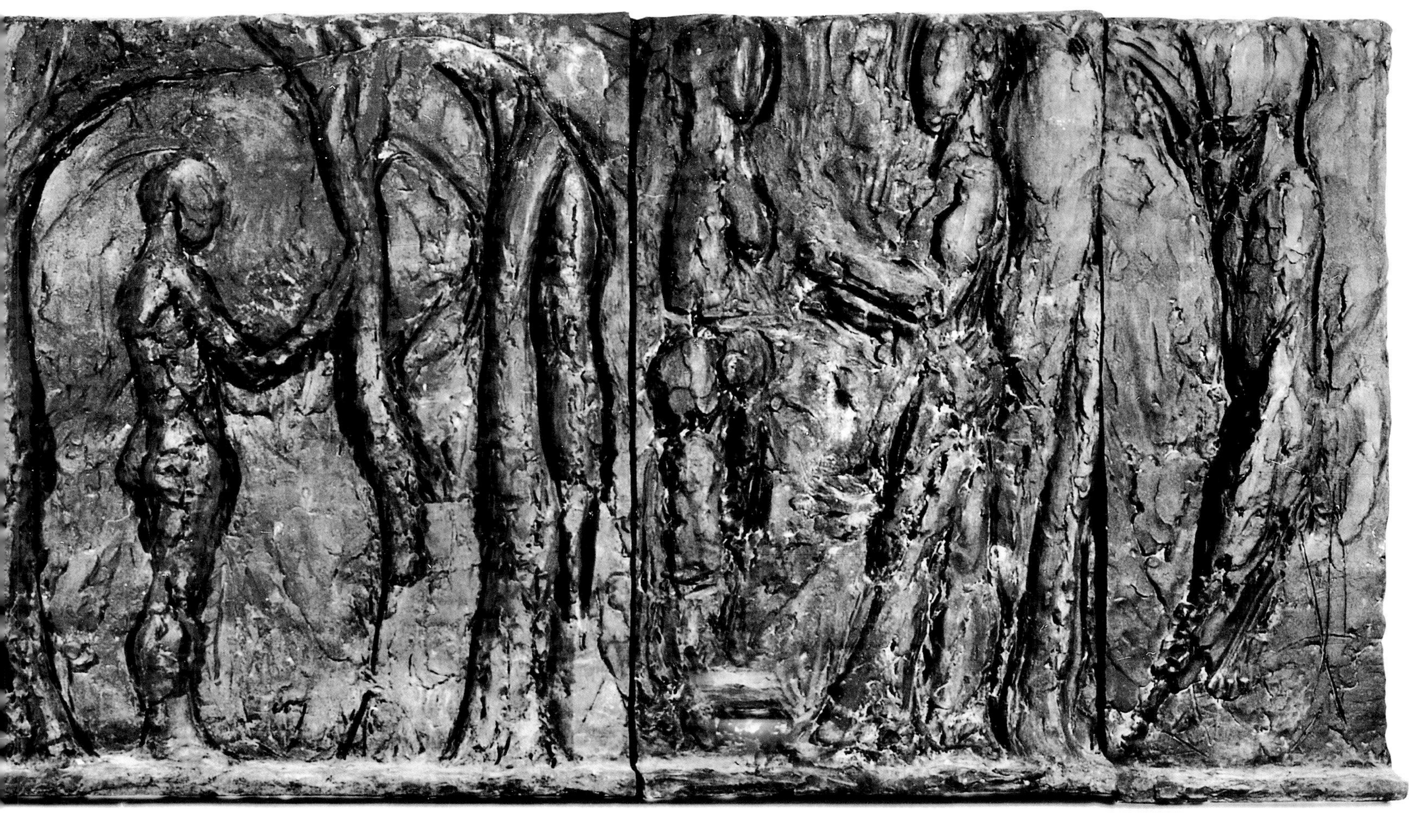

folgende Doppelseite links:
Abb. 34 Vollsymmetrische Figur IV.
1963, Bronze Höhe 163 cm

folgende Doppelseite rechts:
Abb. 35 Mittlere Zweifigurengruppe.
1964, Bronze, Höhe 163 cm

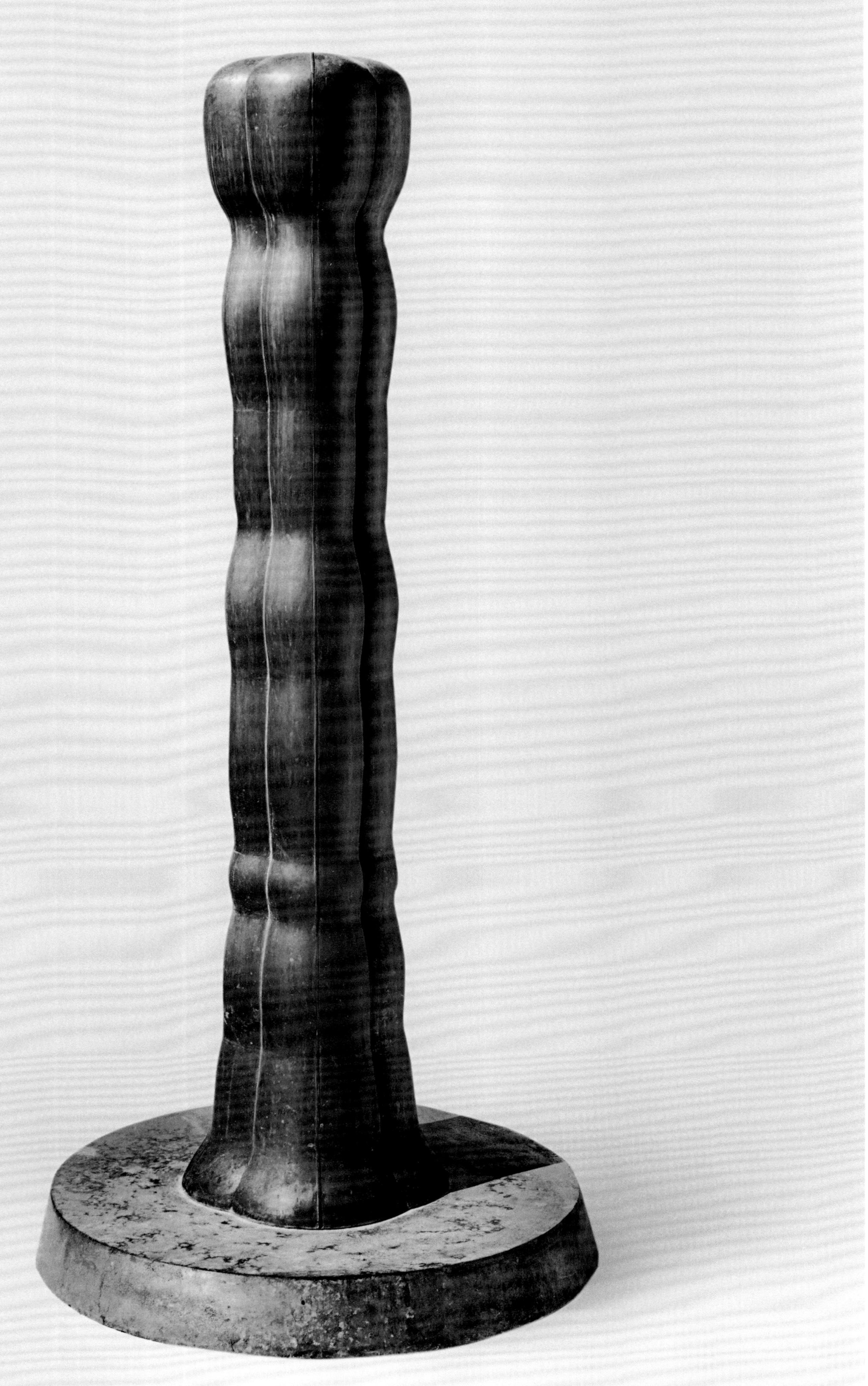

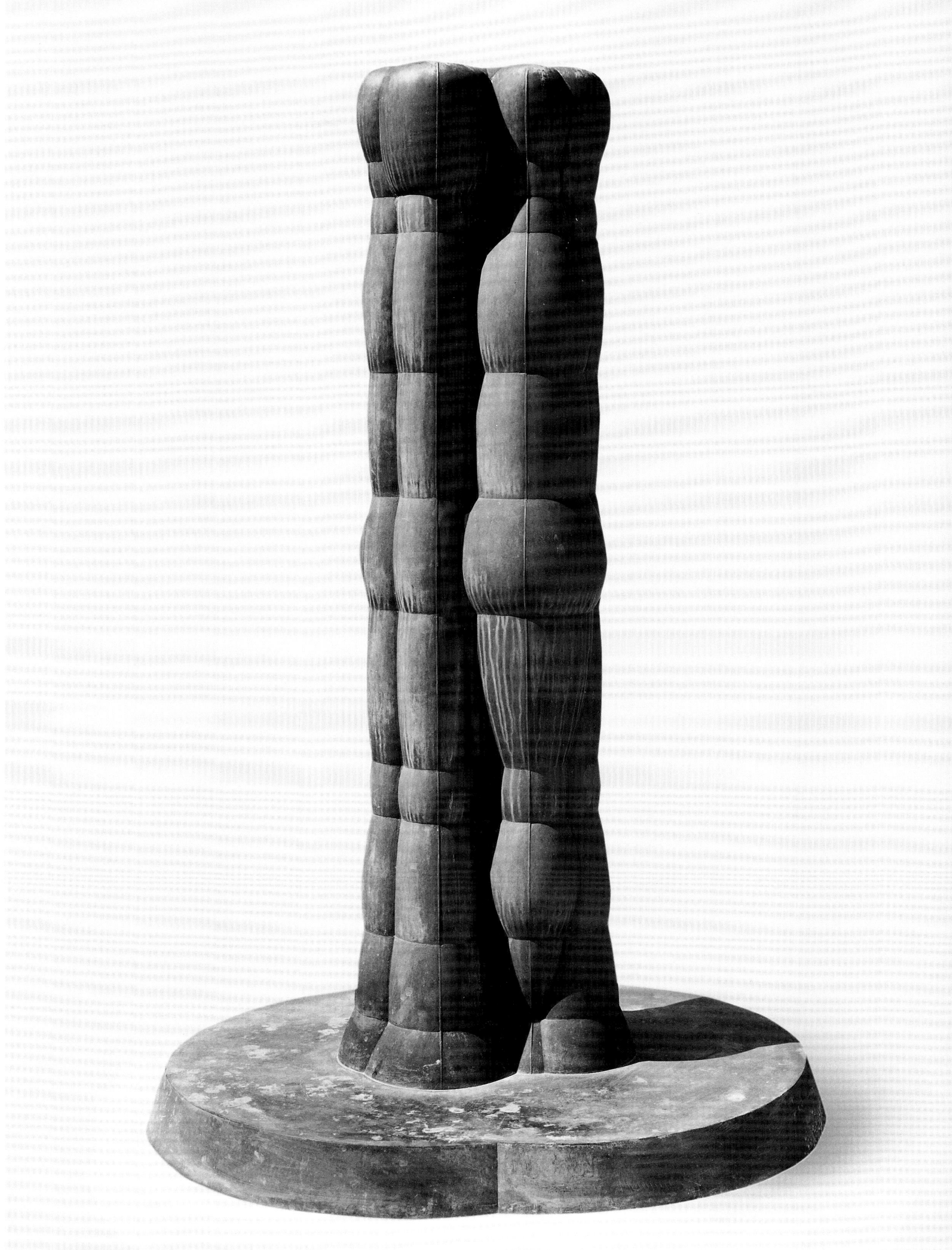

könnte: »Mit diesem Modell und dem Schlüssel dazu kann man alsdann noch Pflanzen ins Unendliche erfinden, die konsequent sein müssen«.[10] Avramidis geht, was das Unendliche betrifft nicht so weit wie Goethe, aber er denkt konsequent. Darunter verstehe ich, ohne ihn konsultiert zu haben, die Befolgung der vier Kriterien des Thomas von Aquin – claritas, integritas, perfectio und consonantia – bei gleichzeitiger Verwandlung des Prototyps (*Figur IV*) in Gruppierungen, in denen er vier-, fünf- oder sechsfach an der Bildung einer Kollektivgestalt mitwirkt (Abb. 35 und 36). Dieser Vorgang folgt dem Tenor der Kernfigur, deren Grundriß, das vierblättrige Kleeblatt, die vier Windrichtungen angibt, denen sich die vier Körper zuwenden, die zusammen das Kontinuum eines vollrunden Überkörpers bilden. Die Verwandlungen nehmen an ihren einzelnen Bestandteilen keine Metamorphosen vor, sie begnügen sich damit, einen übergreifenden Rhythmus der Strenge zu entwerfen, in den sich die Einzelfigur einfügt. Anders formuliert könnte man sagen, daß die Verwandlungen dem Komprimat, also der *Figur IV*, dessen Vervielfältigung hinzufügen, ohne indes an der Grundfigur etwas zu ändern: sie bleibt konstant, wie zahlreich die Partner dieser Verzwitterung auch sein mögen. In der *Polis I* der Berliner Nationalgalerie (1965/1968, Abb. 37) sind es mehr als zwei Dutzend. Es gehört zum Kalkül dieses Formgedankens, daß sich die genaue Zahl nicht ermitteln läßt.

Vollrunde Überkörper

Avramidis wendet in der *Polis I* ein Verfahren an, für das ich keine Vorbilder kenne: er erfindet den homogenen, doch variantenreichen Kollektivkörper. Die Gestalten gleichen einander in Wuchs und Haltung. Ihr Nebeneinander verdichtet sich fortwährend zum Ineinander. Jeder trennende senkrechte Kontur stellt zugleich eine nachbarschaftliche Naht her, die bindet. Die Einstimmigkeit läßt Raum für Soloauftritte, denen zurückgenommene Begleitstimmen assistieren. Der erste Eindruck einer geschlossenen Mauer verflüchtigt sich, sobald wir die Vor- und Rücksprünge in Rechnung stellen, die das ganze Gebilde rundum gliedern, ohne sich motivisch zu wiederholen. Keine der Figuren hat autonomen Status, jede ist Glied der konsensualen Verkettung. Ihr Zusammenhalt ist verschieden dicht bzw. differenziert. Da Avramidis die empirischen Daten der Anatomie nach seinem Bedarf einsetzt oder umformt, läßt er sich z.B. nicht auf das Thema »Fuß« ein, das kleinteilig verwirrende Nachbarschaften, also ein Gedränge, ergeben hätte. Er reduziert dafür die Zahl der notwendigen Standbeine und verschmilzt sie zu einer synthetischen Plattform aus abgerundeten »Inseln«, die an Bäume erinnern, die in Bodennähe noch ihre breit gelagerten Wurzeln ahnen lassen. Dort, wo das Stehen einen festen Grund hat, bleibt ihm die Artikulation versagt, die oben, in der Schädelzone dafür sorgt, daß die anonymen Köpfe sich in Zu- und Abwendungen stumm und blicklos

Konsensuale Verkettung

10 Goethes Nachricht über die »Urpflanze« erging brieflich gleichlautend aus Neapel an Herder (17. Mai 1787) und aus Rom an Frau von Stein (8. Juni 1787).

miteinander beschäftigen. Zwischen Kopf- und Fußzone verlaufen übergreifend mehrere horizontale Schwellzonen, gleichsam bandartige Querwülste, die allen Gliedern des Gesamtkörpers denselben anatomischen Rhythmus aufprägen.

Avramidis und Rodin

Man hat *Polis I* mit den Bürgern von Calais von Rodin verglichen. Dieser Vergleich beruht auf mehreren Mißverständnissen; er vernachlässigt vor allem die geradezu antipodischen Strukturen der beiden Werke. Rodin erinnert an das Selbstopfer, zu dem sich sechs Bürger der Stadt Calais 1347 entschlossen, um vom englischen König Eduard III., der die Stadt siegreich belagert hatte, die Schonung der Bevölkerung zu erwirken. Dieser Opfergang wird von Individuen vollzogen, die Rodin ohne einen Führer handeln läßt. Genau so verhält es sich mit der *Polis*, doch das ist der einzige Punkt, an dem sich die beiden Werke treffen. Wo Rodin Individuen namhaft macht, deren jeder für sich mit der Entscheidung gerungen hat, so daß ein verwirrendes Nebeneinander von unwiederholbaren Gebärden entstand, gibt es bei Avramidis nur den ganz und gar stimmigen Überkörper des Kollektivs, ein abgesichertes, ungefährdetes Ganzes

Kunstfiguren

von Kunstfiguren, die im Dienst der Idee stehen, die der Titel verkündet. Avramidis unterscheidet nicht Protagonisten von Statisten, sondern legt das Ideal der Polis, die freie, wechselseitige Verantwortung für das Gemeinwesen als konstruktiven Leitgedanken über das Gebilde.

Rodins *Bürger* und die *Polis* von Avramidis: keines der beiden Denkmäler wäre zu einer anderen Zeit möglich gewesen. Rodin, der jedem der sechs Männer seine eigenen Gesten beläßt, kleidet sie in Bettler- oder Mönchslumpen und kehrt so ihre gesellschaftliche Abseitigkeit hervor. So standen diese sechs Bronzen bei der Einweihung des Denkmals vor den Würdenträgern der Stadt. Dieser Kontrast zwischen Elend und Wohlstand läßt an die Frage denken, die Klaus Staeck 1971 unter Dürers berühmte Zeichnung des Kopfes seiner alten Mutter setzte: »Würden Sie dieser Frau ein Zimmer vermieten?«

Auch Avramidis berief sich, hundert Jahre nach Rodin, auf den Künstlerstolz und das Recht, der amorphen, indifferenten Gesellschaft des Laisser-faire ein Signal entgegenzustellen, das einen gesellschaftlichen Gegenentwurf enthält.

Askese und Verzicht

Die Kunstfiguren seiner *Polis* bilden eine kleine, widerstandsfähige Zelle, die sich nicht auf ideologische Programme, sondern auf die künstlerischen Tugenden von Askese und Verzicht stützt. Die Glieder dieser Polis stehen indes in der Defensive: sie tarnen ihre Bewegtheit, die sie zu einem Umriß von gemessener Dynamik verbindet, mit scheinbarer Regungslosigkeit, indes die *Bürger von Calais* ihre Ohnmacht hinter pathetischen Selbstgesprächen verbergen.

Ich versage es mir, das Werk, an dem Avramidis von 1965 bis 1968 arbeitete, auf den zeitgeschichtlichen Hintergrund zu projizieren. Avramidis hat ihn nicht

Die Distanz der Geringschätzung

zur Kenntnis genommen, denn sein verhaltener Stolz legte seit jeher zwischen sich und den gesellschaftlichen Apparat die Distanz der Geringschätzung. Er überläßt es anderen, mit Hilfe von Dürer die Heuchelei zu entlarven oder, wie

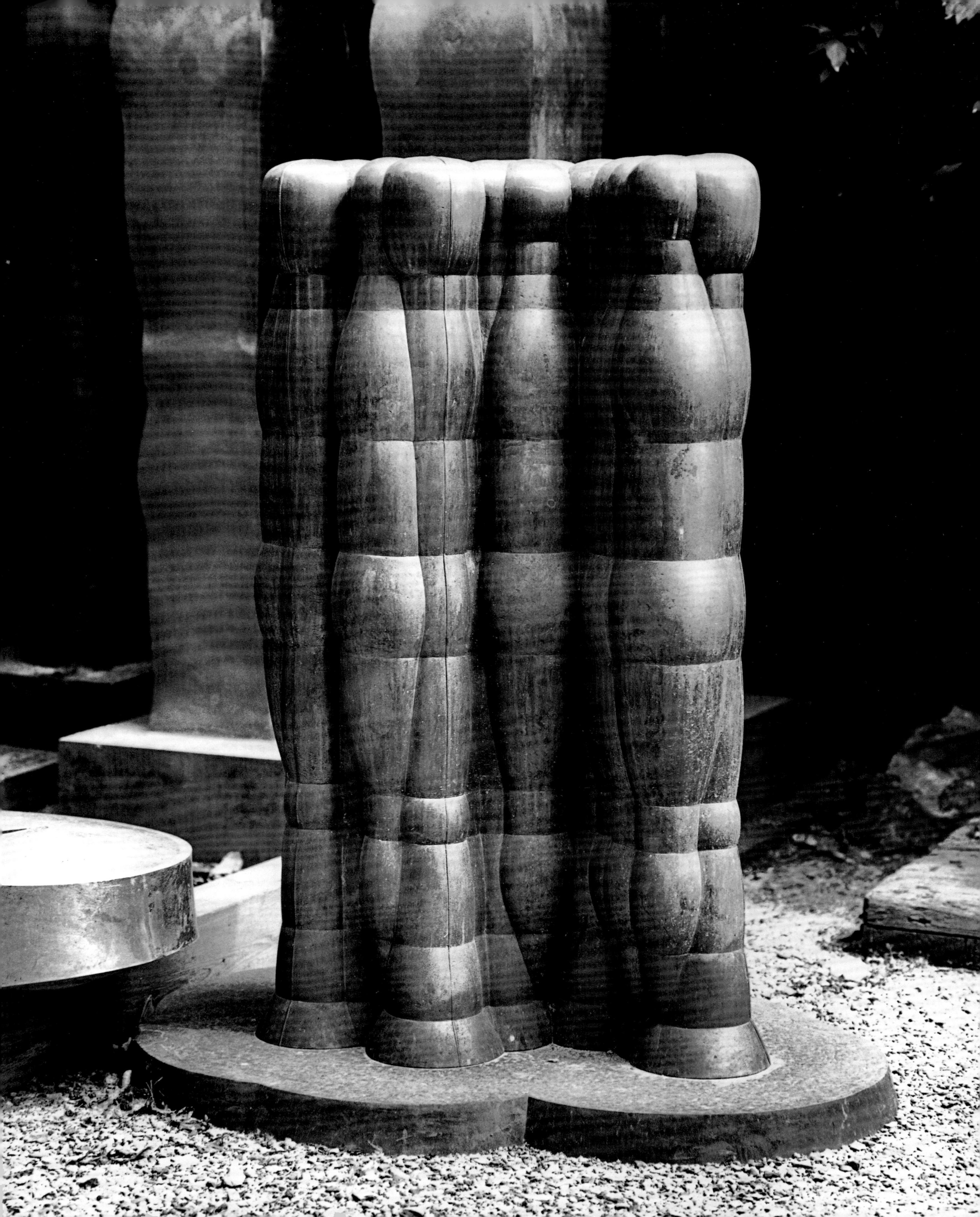

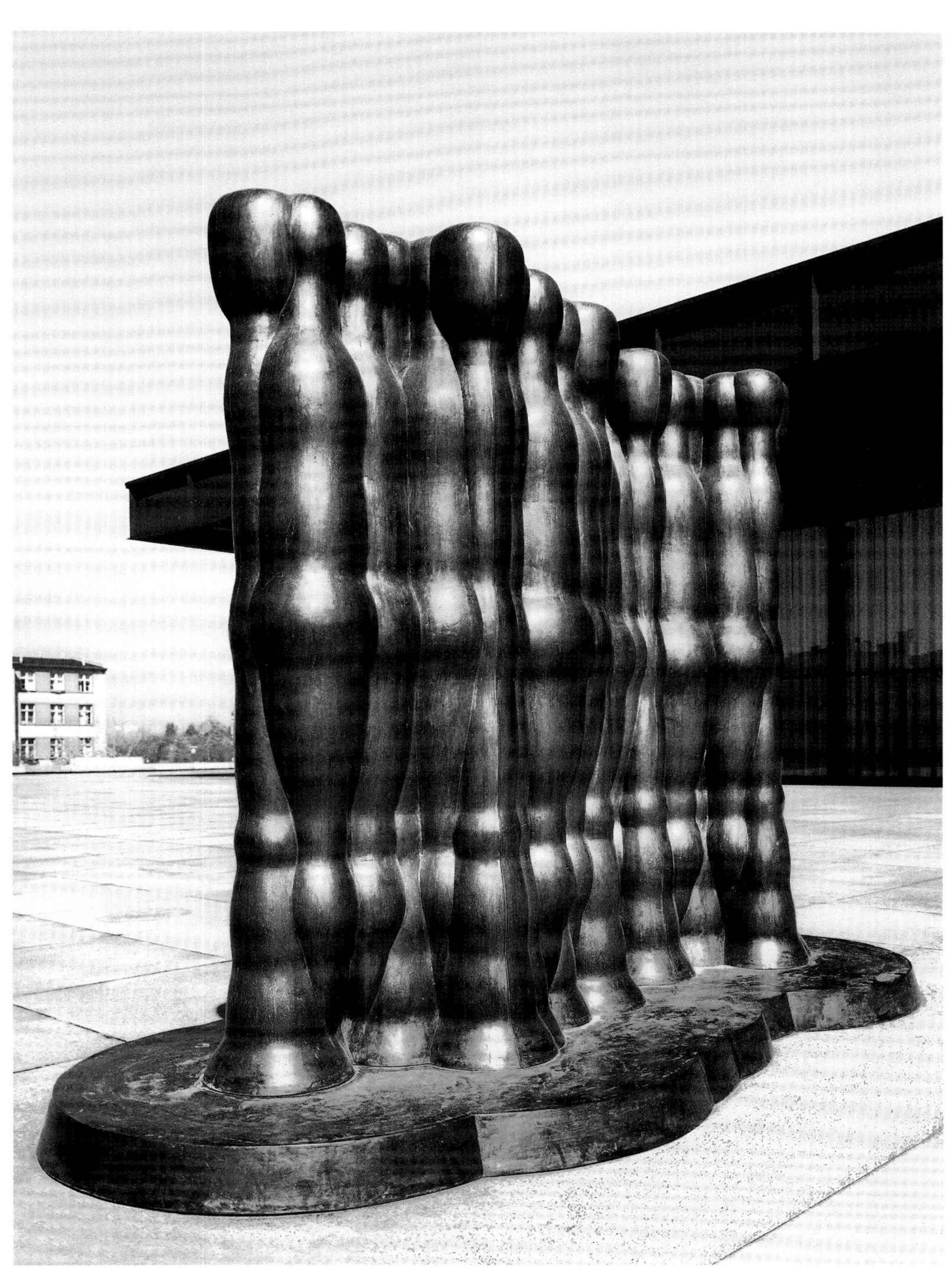

gegenüber:
Abb. 36 Mittlere Sechsfiguren-Gruppe. 1980, Bronze, Höhe 108 cm

Abb. 37 Polis I.
1965/1968, Bronze, Höhe 200 cm,
Berlin, Nationalgalerie

Thomas Bernhard, in ostentativer Demut öffentlich zu bekennen: »Wir verdienen nichts als das Chaos.«

Wir sind bei Formgedanken angelangt, mit denen Avramidis seine Komprimate vervielfältigt, also additiv in größere syntaktische Verbände einfügt, ohne die Einzelform zu verändern. Solange diese Konstellationen sich in der Horizontale ereignen, ändert sich nichts an ihrer Statik, nur wird das Stehen auf mehrere Figuren verteilt. Nun hatte Avramidis aber auch den Einfall, dieses Stehen – sein Tribut an Leonardos Prototyp – auf den Kopf zu stellen. Es entstanden *Säulen* (1963, Abb. 38) und *Variationen für Säulen* (1963/1986, Abb. 41). Eine uralte Prämisse der orthogonalen Weltsicht, die Statik des auf eine Standfläche bezogenen Menschen, ist damit zur Disposition gestellt. Jedoch nicht ganz, denn die Kopfständer von Avramidis befinden sich im Dialog mit dem Topos, dem sie widersprechen. Wieder arbeitet Avramidis mit der aus der Spiegelung resultierenden Verdoppelung, dem Palindrom. Wir kennen diesen Kunstgriff von den *Köpfen*, die sich aus zwei ineinander geschobenen Profilen zusammensetzen und in der Mitte überlagern (Abb. 14). Das gleiche geschieht jetzt, um 180° gedreht, in der senkrechten Achse einer »Säule«: Kopf stößt auf Gegenkopf, Plinthe auf Gegenplinthe, so daß jede Figur der *Varianten* sowohl nach oben als auch nach unten Partnerschaften eingeht. Besser: jede Figur hat zwei Partner, einen für den Kopf und einen für die Plinthe. Es ergibt sich daraus, daß der Kopfstand und das normale Stehen äquivalent sind, wenngleich die Zeichen unter neue Vorzeichen geraten. Der Kopf an der Basis wird zur Knolle, aus der die Figur hervorwächst, so daß, was früher Plinthe war, nun den krönenden Abschluß bildet. Nicht genug damit, erfindet Avramidis gegenständige Figurenpaare, die über die horizontalen Grenzen der Zylinder, aus denen sich die Säulen addieren, hinweggreifen. So entstehen Spindeln, die sich hälftig auf zwei benachbarte Zylinder verteilen.

Kopfständer

Gegenständige Figurenpaare

Diese Formidee führt uns nochmals an den Anfang der Formengenese zurück, zu der in den Kern eines Rumpfes eingetragenen Spindel auf der Zeichnung von 1953 (Abb. 4). In der Nachfolge entstand die wichtige großformatige Entwurfszeichnung von 1964 (Abb. 9), in der ein schmaler Spindeltorso inmitten eines größeren sitzt. Dieser Anfang einer morphologischen Reihe setzt sich fort in einer Entwurfszeichnung aus etwa demselben Jahr (Abb. 40). Sie zeigt links eine stehende Figur, in der sich die Verdoppelung eines flächenhaft geometrischen Schemas andeutet. Es empfiehlt sich, die Analyse in der Schulterpartie zu beginnen, denn von dieser Horizontale gehen zwei spitze, nach unten weisende Dreiecke aus, die in der Nabel-Schoß-Gegend versickern. Gleichzeitig tauchen dort aber zwei steile Schrägachsen auf, die – unabhängig vom Verlauf der Schenkel – in Kniehöhe konvergieren und ein V bilden, das sich mit seiner Umkehrung deckt, die in der oberen Hälfte zwischen den beiden Schulterdreiecken entstanden ist. Das ganze Konstrukt erinnert an den Ritter von Villard de Hon-

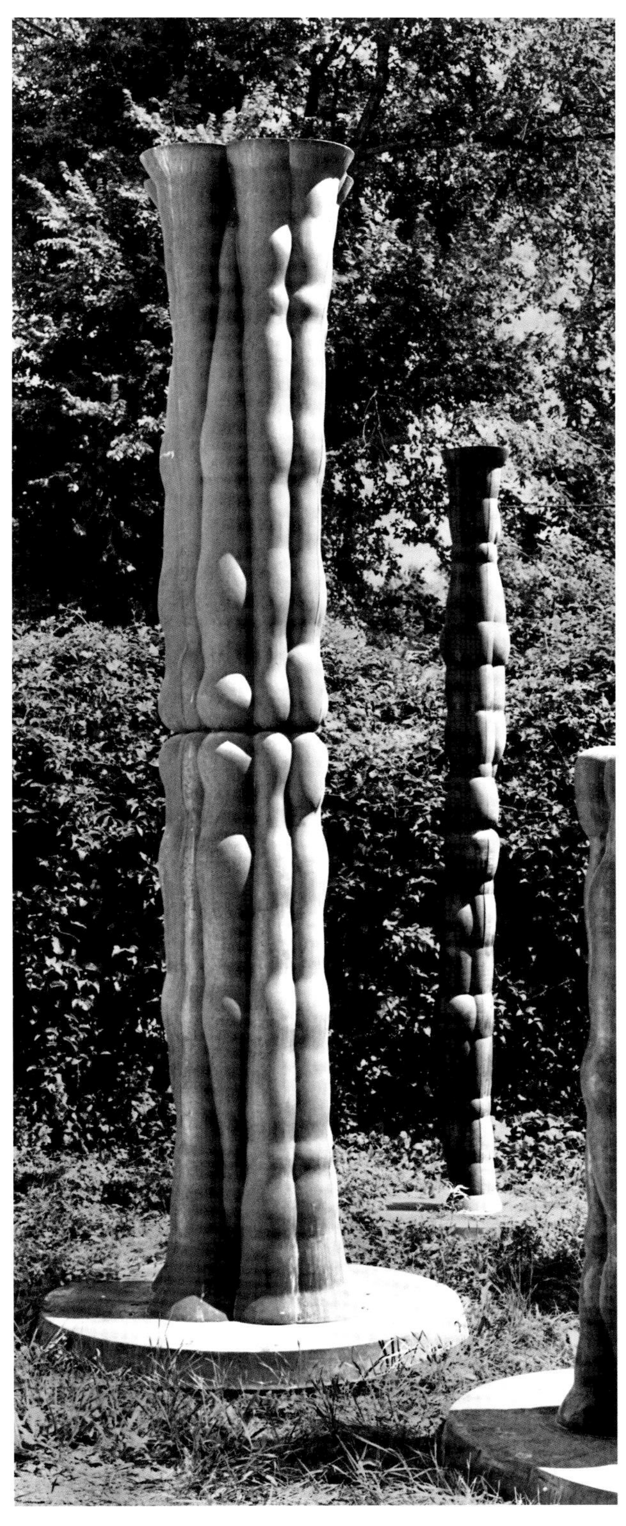

Abb. 38 Große Säule und Säule.
1963, Bronze Höhe 400 cm
bzw. 318 cm

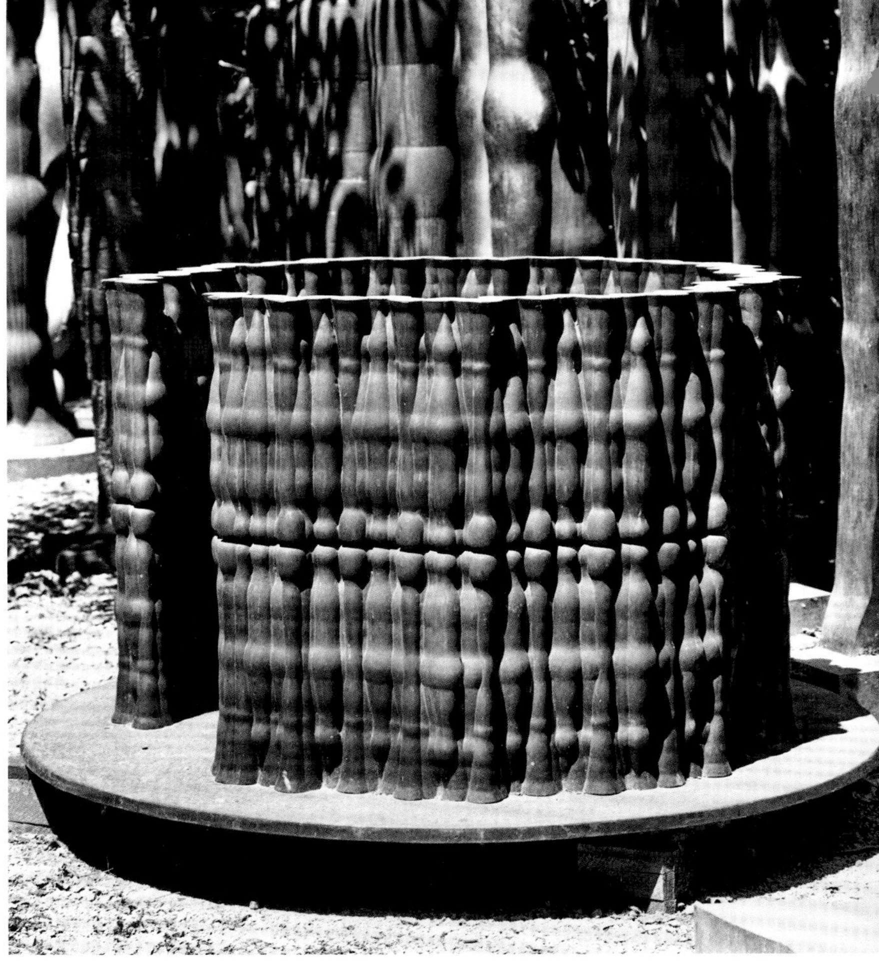

Abb. 39 Tempelmodell.
1965/1974, Bronze, Durchmesser 141 cm, Höhe 78 cm

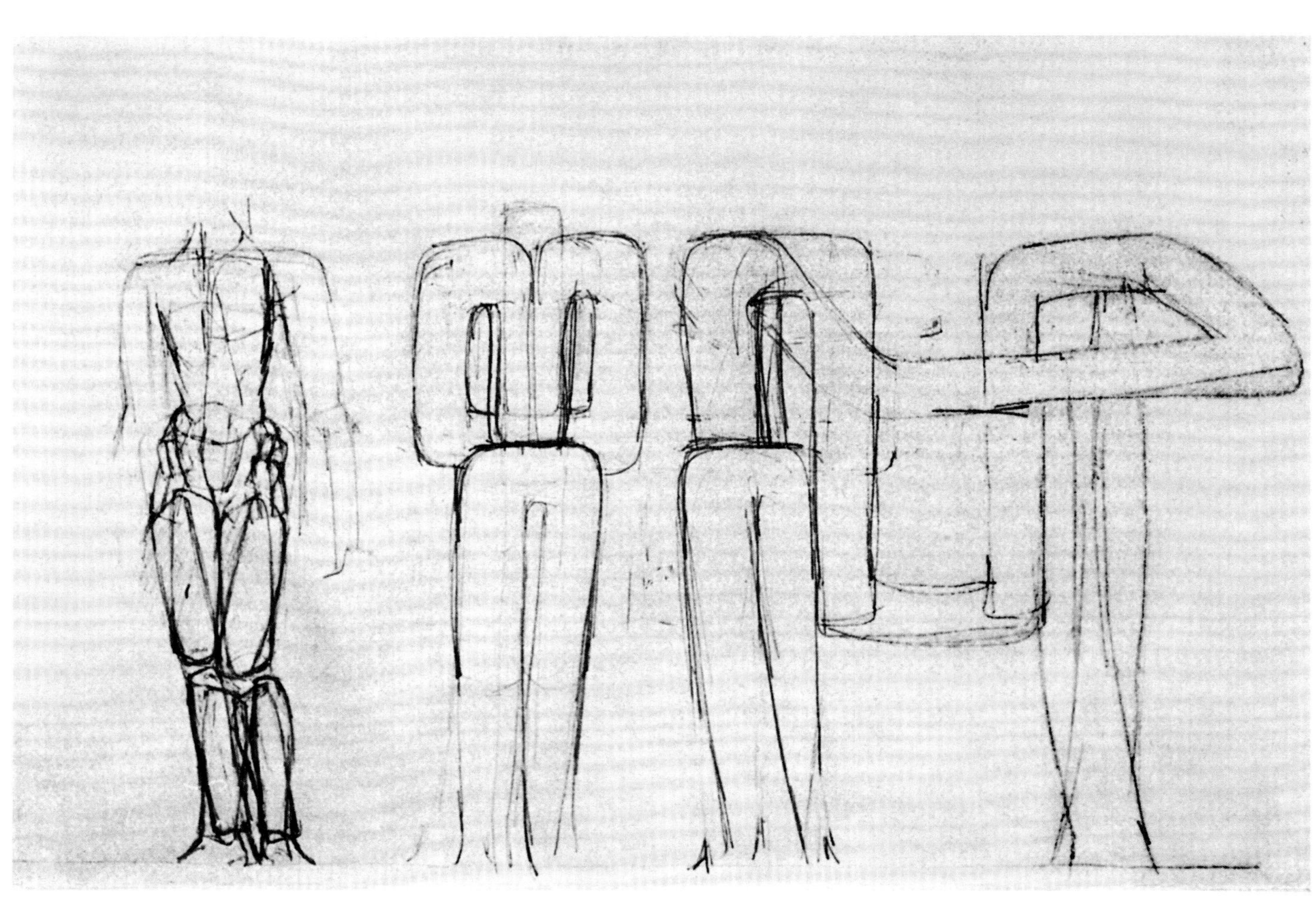

Abb. 40 Gruppe, Studien für künftige Plastiken, 1964

gegenüber:
Abb. 41 Variationen für Säulen. 1963/1986, Bronze, Höhe 270 cm

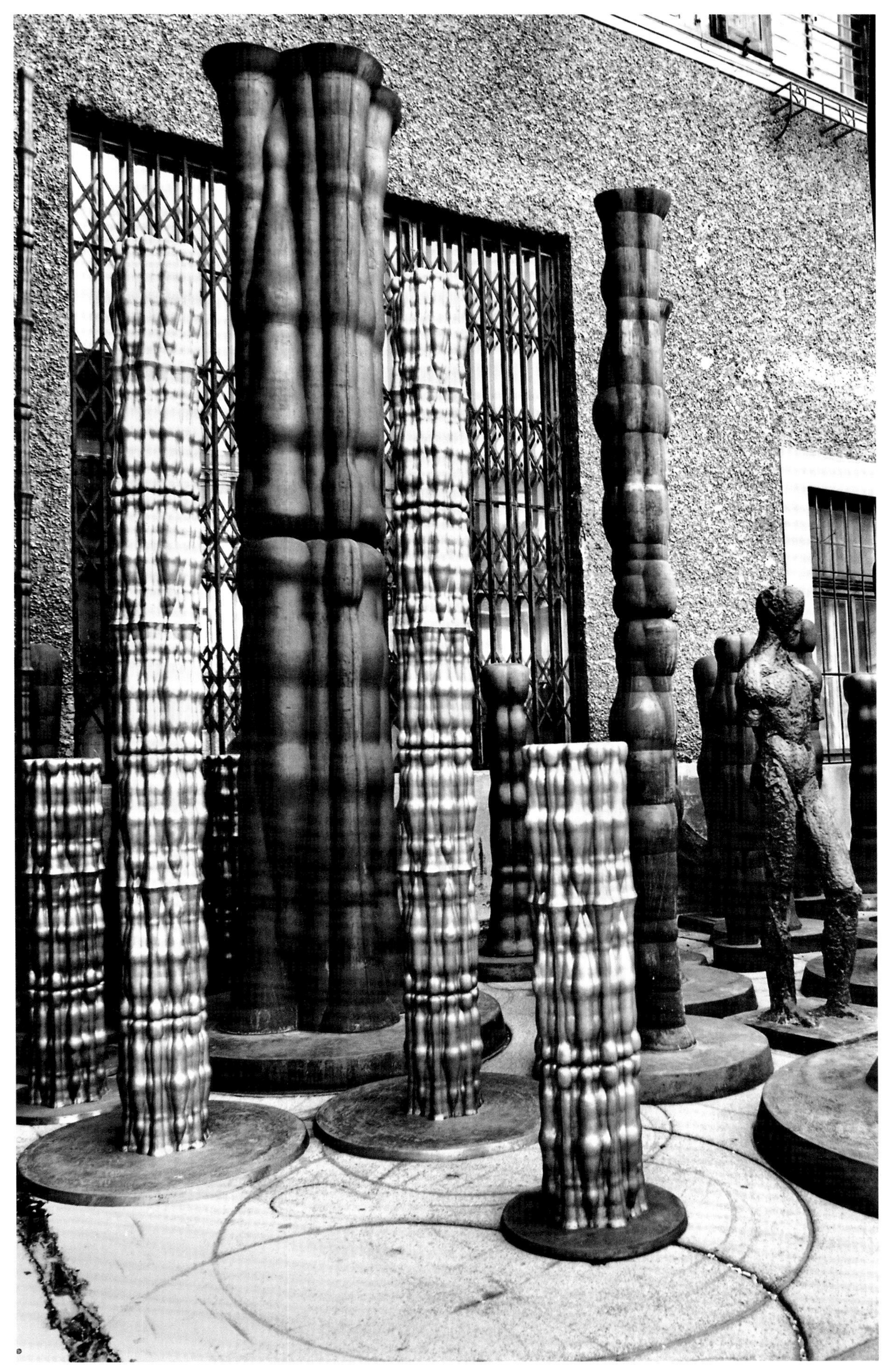

necourt (Abb. 10). Das ist der Ursprung der später auf zwei Zylinder verteilten Spindel.

Nochmals die Spindel

Welchen Ertrag, wird mancher Leser sich fragen, bringt es, das Strichgefüge einer Zeichnung in die feinsten Linienfasern zu zerlegen, um es dann wieder zu Spindeln und Dreiecken zusammenzusetzen? Gewiß sind solche Analysen trockenes Brot, aber sie erschließen uns die Strukturen, in denen sich das künstlerische Denken aufhält, die Konstanten, auf denen es beruht. Sie beantworten die Frage nach den Funktionen der Mechanismen, die Avramidis in den (künstlichen) Gelenken seiner Kunstfiguren untergebracht hat. Die Idee der vollen Rundung – das Spezifikum von Platons »drittem Geschlecht« – tritt in der Menschenpalisade eines Tempelentwurfs auf (Abb. 39). Aus dem offenen Kreis gehen die geschlossenen Hohlzylinder hervor, die Avramidis in den Säulen aufeinander türmt. Sie enthalten eng geschichtete Figurenfriese, die in den Spindeln vertikale Korrespondenzen bilden. Sie sind bifokal, d.h. aus zwei verschiedenen Abständen zu lesen. In der Nahsicht können wir jede der ineinander geschobenen Gestalten identifizieren, aus größerer Entfernung sehen wir nur das unruhige Hell-Dunkel eines Formverbandes aus Hebungen und Senkungen, Wölbungen und Einbuchtungen, in denen organische und geometrische Elemente zusammenwirken. Diese Gegensätze rufen einen Gesamteindruck hervor, der an die Kontraste erinnert, die ein Text der Keilschrift auf einem Hohlzylinder hervorbringt.

Nahsicht und Fernsicht

Die Bifokalität eines bestimmten Formgebildes wurde erstmals experimentell von Alois Riegl um 1900 an den spätantiken Reliefs des Konstantinsbogen getestet. Aus der Nähe wollte Riegl nur stereotype Figurenreihen erkennen, während er aus größerer Distanz den Ausdruck extremer Lebendigkeit registrierte, hervorgerufen vom »lebhaften Wechsel von Hell und Dunkel«.[11] Riegl, dem es um die Aufwertung der Spätantike ging, schloß daraus, daß die Reliefs ebenso wie die klassische Kunst die beiden Ziele alles bildenden Kunstschaffens – »Schönheit und Lebenswahrheit« – anstrebten und auch erreichten, jedoch nicht in einer Synthese, sondern in getrennten Extremen – einmal im strengen Kristallinismus, das andere Mal in der Lebenswahrheit des momentanen optischen Effekts. Riegls Antinomien wirken in der Bifokalität von Avramidis weiter, dem freilich der kunsthistorische Begriff »Kristallinismus« zu wenig aussagt, da er die »Beschreibung des Tuns« (Avramidis in einem Brief an mich), also den Prozeß, unterschlägt.

»Schönheit und Lebenswahrheit«

Das Gespräch der Antipoden, das den Kopf-Gegenkopf-Dialog, aber auch den Polisgedanken weiterführt, wird bei Avramidis zum Dialog mit unserem Spiegelbild. Wie er die beiden einander gegenüber positioniert, sind sie jeweils gleichrangige Gegenspieler und Partner zugleich. Vielleicht ist das sein Beitrag zum Weltbild der komplementären Gegensätze, das einmal als Gewinn aus unserem Globalisierungsdrang hervorgehen könnte.

---

11 Alois Riegl: Spätrömische Kunstindustrie (1901), Reprint Darmstadt 1964, S. 90ff.

Farb-Abbildungen I–IV
Atelier-Garten in Wien-Krieau

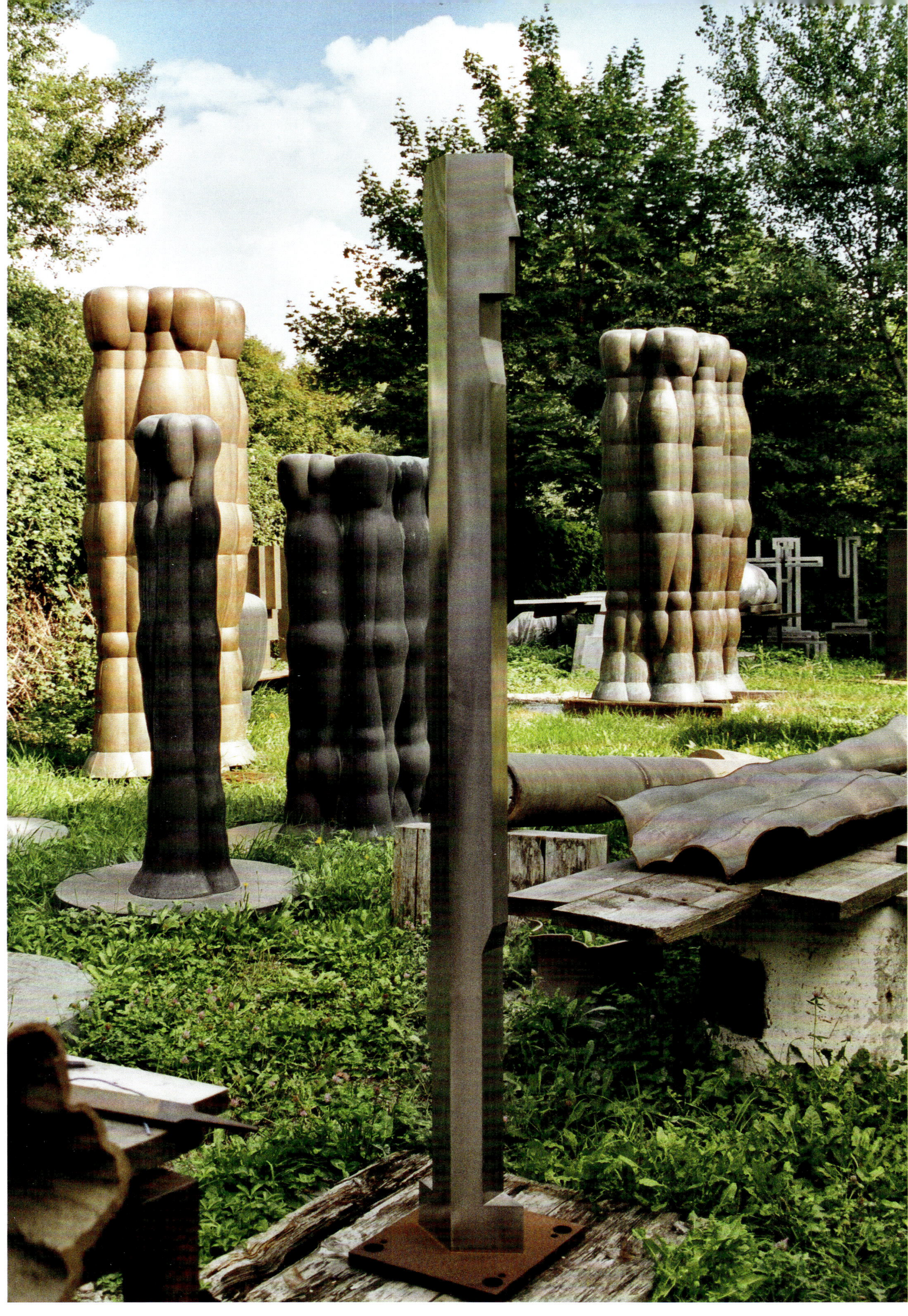

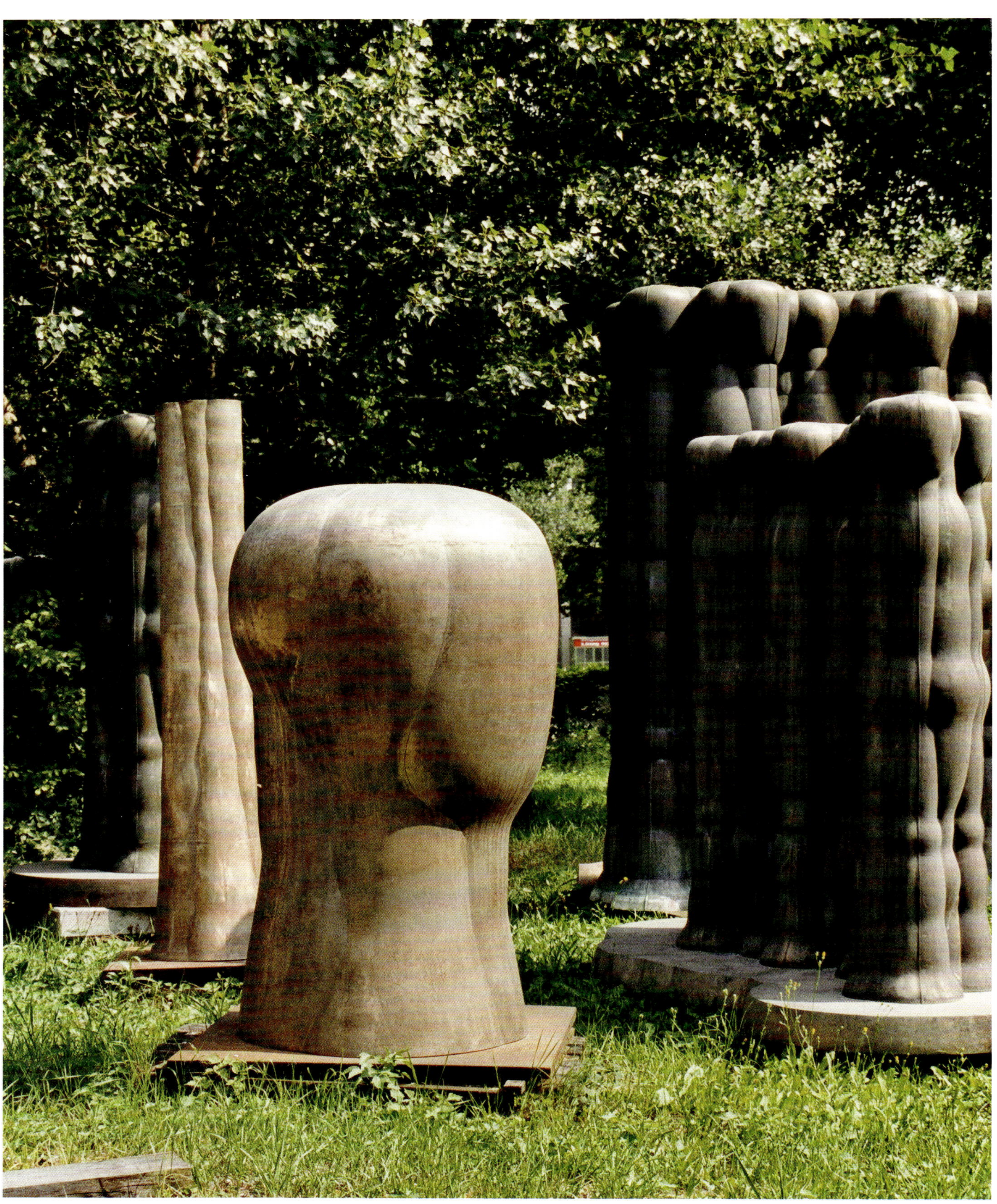

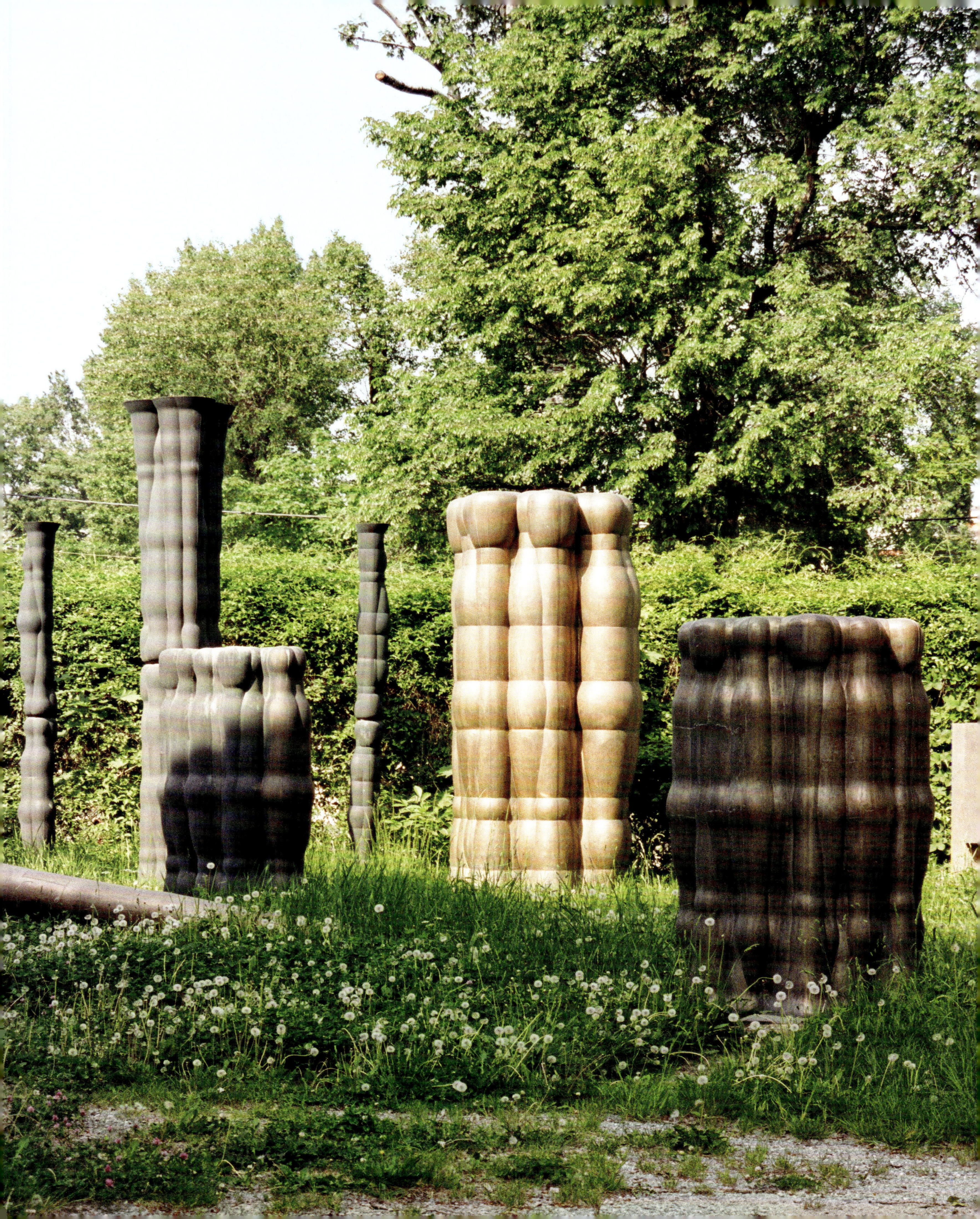

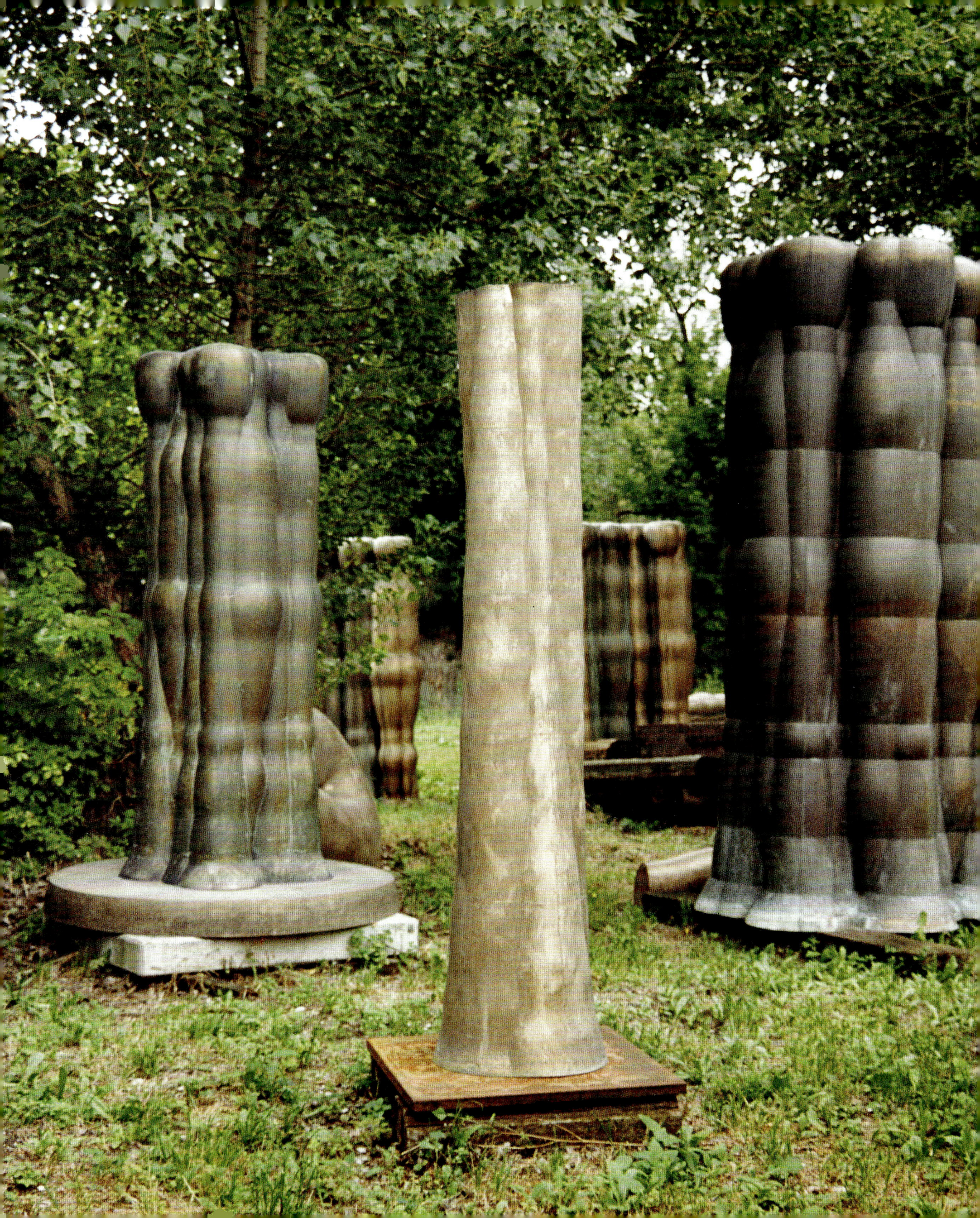

Es empfiehlt sich, hier innezuhalten und die Ergebnisse unserer Analysen auf einen geistesgeschichtlichen Kontext zu beziehen. Die Doppelbewegung von Trennung und Vereinigung gehört zu den strukturellen Merkmalen eines Denkens in komplementären Gegensätzen. Darin hat Ernst Cassirer die Begriffsform des mythischen Denkens aufgespürt, und davon handelt sein großer Aufsatz, der 1922 als erster Band der Studien der Bibliothek Warburg erschien.[12] Es war Cassirers Ziel, das »Denken in Gestalten« im Mythos nachzuweisen, wo es die Verknüpfungen und Ableitungen lenkt, die sich im logischen Denkraum nicht unterbringen lassen, weil sie »unvereinbare« Gegensätze zusammenführen. So kann ein und derselbe Planet »die widerstreitendsten Bestimmungen, die ihm alle auf dem gleichen Wege des Identitätsdenkens zugewachsen sind, in sich vereinen«.[13] Daraus entwickelte Edgar Wind das »Gesetz des Selbstwiderspruchs«. Cassirer verwies an der zitierten Stelle auf Ableitungen, wie sie Panofsky und Saxl in ihrer Studie über Dürers *Melancholie* vorgenommen hatten. Diese Einschätzung läßt sich auf andere Kulturkreise ausdehnen. Ich wähle das Gemälde einer *Maske* (Abb. 42) von 1990, um die inhärente Mehrsinnigkeit, die wir mehrmals in den ambivalenten Strukturen von Avramidis beobachtet haben, an einem Kunstwerk aus der mythischen Vorstellungswelt nachzuweisen. Der Künstler kommt so der Argumentation des Kunsthistorikers zu Hilfe.

Ernst Cassirer und das mythische Denken

Eine Maske

Wir nähern uns dem Merkmal des mythischen Denkens, das darin besteht, »dass die sinnlichen Elemente nach dem Gesichtspunkt, unter dem sie betrachtet werden, in ganz verschiedener Weise zu Ähnlichkeitskreisen zusammengefaßt werden können«.[14] Dann folgt der entscheidende Satz: »An sich ist nichts gleich oder ungleich, ähnlich oder unähnlich – das Denken macht es erst dazu.« Anders formuliert: »Die Welt hat für uns die Gestalt, die der Geist ihr gibt.« Dieses Diktum bekräftigt die polymorphe Veränderbarkeit, die einem für Cassirer merkwürdigen Zug der mythischen Weltansicht entspringt: dem Primat der Ausdruckswahrnehmung vor der Dingwahrnehmung: »Jedes Gebilde kann sich in das andere wandeln; alles kann aus allem werden.« Was Cassirer in diesen Sätzen ausspricht, ist die Grundeinstellung des Künstlers, der seinen Schaffensprozeß nicht als Nachahmung, gegründet auf Dingwahrnehmung, versteht, sondern als »Denken in Gestalten«,[15] das sich auf »Ausdruckswahrnehmungen« beruft. Das ist der Blick- und Erfahrungswinkel, den Avramidis auf die

Ausdruckswahrnehmung vs. Dingwahrnehmung

12 Die Begriffsform im mythischen Denken. Wiederabgedruckt in Ernst Cassirer: Wesen und Wirkung des Symbolbegriffs, Darmstadt 1969, S. 1 ff., bes. S. 50

13 Cassirer, wie Anm. 12, S. 50

14 Cassirer, wie Anm. 12, S. 10

15 Cassirer, wie Anm. 12, S. 42

Welt richtet. Deshalb fiel sein Auge auf die Maske und entdeckte darin nicht ein Exotikum, sondern die Chiffre seines eigenen Denkens in Gestalten. Diese Chiffre steht für die »Logik der Einbildungskraft«.[16]

Zunächst drängt sich unserem Blick die dunkelbraune Mittelachse des Kopfovals auf: sie wirkt wie der Umriß eines Totempfahls, der aus vier Variationen über den Rhombus besteht, die sich als Zeichen für die Abschnitte Stirn, Nase, Mund und Kinn lesen lassen. Sie bilden einen eigenständigen, zusammenhängenden Formablauf, dessen Achse sowohl die symmetrische Dominante des Gesichtes bildet als auch dessen Hälften autonom macht. Doch in dieser Trennung ist ein visuelles Paradoxon versteckt, das wir erst entdecken, wenn wir unsere Blickführung abwechselnd auf zwei verschiedene Zonen lenken, also fokussieren. Folgen wir dem Gewicht der dunklen Mittelachse, dann wird der Rest des Gesichtes zweitrangig, zum ausgeschiedenen Umfeld. Gehen wir aber von diesem Umfeld aus, dann lesen wir seine Zickzacklinien nicht als Umrisse eines Binnenkörpers, sondern als solche einer auf diesen gerichteten Energie. Das helle Umfeld ist nun nicht mehr der negative »Grund«, auf dem sich eine »Figur« konstituiert, sondern wird selber zu einem autonomen Gebilde, das von beiden Seiten zur Mittelachse drängt, als sollte dort eine Vereinigung stattfinden. Die Zielrichtung dieser Zuwendung bewirken vor allem die Einschnitte zwischen dem Stirn- und dem Nasenrhomboid und zwischen diesem und dem Mundrhomboid. Dabei findet eine Akzentverlagerung statt, denn nun ist das dunkelbraune Mittelfeld, das wir zu Beginn unseres Einstieges als dominante »Figur« einstuften, zum »Grund« geworden. Es verfügt also über eine Sattelstellung: als »Figur« trennt es, als »Grund« ist es eine Art Hiatus, der die Vereinigung der beiden Hälften ankündigt.

Ein visuelles Paradoxon

Figur vs. Grund

Vielleicht wird nicht jeder Leser diese Art der Analyse als hilfreich empfinden. Sie ist der nüchterne Versuch, die augenfällige Rätselhaftigkeit der *Maske* nicht an den Bereich der Magie abzutreten, sondern mit den Termini der Gestaltpsychologie (Figur vs. Grund) zu erhellen, die übrigens gerade in den Jahren in Deutschland florierte, in denen Cassirer seine Philosophie der symbolischen Formen entwickelte. Vielleicht wirft die *Maske* auch ein wenig Licht auf den *Vierformenkopf* von 1964 (Abb. 12). Ganz gewiß ist sie eine Lesehilfe für die drei scharfkantigen Köpfe, die mehr als zwanzig Jahre früher entstanden (Abb. 43 bis 47).

Ein Irrweg

Hat Avramidis sich beim Malen der *Maske* an diese Köpfe erinnert? Als ich diese Frage stellte, erfuhr ich, daß ich mich auf einem Irrweg befand, an dem ich meine Leser habe teilnehmen lassen. Die *Maske* hängt nicht in irgendeinem Völkerkundemuseum, sondern entstand im Kopf von Avramidis als Zeichen

16 Cassirer, wie Anm. 12, S. 9, dehnt diese Logik auf die »Logik der Phantasie« aus, die Alexander Baumgarten in die deutsche Psychologie eingeführt habe.

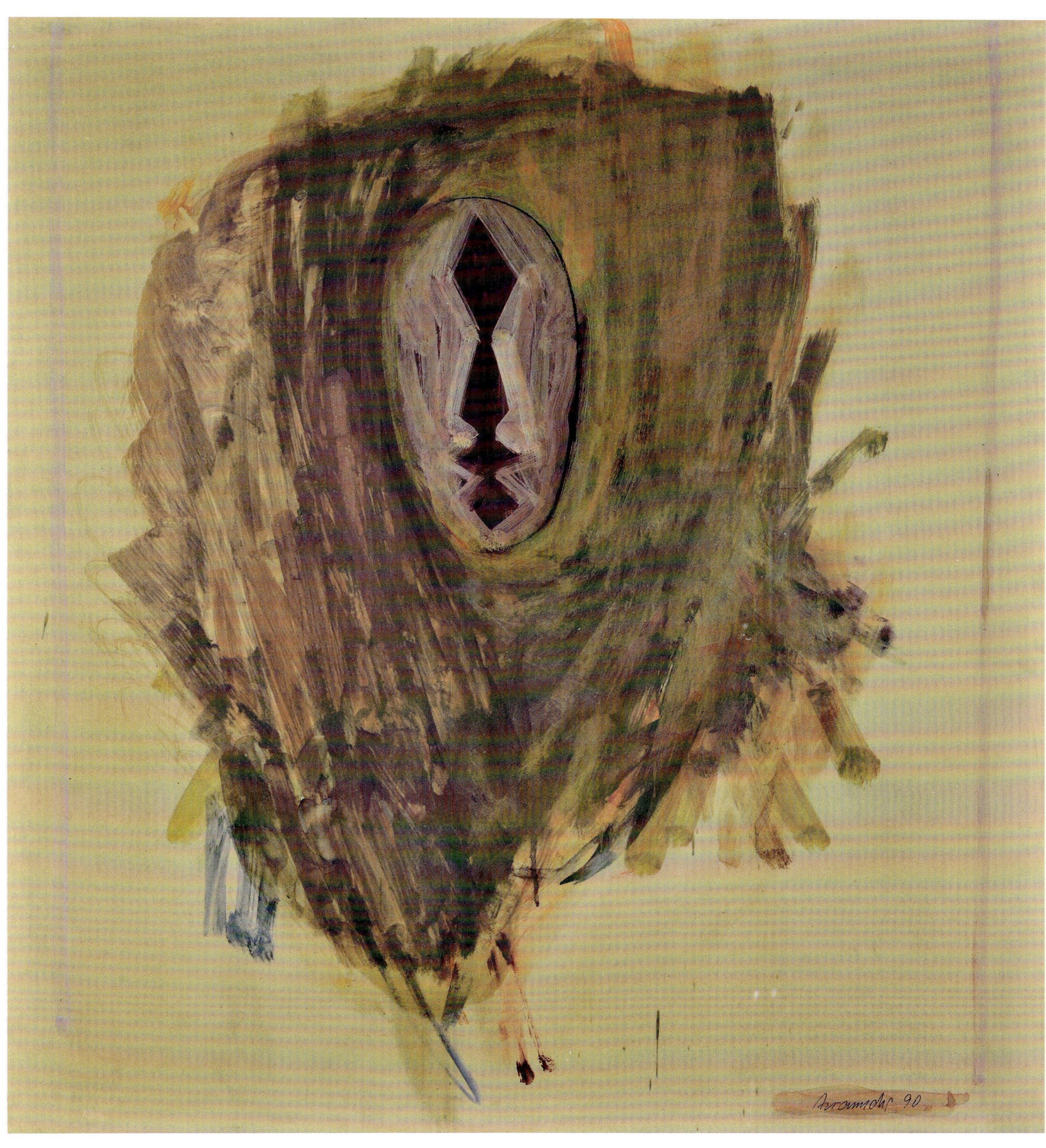

Abb. 42 Maske.
1990, Kunstharzfarben auf Plastik,
87 × 79,3 cm, Athen, Nationalgalerie
– Alexandros Soutzos Museum

folgende Doppelseite:
Abb. 43, 44 Rhombus-Kopf.
1967, Edelstahl massiv, Kaltarbeit,
Höhe 32 cm, Athen, Nationalgalerie
– Alexandros Soutzos Museum

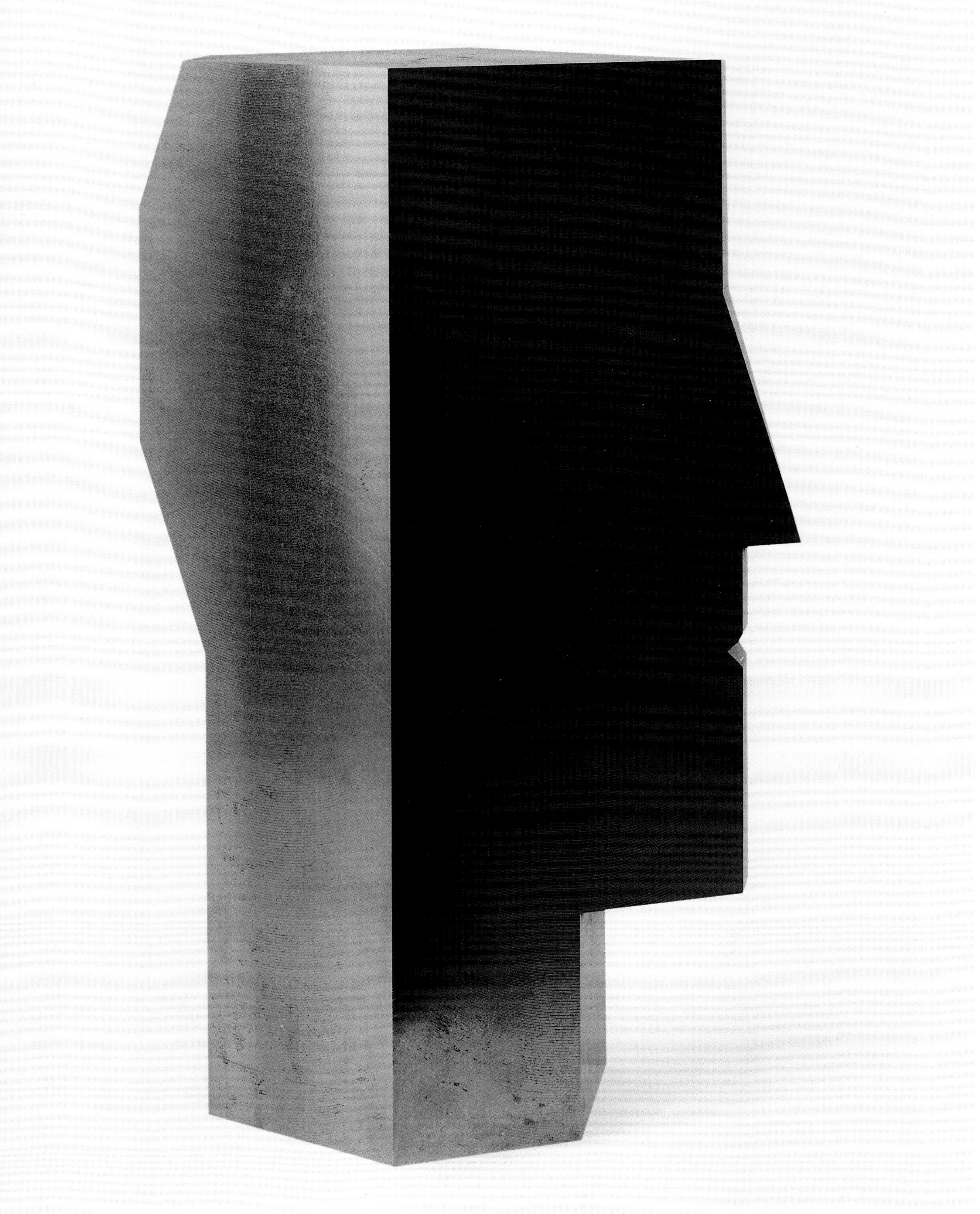

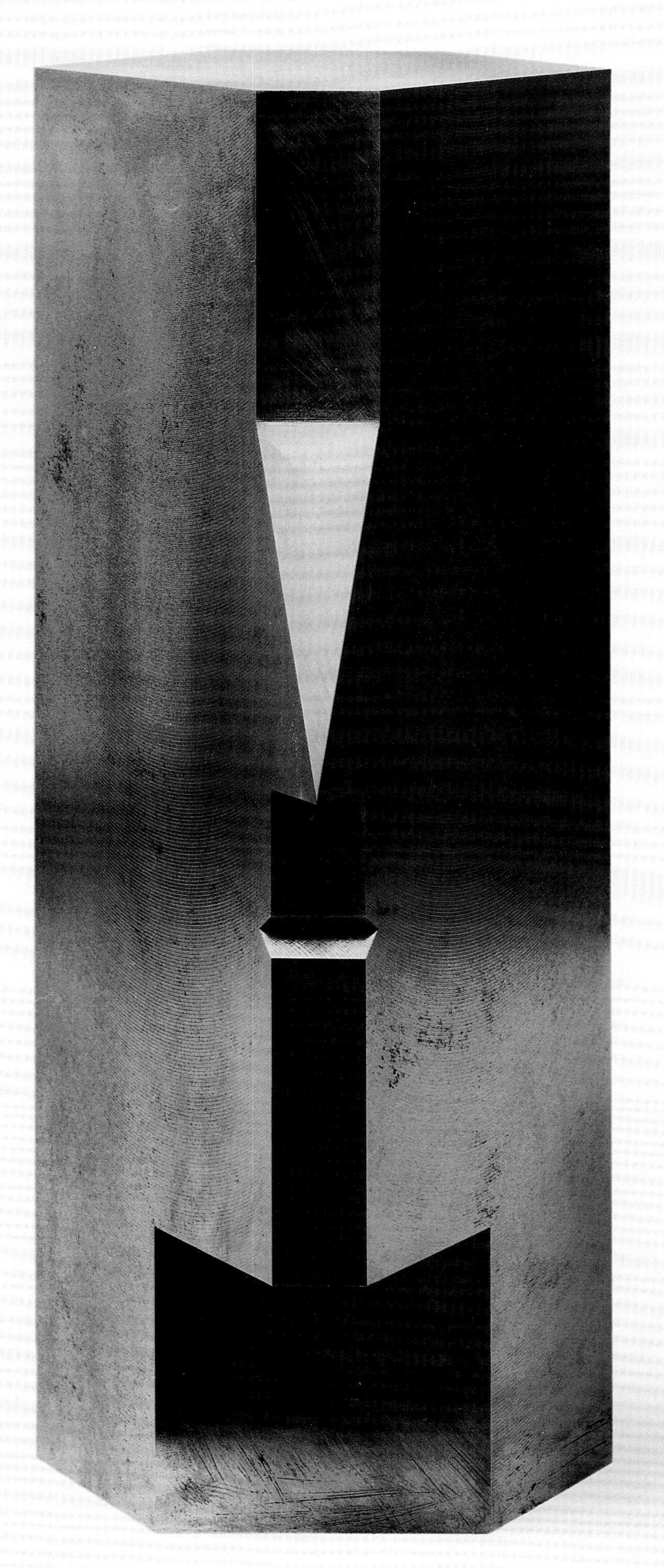

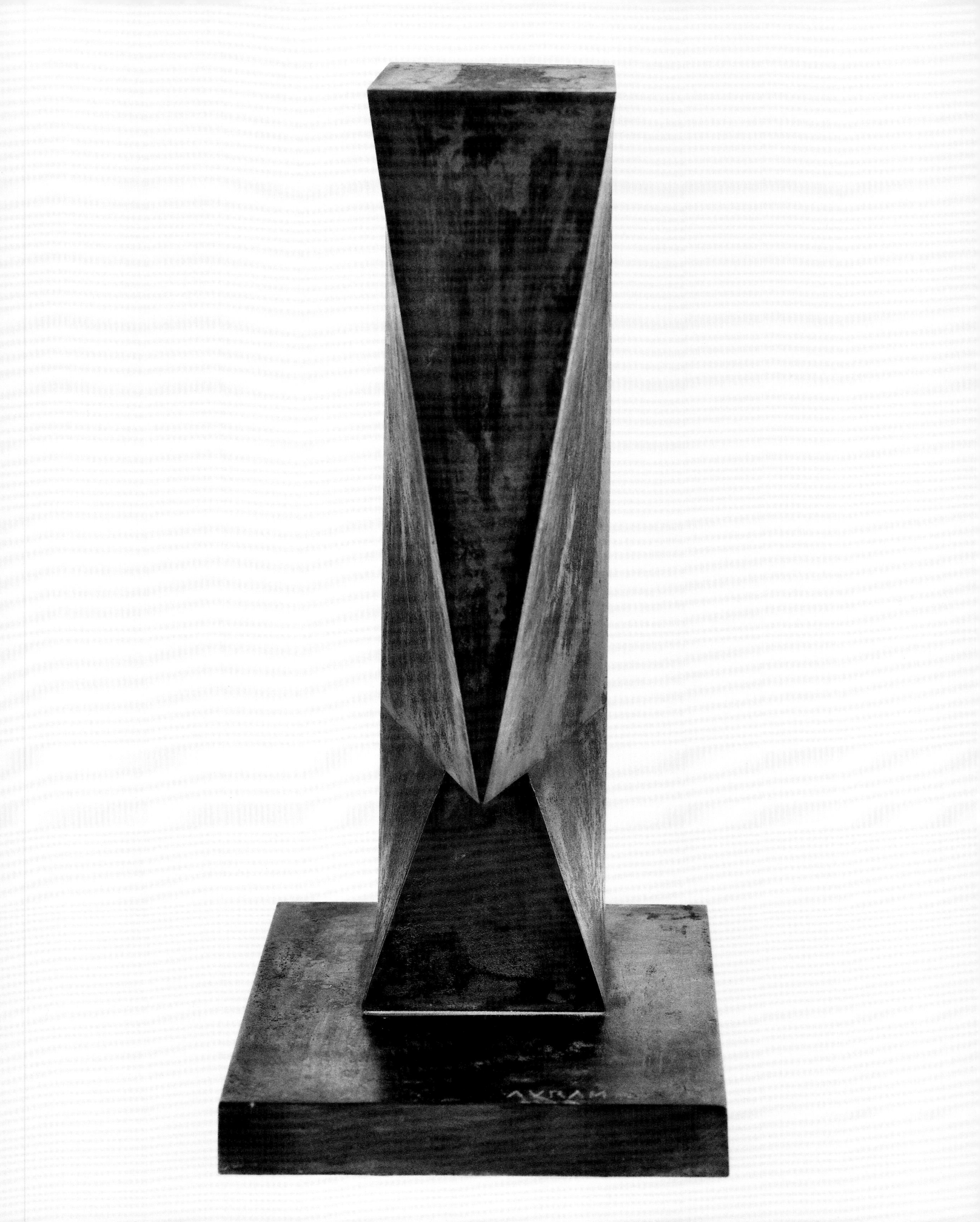

einer Wahlverwandtschaft. Das ändert kein Jota an meiner Analyse, weshalb sie unverändert stehen bleiben kann. Desgleichen durfte ich die für die drei Köpfe von 1967/1970 formulierte Beschreibung beibehalten: Wieder stehen dem Betrachter zwei komplementäre Ansichten zur Wahl. Der *Rhombus-Kopf* aus Edelstahl (Abb. 43 und 44) hat eine uns zugewandte Bugachse, die – geometrisiert – Stirn, Nase, Mund und Kinn erkennen läßt. Dieser schmale, senkrechte Formsteg setzt sich wie bei der *Maske* aus zwei seitlichen Schubkräften zum Profil eines Gesichtes zusammen, das wir in der Seitenansicht zum Schädel (Abb. 43) ergänzen können. Noch intrikater wird dieses Grundmotiv zwei Jahre später behandelt (Abb. 45). Nun enthält der zugespitzte Bug zwei von oben und unten ineinandergeschobene Dreiecke. So setzt Avramidis die Logik seiner Einbildungskraft in verschlüsselte Ambivalenz um, die es mit der *Maske* aufnehmen kann. In diesen Zusammenhang gehört auch der *Kopf mit schräger Fläche* (Abb. 47), der gleichfalls die Figur-Grund-Beziehung austauschbar macht.

Verschlüsselte Ambivalenz

Das führt mich zu dem Schluß, daß die Mehrsinnigkeiten der vier Köpfe und jene der *Maske*, da sie auf analogem Formverhalten basieren, einander ebenbürtig sind. Avramidis hat eben bloß ein wenig sein Doppel-Ich ins Spiel gebracht (was andere ständig und ostentativ tun!) und gezeigt, daß die Moderne über Strukturen verfügt, die denen anderer Kulturen zum Verwechseln ähnlich sehen.

Ein neues Alphabet

Am unteren Rand hat er seinen Namen in Großbuchstaben eingraviert, deren Stilisierung die spitzen Winkel von A, V, M und ◺ hervorhebt. Für seine Signatur hat Avramidis ein neues Alphabet entworfen (vgl. Abb. 47). Das könnte einen auf die Idee bringen, in den drei Köpfen chiffrierte Selbstbildnisse zu vermuten. Avramidis bestreitet das nicht. Das gemalte *Selbstbildnis* von 1949 (Abb. 48) bietet sich zum Vergleich an. Es zeigt den 27-jährigen Avramidis in seiner Wiener Dachbodenwohnung: ein karges Behältnis mit einer rudimentären Bettstatt als einzigem Inventar. Alles wirkt eher ausgeräumt als aufgeräumt. Die Leere enthält viele Möglichkeiten. Die totale Abgeschlossenheit hat keine Lichtquelle, sie wird von trüben, matten Farben beherrscht: Braun, Olivgrün und Ziegelrot. Der Kopf hält sich nicht innerhalb des Raumes auf, sondern davor, vom abgeknickten Fenster umfangen. Sein formales Gegengewicht bildet der Türrahmen. Er ist einer der linear definierten Bestandteile des Raumes, die keinen ästhetischen Code erstellen, aber ein Stück Welt, das sich ausmessen, ermessen läßt.

Avramidis wendet sich im Dreiviertelprofil dem Betrachter zu: ernst, entschlossen und undurchdringlich nimmt er die Einschätzung seines Gegenübers vor. Diese prüfende Insistenz enthält zugleich eine moralische, eine ethische Grundsatzerklärung, erst in zweiter Linie legt sie ein Bekenntnis zur Abgeschiedenheit als dem künstlerischen Lebensraum schlechthin ab. Anders als zwei vom bohemehaften Ungefähr gefärbte Interieurs von 1948 hat dieses

gegenüber:
Abb. 45 Kopf I.
1969, Bronze, Höhe 28,6 cm,
Athen, Nationalgalerie
– Alexandros Soutzos Museum

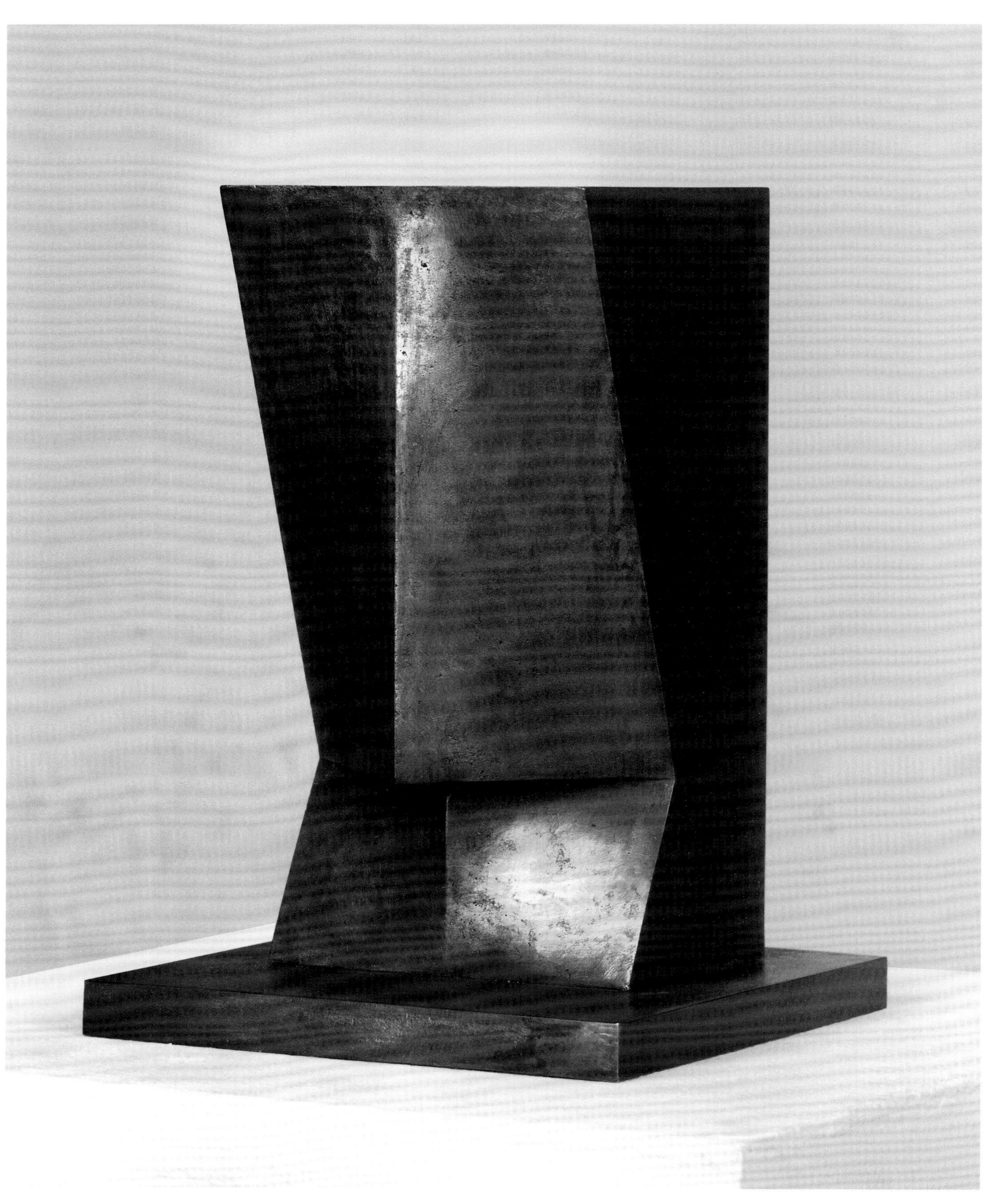

Abb. 46 Kopf mit tiefenräumlichen Flächen II.
1969, Bronze, Höhe 28,6 cm, Athen,
Nationalgalerie – Alexandros Soutzos Museum

gegenüber:
Abb. 47 Kopf mit schräger Fläche.
1969/1970, Bronze, Höhe 45 cm, Athen,
Nationalgalerie – Alexandros Soutzos Museum

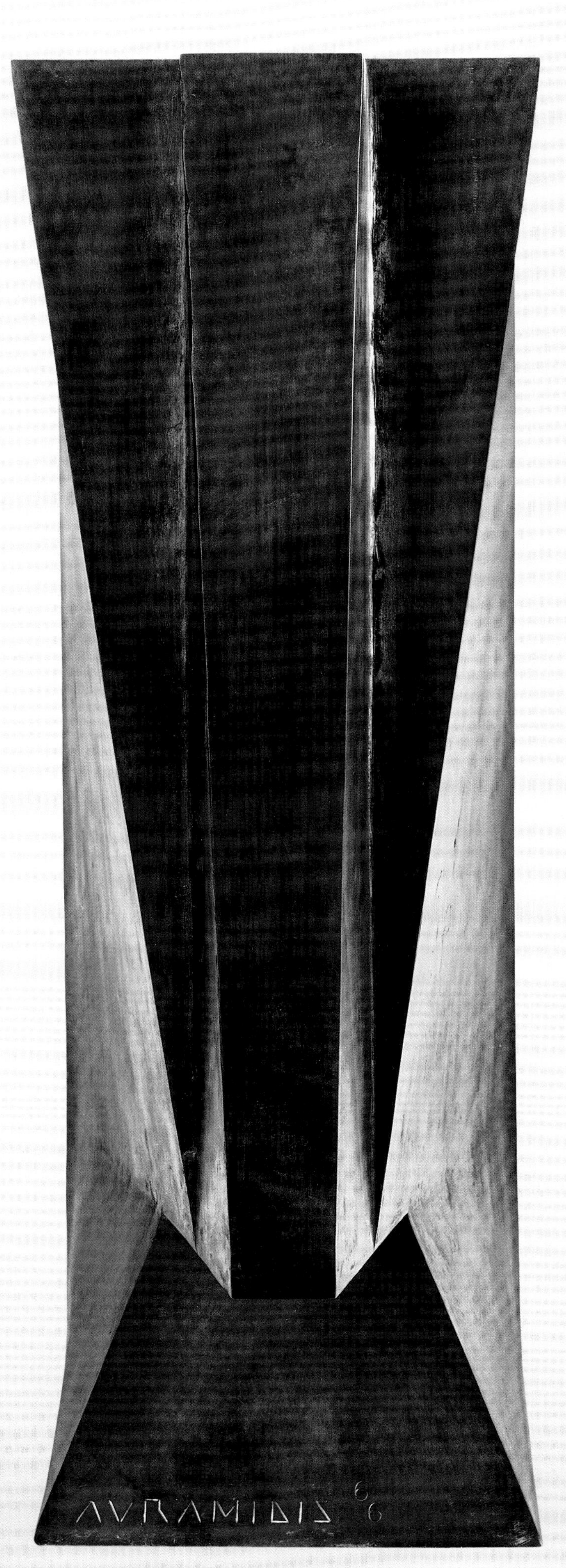
AVRAMIDIS 66

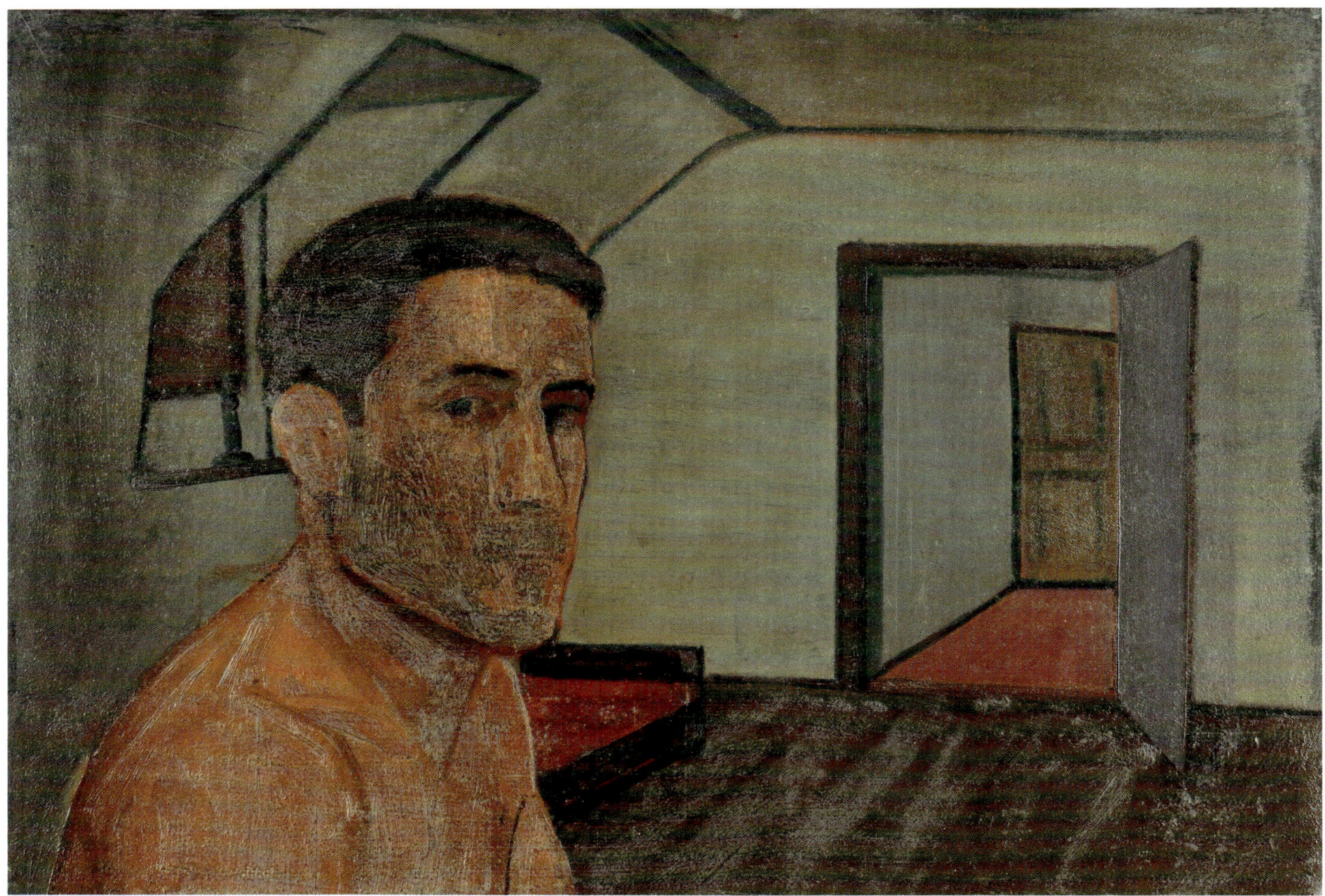

Abb. 48 Selbstbildnis. 1949, Öl auf Leinwand, 38 × 55 cm, Athen, Nationalgalerie – Alexandros Soutzos Museum

Selbstbildnis den Zug, den Willen zum Definitiven, Unumkehrbaren. Offenbar galt diese Festlegung dem Künstlerberuf an sich, denn sie wurde vom künftigen bildhauerischen Weg, der vor Avramidis lag, um ihre Eindeutigkeit gebracht. Avramidis sollte sich Spielräume erschließen, in denen die Strenge seiner Formulierungskraft umschlug in mehrsinnige Chiffren – zu denen die *Maske* gehört! –, die das dreidimensionale Gebilde auf Verwandlungsmuster von großer Dichte und geometrischer Folgerichtigkeit ausdehnen.

Flexible Kontinuität

Mein Versuch über Avramidis konzentriert sich auf die Binnenstrukturen dieses Lebenswerkes. Ich möchte die morphogenetischen Zusammenhänge sichtbar machen, die sich über die verschiedenen Modi und Idiome erstrecken, solcherart eine flexible Kontinuität garantierend. Nichts in diesem Werk steht für sich oder am Rande, nirgendwo verlaufen unüberbrückbare Zäsuren. Dennoch wäre es falsch, sich mit dem ersten Eindruck zu begnügen, für den Avramidis ein Meister des Beharrens oder gar der Wiederholung ist. Vielmehr war und ist es sein Ehrgeiz, innerhalb seines Vokabulars immer neue syntaktische Möglichkeiten und Symbiosen zu erproben.

Selbstgespräch

Avramidis arbeitet seit Jahrzehnten im Dialog mit sich selbst, doch dieses Selbstgespräch bezieht seine Elemente aus einer langen Tradition. Indem er sich mit verschiedenen Vergangenheiten auseinandersetzt, bewegt er sich in weiträumigen Zusammenhängen jenseits der modernen Ismen, aber auch unberührt von didaktischen Rezepten und ästhetischen Lehrmeinungen. Er läßt sich keine Modernität, noch weniger aber Klassizitäten aufdrängen. Er bewundert Brancusi, er nahm Maß bei Piero della Francesca. Hans von Marées und Oskar Schlemmer gehören zu den Künstlern, deren Werke ihm geistesverwandt sind. Wien betrachtet er nicht als einen »Boden für Weltattraktionen«: Er weiß, wohin er gehört: »Ich bin ein Hellene«. Dieses Bekenntnis verbindet er mit dem Anliegen, in seiner Arbeit »alles offen darzulegen«. Mit dem Ziel: »Die Formel preiszugeben. Damit auch andere sie verwenden.« Das ist großzügig gesagt, verlangt aber Spürsinn. Die große Kunst von Avramidis ist weder in einem geschichtsfernen Raum entstanden noch aus den formalen Mustern hervorgegangen, in denen spätestens seit Winckelmann das Griechische zum Vorbild für alle Zeiten stilisiert wird. Avramidis weiß sich zu allererst dem vielsinnigen Klima des Mythos verpflichtet. Dort hat er seine Wurzeln, nicht im Formwissen der akademischen Lehre. Er notiert: »Denn der Mythos ist die Quelle, die das geistige Weiterleben des Menschen sichert und seine Hinwendung zu den Ursprüngen möglich macht.« Es ist bezeichnend, daß die Vergeßlichkeit diesem Zitat seinen Autor vorenthalten hat. Ich habe ihn nicht gesucht, denn so bleibt die historische Stimme des Verfassers in eben jene Anonymität entrückt, welche der Anfänglichkeit des Mythos eigentümlich ist.

Mythos als Quelle

Avramidis entnimmt das Griechische nicht etwa den Kouroi, nicht den als klassisch geltenden Körperproportionen oder der durchsichtigen Linearität der Vasenmalerei. Seine Gestalten beziehen ihre inhärente Dynamik, das Ineinander ihrer Gliedmaßen, das sich in Spiegelungen und Verdoppelungen verfestigt, nicht aus der Statuarik der dritten Dimension, sondern »bloß« aus zwei ornamentalen Urmotiven der Bandkeramik, dem Laufenden Hund und dem Mäanderband (Abb. 49). Das sind Sprachmittel der zweiten Dimension, die sich nicht auf einen statischen menschlichen Idealtyp übertragen lassen, sondern lineare Abläufe darstellen. Sie bieten unserem Blick nicht den Halt eines einzigen Fokus, da ihr repetitives Nebeneinander sich wie eine Partitur entfaltet, wie eine Schrift ohne erkennbare Buchstabenzeichen.

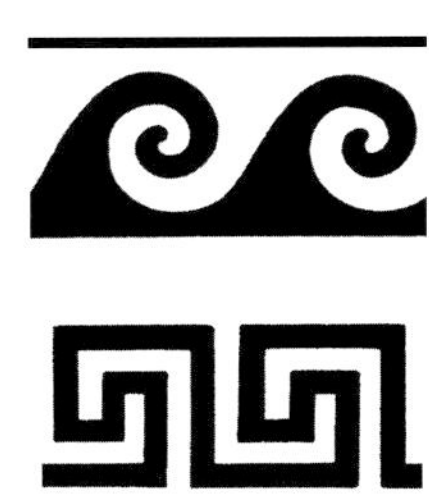

Abb. 49 Friesformen des Laufenden Hundes und des Mäanderbandes

Äquivalenz von Figur und Grund

Ich benenne die wichtigsten Merkmale, die beiden Friesmustern gemeinsam sind. Beide sind gegenläufig angelegt. Das erkennen wir, sobald wir herausgefunden haben, daß FIGUR und GRUND äquivalent auftreten und abwechselnd weiß oder schwarz zu lesen sind. Die schwarzen Volutenwellen des Laufenden Hundes ziehen für den ersten Blick von links nach rechts. In sie eingeschrieben ist das komplementäre Gegenmuster der weißen Wellen. An ihrem jeweiligen Ende stehen die beiden spiralförmigen Voluten einander gegenüber und bilden eine schwarz-weiße Doppelvolute deren »Zungen« dem Yin-Yang-Symbol nahe kommen (Abb. 95). Die geometrische Gleichwertigkeit der Bänder des Mäanders hat ihre Analogie in der ägyptischen Hieroglyphe »H« (Abb. 50), die ebenfalls über zwei Lesarten verfügt, die wie im Prozess der Paarung ineinander greifen. Die nach rechts weisende helle Zone wird von der dunklen umfaßt und zugleich vertikal geöffnet, so daß sich ein doppeltes Verhaken (Verklammern) ergibt. Dieses Ineinander von hellen und dunklen Energien macht Figur und Grund austauschbar. Wir sind Zeugen einer Selbstbespiegelung. Jede der beiden Energien hat ihren äquivalenten Partner (als Gegensinn) in sich und kann als Palindrom gelesen werden.

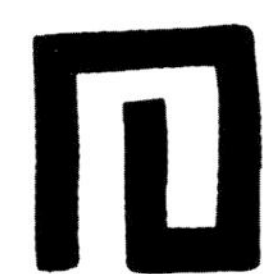

Abb. 50 »H« des ägyptischen Hieroglyphen-Alphabetes

Diese subtilen Kunstgriffe lassen die zweite Dimension hinter sich und rufen aus den linearen Mustern von Laufendem Hund und Mäander raumkörperliche Dreidimensionalität hervor. Dabei stellen die beiden Muster gegensätzliche lineare Modi bereit: der Laufende Hund das fließende Kurvenband, der Mäander ein rechtwinkliges Koordinatensystem, das sich insgeheim auf ein Definitivum stützt, den autonomen, geschlossenen Würfel (Abb. 51 bis 53). Die Isolierung im glatten Kubus war als Möglichkeit bereits in dem Vokabular enthalten, aus dem der Mäander hervorging. Eine Kasseler Kleeblattkanne aus dem 6. Jahrhundert macht diese Vorstufe anschaubar (Abb. 54). Der Zeichner setzte rechteckige Felder (= Äquivalente des geschlossenen Würfels!) nebeneinander. Aus jedem »Feld« ließ er zwei seitliche Gerade hervorgehen, die eine nach oben, die andere nach unten, beide im rechten Winkel zum dominanten Mittelfeld. Das »Absolutum« des geschlossenen Feldes teilte sich solcherart dem Umraum mit, versagte sich aber den entscheidenden Schritt in das Kontinuum, das wir Mäander nennen. Ähnlich verhält sich der *Orthogonale Bandkopf* (Abb. 53) zu seinem Umraum: Der Würfel, nach innen in eine Reihe von Binnenräumen geöffnet, enthält jedoch keine nach außen gerichtete Dynamik, aus der ein Mäander hervorgehen könnte: Er verbleibt in seiner abweisenden Isolation.

Raumkörperliche Dreidimensionalität

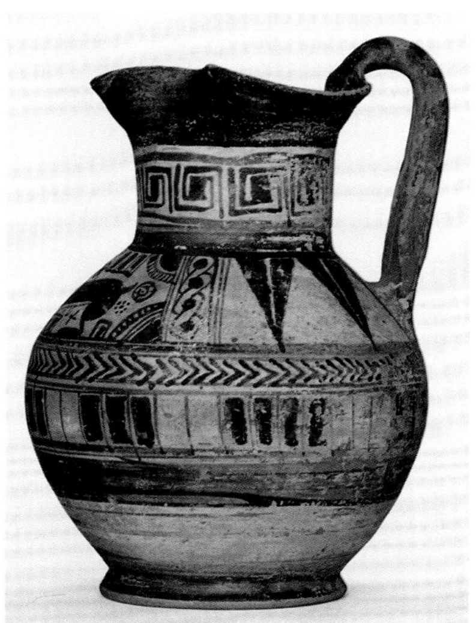

Abb. 54 Kasseler Kleeblattkanne. 6. Jhd. v. Chr., Höhe inkl. Henkel 22,6 cm, Slg. Dierichs

gegenüber:
Abb. 51 Kopf (Orthogonaler Bandkopf). 1973, Aluminium massiv, Kaltarbeit, Höhe 30 cm

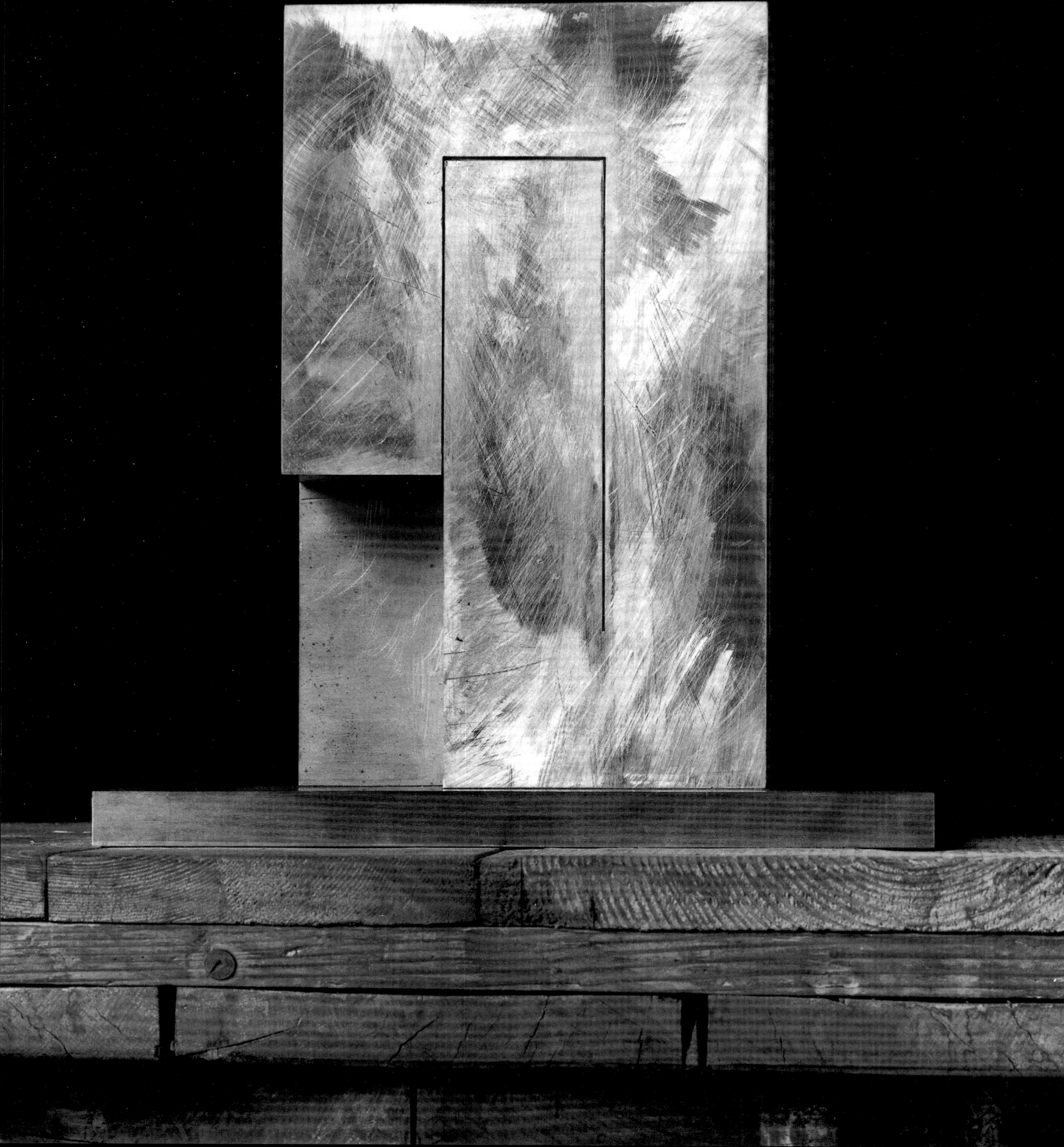

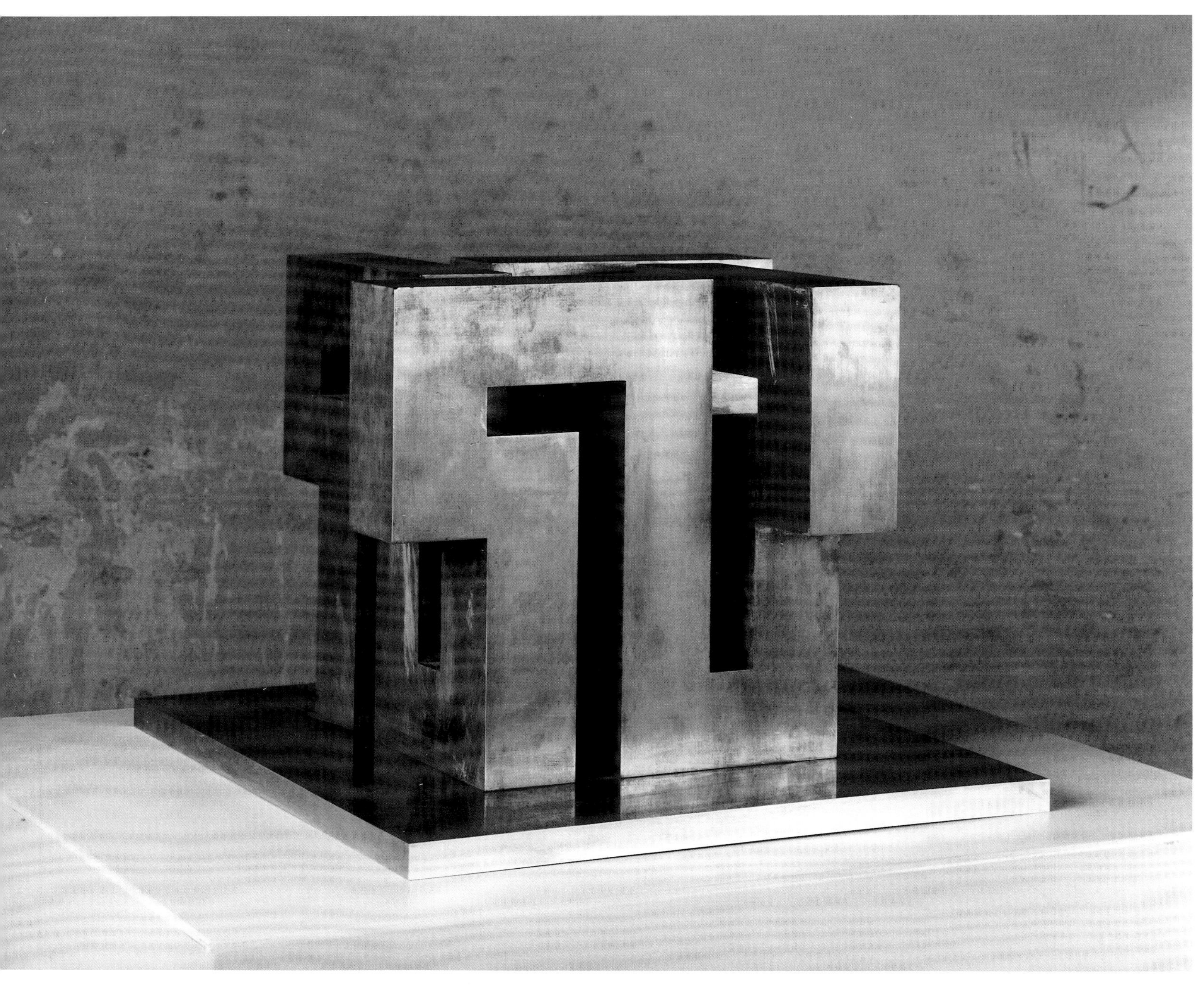

Abb. 52 Orthogonale Vierkopf-Gruppe. 1969, Aluminium massiv, Kaltarbeit, Höhe 32 cm

gegenüber:
Abb. 53 Orthogonaler Bandkopf. 1972, Aluminium massiv, Kaltarbeit, Höhe 32 cm

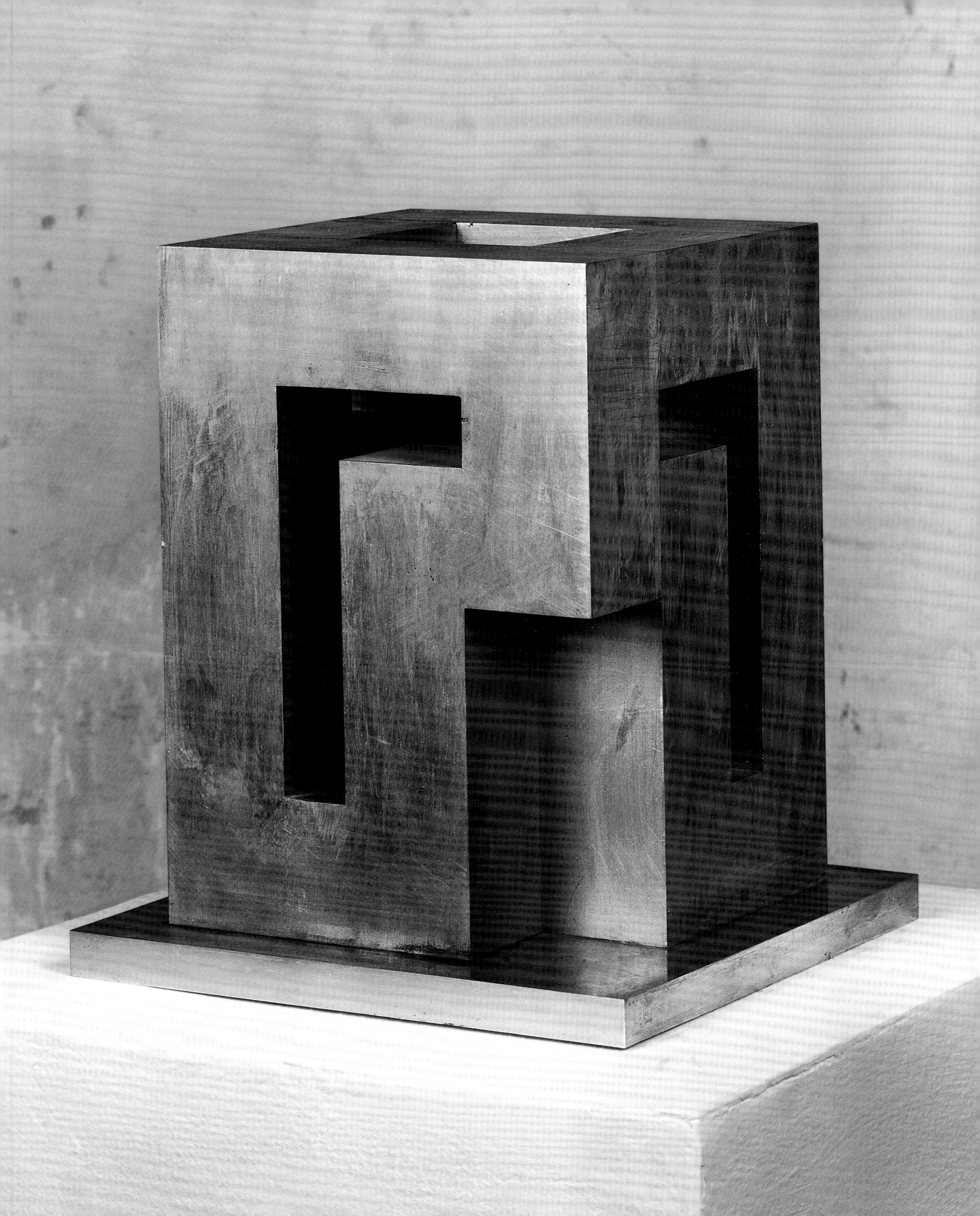

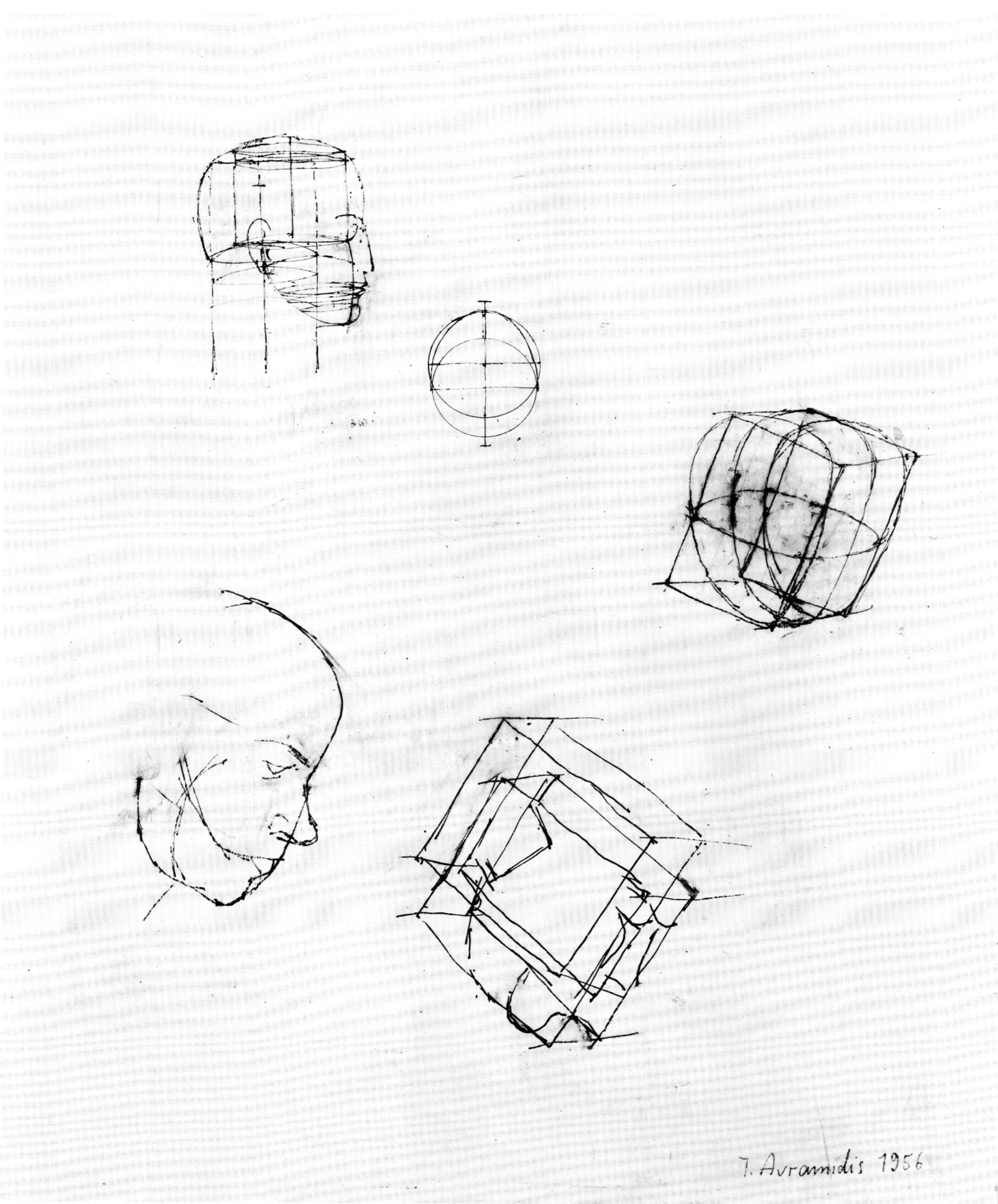

Abb. 56 Entwürfe für Kopf.
1956, Tusche auf grundierter
Faserplatte, 50 × 38,4 cm,
sign. und dat. u. r.

Avramidis nahm beide Modi in seine Verfügung, den Würfel und das Geflecht, den sich abschließenden und den sich öffnenden »Generalbaß«. Beide verdanken sich nicht dem handwerklich bildhauerischen Zugriff auf die dritte Dimension, also der haptischen Bemächtigung der Materie, wie sie dem Steinbildhauer und dem Bronzebildner zusteht, sondern linearen (imaginären!) Formbahnen, die primär nicht auf die Bewältigung von Körpermassen abzielen. Der Kunsthistoriker steht vor einem Paradigmenwechsel, für den er in der Geschichte der Plastik sui generis kein vergleichbares Ereignis kennt: *Linien werden Volumina!*

Linien werden Volumina

Freilich erinnern wir uns, daß graphische Sprachmittel auch auf der Ebene eines Lehrbuches anzutreffen sind. 1900 veröffentlichte der englische Graphiker Walter Crane den bald weit verbreiteten Traktat *Line and Form*, der auf der Basis der Abbreviaturen des Villard de Honnecourt zwei Modi für die Bestandsaufnahme der gegenständlichen Welt entwickelt, die ovale und die rechtwinklige Methode (Abb. 55). In einer Zeichnung von 1956 hat Avramidis beide Modi ineinandergeblendet, eine Art Huldigung an Leonardo (Abb. 56). Wohlgemerkt: jede der beiden Methoden läßt sich auf jeden Gegenstand anwenden, einmal ist

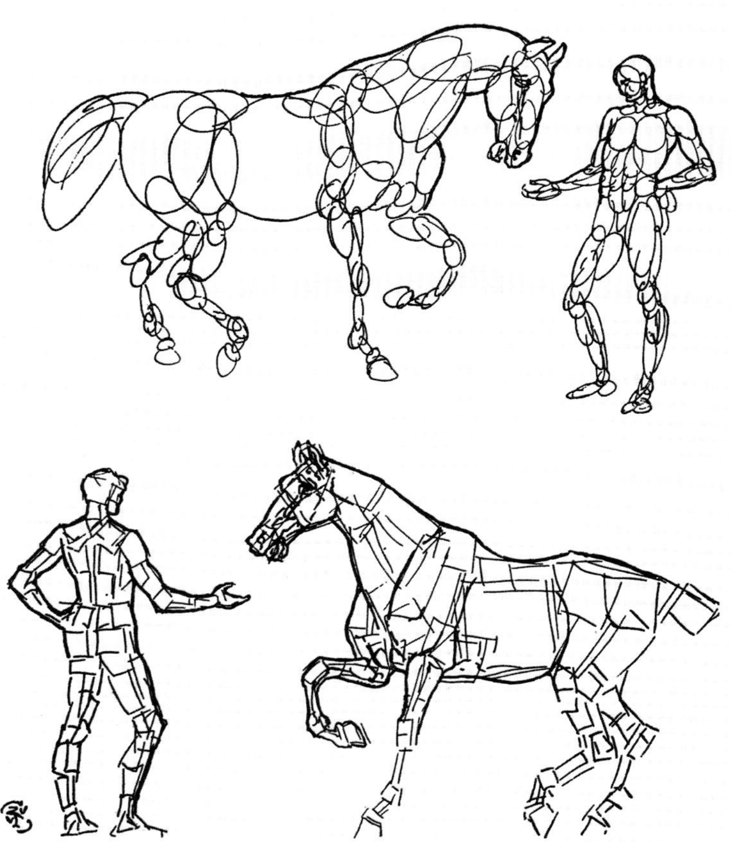

Abb. 55 Walter Crane, Line and Form, London 1900, S. 12

dann eben das Pferd oval, das andere Mal rechteckig. Das Künstliche am Zeichen erweist sich darin, daß ihm die morphologische Notwendigkeit fehlt. Das gilt auch für Avramidis und seine künstlichen Zeichen. Auch er geht mit seinen Sprachmitteln willkürlich um. Im Extremfall der verknäuelten *Weiblichen Figur* von 1953 (Abb. 31 und 32) sind Körper und Gliedmaßen ausschließlich aus Wülsten gebildet. Daraus destillierte Avramidis in jahrelanger Verfeinerung sein gleitend elegantes Kurvenrepertoire. Unmittelbar nach der Figur von 1953 hatte er im *Torso* (1954, Abb. 16) den Einfall, ein ganz anderes Vokabular zu versuchen: Er widersetzte sich den Gesetzen der Statik und heftete dem stehenden Bein ein zweites, schwebendes an. Vielleicht war das als Herausforderung an den Lehrer Wotruba gedacht. Schon dieses gestückelte Gebilde (»natura composuit corpus humanis«, schrieb Vitruv) demonstriert ein additives Verfahren, das Avramidis später in seinen *Würfelköpfen* durchspielte. Die Vorzeichnungen zeigen, wie Nasen nicht organische Ausbuchtungen sind, sondern Zutaten, die schwebend am Kopfstamm befestigt sind.

Künstliche Zeichen

So stützt sich Avramidis seit seinen Anfängen bald auf das fließende Band, das Geflecht werden kann, bald auf die linealgerade Linie, deren Varianten in der zweiten und in der dritten Dimension (des Würfels) zu Hause sind. Auf beiden Wegen spürte er Non-plus-ultra-Lösungen für die Idee auf, vier Formelemente zur Implosion zu bringen, einmal kurvig (*Vierformenkopf*, 1964, Abb. 12), das andere Mal kubisch (*Orthogonale Vierkopfgruppe*, 1969, Abb. 52). Die Finalität beider Gebilde trägt den möglichen Widerruf in sich. Anders gesagt: der strukturale Gegensinn erlaubt es, die Gebilde als mögliche Palindrome zu lesen.

Geflecht vs. Würfel

Der Handlungsradius, den Leonardo seinem Mann im Quadrat einräumt, wird allein von den Armen und Beinen bestritten; der Rumpf ist daran nicht beteiligt, er nimmt die ruhende Mitte ein (Abb. 2). Avramidis zeigte sich zunächst für diese herkömmliche Teilung der Kompetenzen nicht empfänglich. Ihm schwebte eine ununterbrochene Vertikale vor, die auf das Bewegungspotential der Gliedmaßen verzichtet. Anfangs erwägt er noch die Unterscheidung zwischen Beinen und Rumpf, spielt aber zugleich mit der Möglichkeit, die Standbeine in den Rumpf zu verlängern und diesen mitsamt den Schultern zu vereinnahmen (Abb. 8, 9, 64). An solchen unverstümmelten *Torsi* (die keine sind!), vermissen wir weder die Arme noch stört uns, daß der Rumpf sein Eigenleben an die Beine abgetreten hat. Aus diesen Erprobungen entstehen Körper aus lauter Ummantelungen, Einbettungen und Einfaltungen. Eine in der Schädelkuppel endende »Keule« substituiert sich dem Rumpf und trennt zwei seitliche Wülste, die einmal Arme waren. Eine zum Glück erhaltene Zeichnung (vgl. Abb. 64) faßt die Akzentverschiebung zusammen, d.h. stellt den Übergang zu den Bandfiguren her. *Vereinigung und Trennung* ereignen sich in einem und demselben Prozeß. Dieser Doppelklang kommt am reinsten in der lebensgroßen Figur von 1964 (Abb. 9) zum Vorschein, die uns schon mehrmals beschäftigt hat. Sie verbindet die Verschlankung, die sich dem Gliedmaßen-Verzicht verdankt, mit der zweiten großen Formidee von Avramidis, den Bandfiguren (vgl. Abb. 79, 80).

Trennung und Vereinigung

Zunächst ein Wort zum Terminus »Band«. Schon Alois Riegl hat, als er in den *Stilfragen*, dem Buch zur Grundlegung einer Geschichte der Ornamentik (1893), auf die Bandornamentik zu sprechen kam, das »textile Band« als deren Quelle und Vorbild ausgeschlossen. Zugleich hob er die mediterrane Bandornamentik von den Verschlingungen der »nordisch-frühmittelalterlichen Kunst« ab, deren »wirren Charakter« das griechische Labyrinth vermeidet. Riegl verband damit die Frage: »Sollte nicht auch diese Regelmäßigkeit, so wie der rhythmisch undulierende Verlauf der mykenischen Bandornamente auf Rechnung des in der mykenischen Kunst latenten klassischen Kunstgeistes zu setzen sein?« Das ist ein Fingerzeig, der uns zu den griechischen Wurzeln von Avramidis hinführt. Halten wir Riegls Fazit fest: für ihn ist das Bandornament ein aus der gekrümmten Linie heraus konstruiertes geometrisches Element.

Bandornamentik

Die Bandfiguren nehmen sich im Werk von Avramidis als radikaler Paradigmenwechsel aus. Das stimmt nur eingeschränkt, denn es geht hier nicht um einen Bruch, sondern um die goethesche »Dauer im Wechsel«. Anders gesagt: die Bandfiguren entstammen dem doppelten Boden, der *Trennung und Vereinigung* in sich trägt. Davon merken wir nichts, wenn unser Blick von der leicht gleitenden Welle eines Bandfigurenfrieses (Abb. 57) getragen wird. Nun sind die

»Dauer im Wechsel«

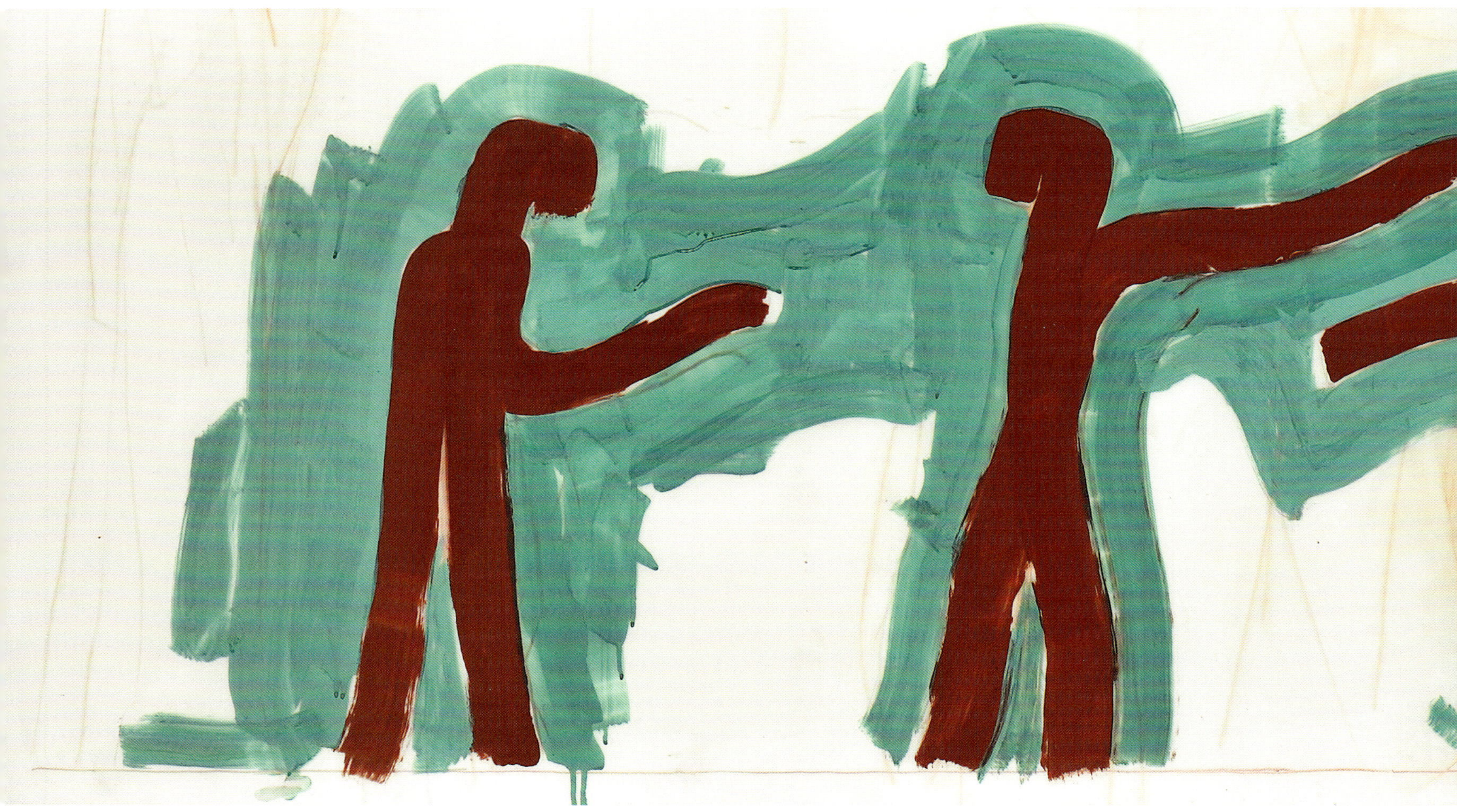

Abb. 57 Band-Figuren. 1982, Kunstharzfarben auf Plexiglas, 55 × 200 cm, Athen, Nationalgalerie – Alexandros Soutzos Museum, Inv.-Nr. 9388

meisten Senkrechten und alle Rumpfmassen eliminiert, denn die linearen Abläufe nehmen für ihren Fluß alle erfinderischen Energien in Anspruch. Wie sie sich entfalten, wird der Körper ganz und gar zu einem Bewegungsereignis, zu *einer* Bewegungschiffre – entzöge man ihm diese linearen Impulse, würde er nicht einmal als Torso überleben.

Wir kehren zu den Anfängen dieses Linearismus zurück und fragen nach seinen morphologischen Ursprüngen. Die Akzentverlagerung von der strengen, stelenhaften Vertikalität zum Gliedmaßenspiel deutet sich als Möglichkeit im zeichnerischen Werk um die Mitte der 60er Jahre an. Schon damals hielt sich Avramidis gleichzeitig und abwechselnd auf den beiden Sprachebenen auf. Die Bandfiguren sind also keine Reaktion auf die geschlossene Vertikalität, sondern gehören dazu wie das Spielbein zum Standbein. Wie Avramidis gleichzeitig Alternativen in seinem Kopf trägt, zeigt die Entwurfszeichnung (Abb. 40). Am linken Rand eine Figur, die uns im Hinblick auf das Spindelmotiv und den Drei-

Standbein und Spielbein

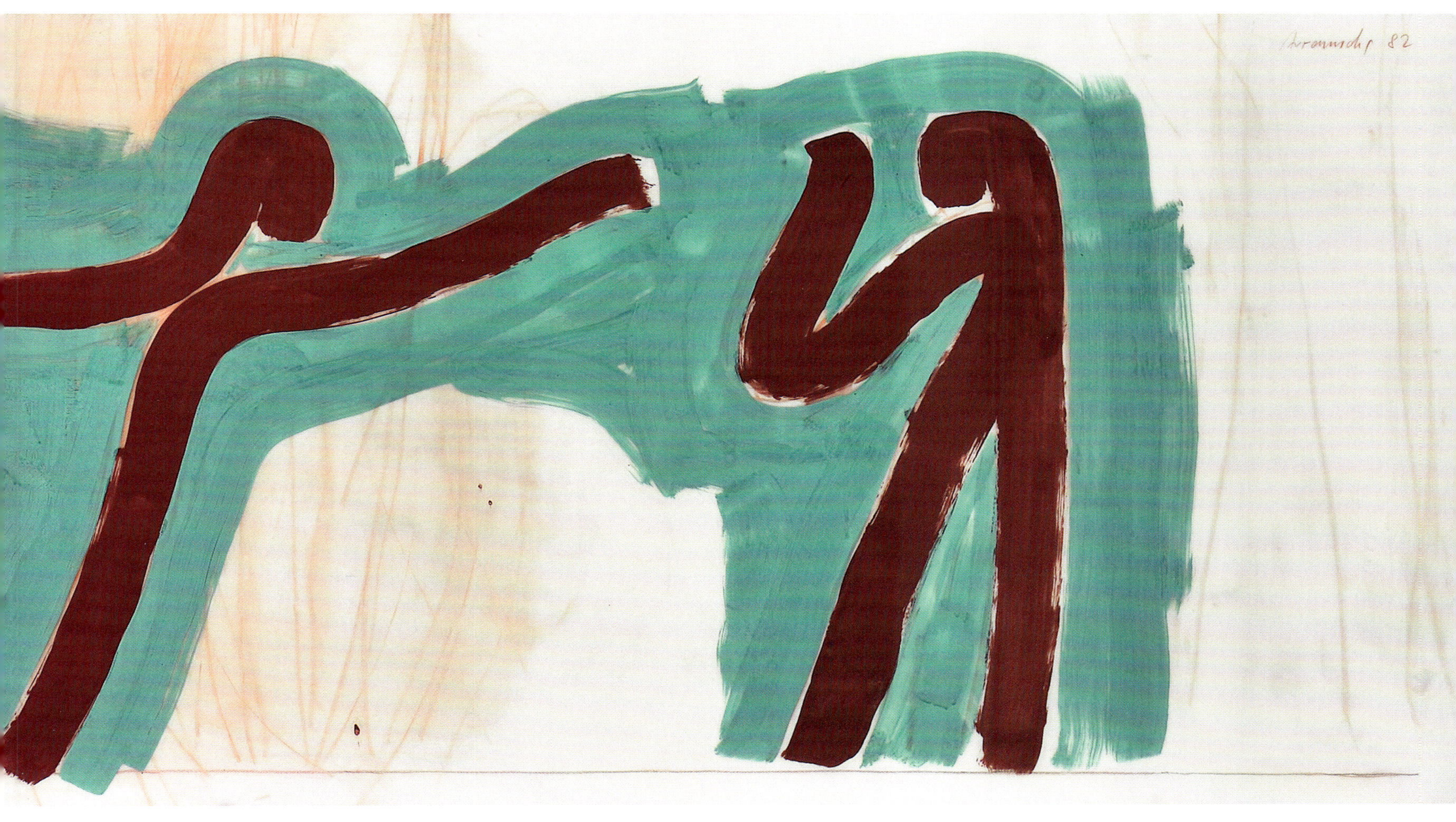

ecksmodus schon beschäftigt hat. Drei Viertel des Blattes nehmen Überlegungen zu anderen Formwegen ein, aus denen Bandfiguren hervorgehen werden. Nun bekommt die Leibesmitte das Gewicht einer horizontalen Zäsur, mit deren Hilfe Rumpf und Becken kurzerhand eliminiert werden. Das Becken wird den Beinen zugeschlagen, zwischen denen es als Brückenbogen fungiert. Komplizierter verlaufen die Verwandlungen im Bereich des Oberkörpers. Aus der schmalen Vertikale des verbliebenen Rumpfes gehen symmetrische Bänder hervor, die sich in Schulterhöhe spalten und nach unten biegen, so daß sie sich hinter der Beckenbrücke wieder horizontal vereinigen. Im *Kuß* (1967, Abb. 58) wird die Doppelbewegung von Trennung und Vereinigung zur entscheidenden Konsequenz gebracht.

Ein »Kuß« ohne physische Verschränkung

Die beiden Köpfe grenzen aneinander, ohne sich zu vereinigen, denn ein fugenloses Ganzes waren sie schon an ihrer gemeinsamen Basis. Von dort gingen die Impulse zur Eigenständigkeit aus, stießen in zwei identischen »Hälsen«

nach oben und mündeten in zwei Köpfe, die eine spiegelbildliche Nachbarschaft darstellen. Sie näherten sich einander, ohne die physische Verschränkung zu vollziehen, die Avramidis 1964 an seinen Profilköpfen (Abb. 13, 14) vornahm – jetzt begnügt er sich mit dem Kopf-an-Kopf-Nebeneinander: der *Kuß* wird zur Begegnung mit sich selbst, wie sie der junge Goethe im Blatt des Ginkgo-biloba-Baumes stattfinden läßt:

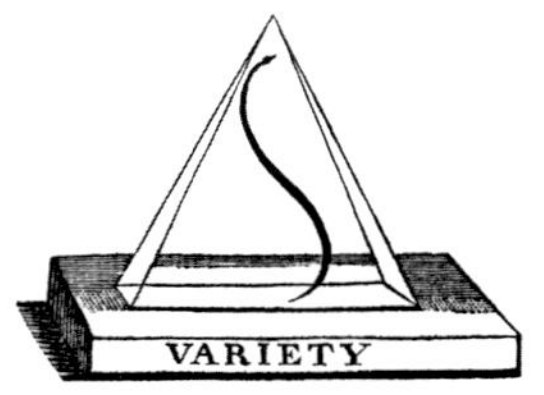

Abb. 59 William Hogarth, »S«-Linie

»Ist es ein lebendig Wesen,
das sich in sich selbst getrennt?
Sind es zwei, die sich erlesen,
Daß man sie als eines kennt?«

Je überschaubarer eine Form sich gibt, desto größer kann ihr Gehalt an Mehrsinnigkeit sein. William Hogarth hat sich ein Äquivalent des Ginkgo-biloba-Baumes erfunden: die S-Linie, deren Ausbuchtungen zugleich Einbuchtungen (und umgekehrt) sind (Abb. 59). Das brachte Goethe zum Nachdenken, über dessen Ergebnis er am 31. Juli 1775 kurz und bündig seinen Brieffreund Lavater unterrichtete: »Der reine Punckt der Schönheitslinie ist die Linie der Liebe Stärcke und Schwäche stehn ihr zu beyden Seiten. Liebe ist der Punckt, wo sie sich vereinigen«.[17] Avramidis suchte das »Doppel-Ich« auf den Wegen seines eigenen Vokabulars, etwa in der Konstruktionszeichnung von 1962 (Abb. 7), in der Rumpf und Kopf sich zu einer Anatomie verdoppeln, die sich wie die heraldische Chiffre des »dritten Geschlechts« ausnimmt.

»Liebe ist der Punckt …«

Zum Ebenmaß der strengen Ikone gibt es eine spontane sensualistische Abweichung, die ich als Variante ansehen möchte: die Zeichnung zweier *Bandfiguren* von 1967, die anscheinend verschollen ist (Abb. 60). Ich sehe darin den *Kuß* einmal (in der linken Figur) von zwei gleichgewichtigen Schlangenrüsseln formalisiert, während in der rechten Figur die »Umarmung« in das Liniengewirr einer dichten Überwältigung gerät. Avramidis sieht das anders, da er den Formelementen die finale Vereinigung im *Kuß* versagt: »Jede Figur besteht aus zwei Bandkörpern für die zwei Arme und zwei Bandkörpern für die zwei Beine.« Damit ist der anatomische Sachverhalt eindeutig beschrieben, den der Interpret ergänzen möchte zur Metapher der Gleichgewichtigkeit, die der *Kuß* darstellt. Das ereignet sich in der symmetrischen Selbstumarmung der beiden Bandkörper – einer Vereinigung, wie sie immer wieder dann stattfindet, wenn die beiden Arme sich über dem Kopf in einem Bogen treffen.

Symmetrische Selbstumarmung

17 Briefe der Jahre 1764–1786, Gedenkausgabe, Zürich 1951, Bd. 18, S. 277

gegenüber:
Abb. 58 Der Kuß.
1967, Bronze, Höhe 185 cm

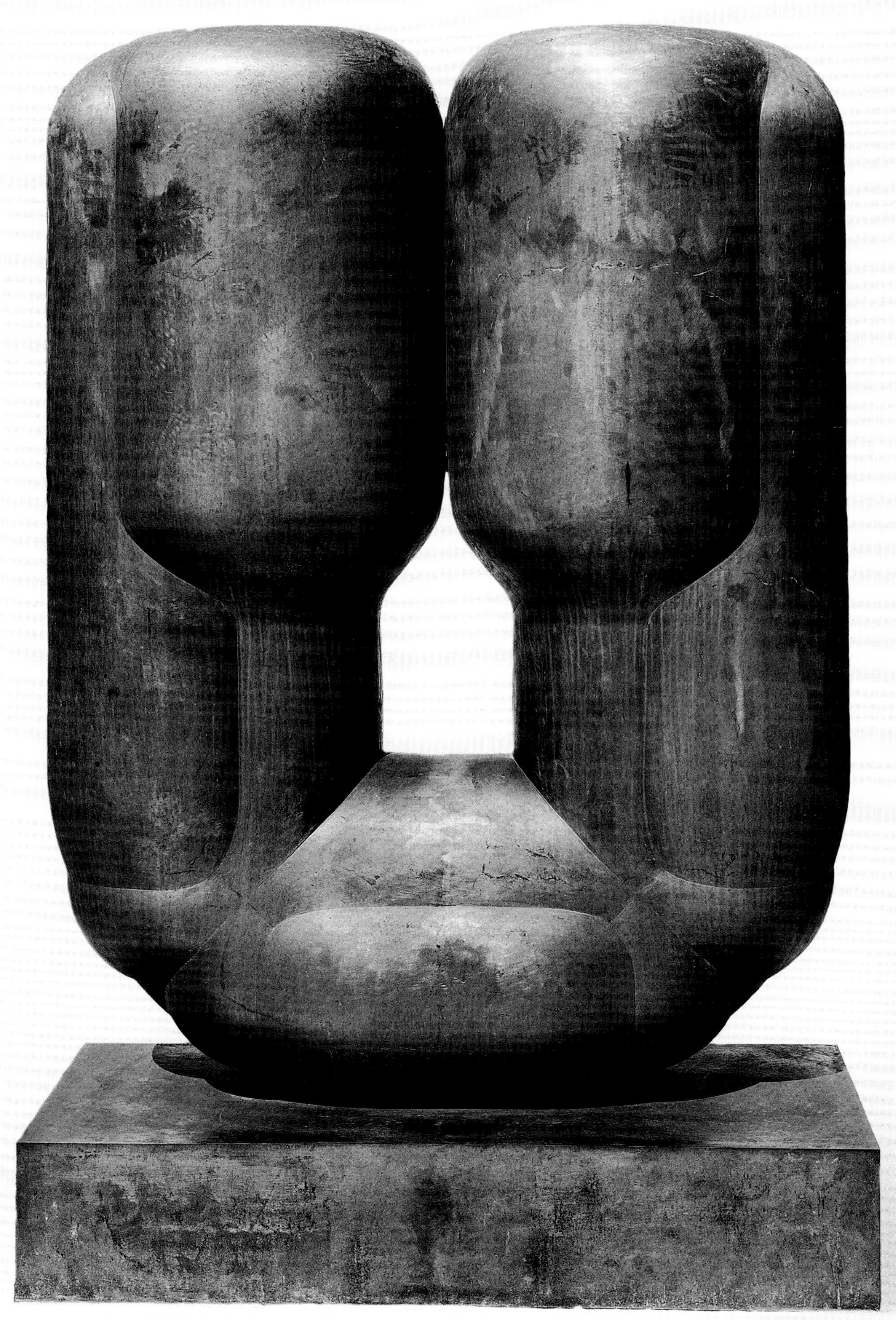

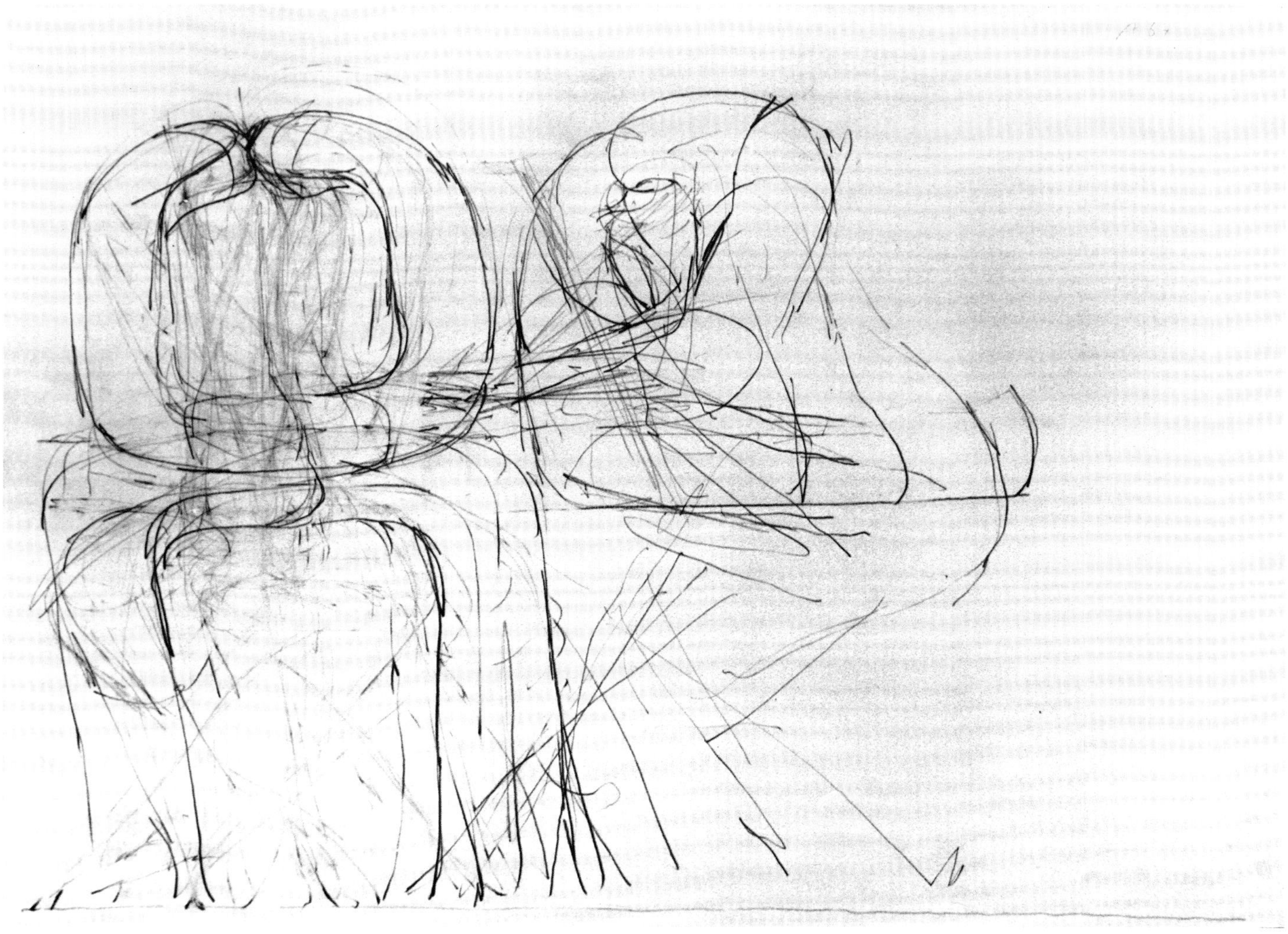

Abb. 60 Der Kuß. 1967, Bronze, Höhe 185 cm

Kämpferische Selbstfindung

Das Gegeneinander ist ebenso offen für die Vereinigung im *Kuß* wie für die kämpferische Selbstfindung. Im Katalog der Athener Ausstellung ist das Gemälde für den *Kuß* (Abb. 61) neben zwei Kämpfer-Gestalten (Abb. 62) abgebildet. Ist das Zufall oder sollen wir einen Vergleich anstellen? Dem genauen Blick gibt jeder dieser *Kämpfer* zu erkennen, daß er aus zwei autonomen »Bändern« besteht, die sich im Becken und an den Schultern überkreuzen (und verklammern), so daß wir als ersten Eindruck eine einzige Figur zu sehen glaubten. Gerade das ist aber nicht der Fall: der *Kämpfer* besteht aus zwei gegeneinander geführten Hälften, er trägt also einen Kampf mit sich selbst aus. Trennung und Vereinigung gehen ineinander über. Im Bronzeguß (Abb. 63) sind die beiden Teile zweifelsfrei wahrzunehmen. Vielleicht steckt der Schlüssel zum anatomischen Paradoxon der *Kämpfer* und des *Kusses* in einem Wort von Heraklit, das ich in der Übersetzung von Wilhelm Capelle zitiere: »Verbindungen: Ganzes und

Heraklit

gegenüber:
Abb. 61 Kuß.
1967, Kohle, Bleistift und Kunstharzfarbe auf Papier, 63,2 × 38 cm, Athen, Nationalgalerie – Alexandros Soutzos Museum

,der Kuss,

Aramidis 67

1) Wie Zeichnung 36/44

2) Basis L = Figur Höhe = 39,3

Ist es möglich vom Alukopf 46

das zu machen? Indem die Köpfe etwas seitlich verschoben?

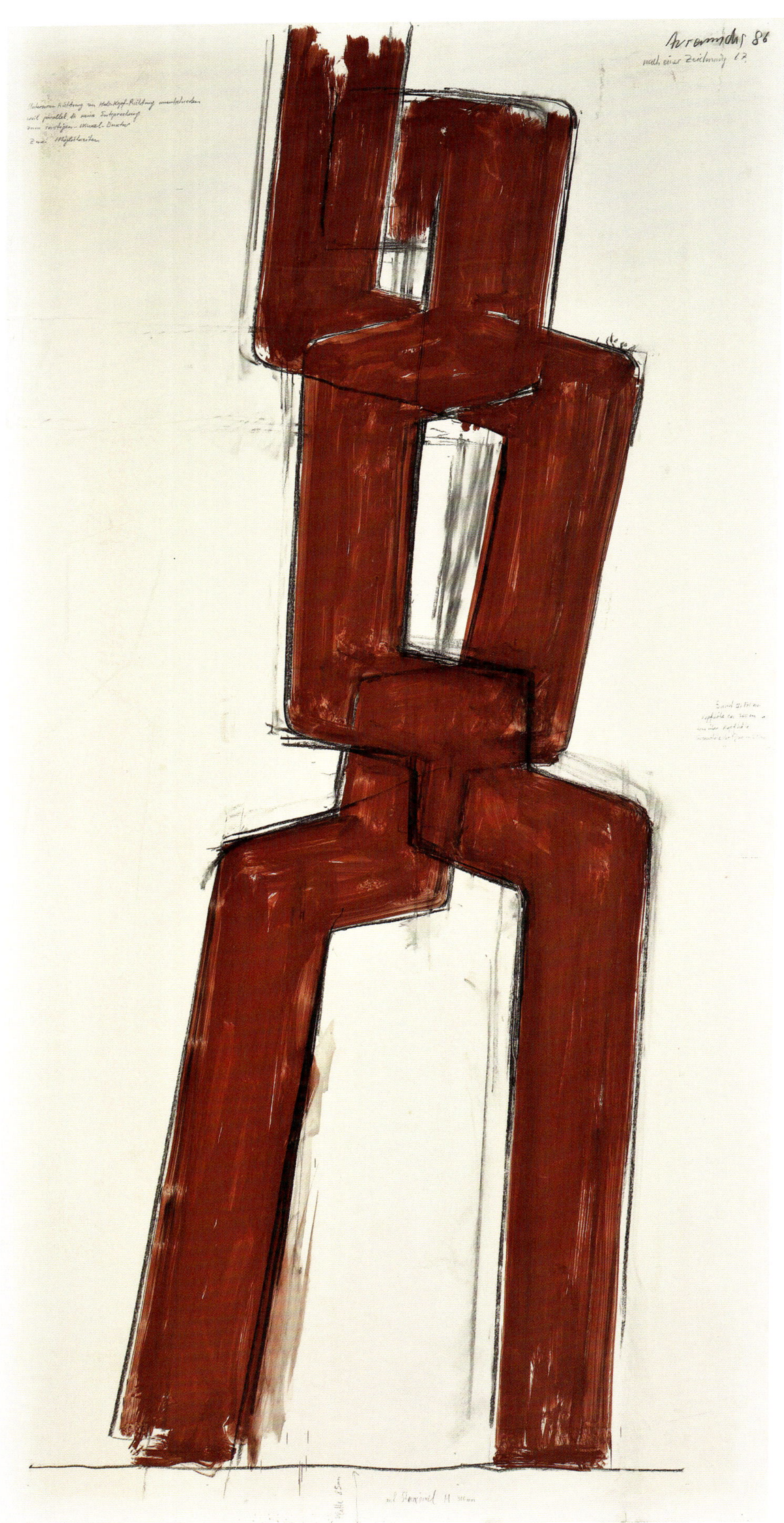

Abb. 62 Kämpfer.
1967, Kohle, Tusche und Kunstharzfarbe auf Papier, 39,2 × 21,3 cm, Athen, Nationalgalerie – Alexandros Soutzos Museum

gegenüber:
Abb. 63 Kämpfer.
1967–1986, Bronze, Höhe 235 cm, Athen, Nationalgalerie – Alexandros Soutzos Museum

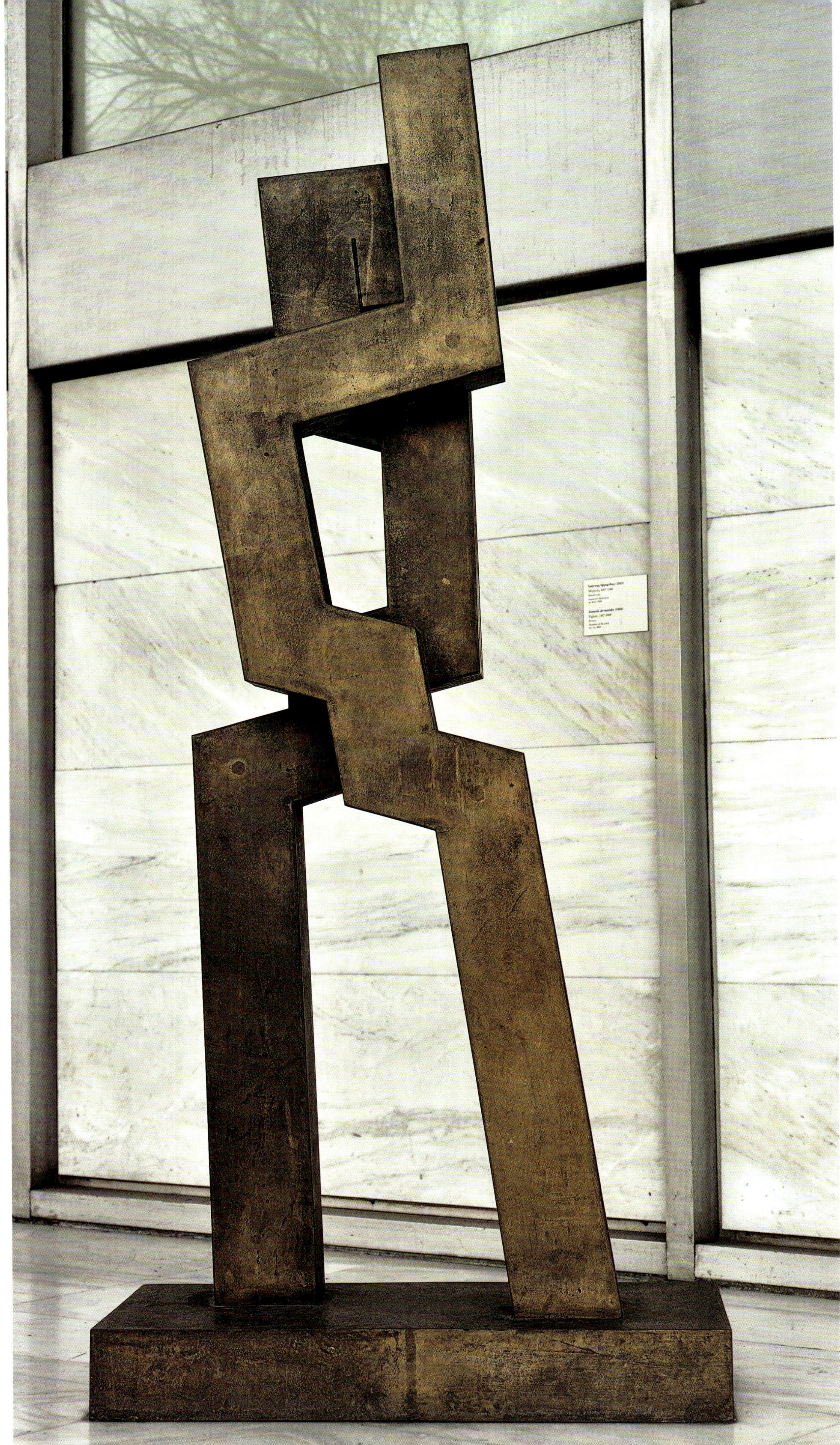

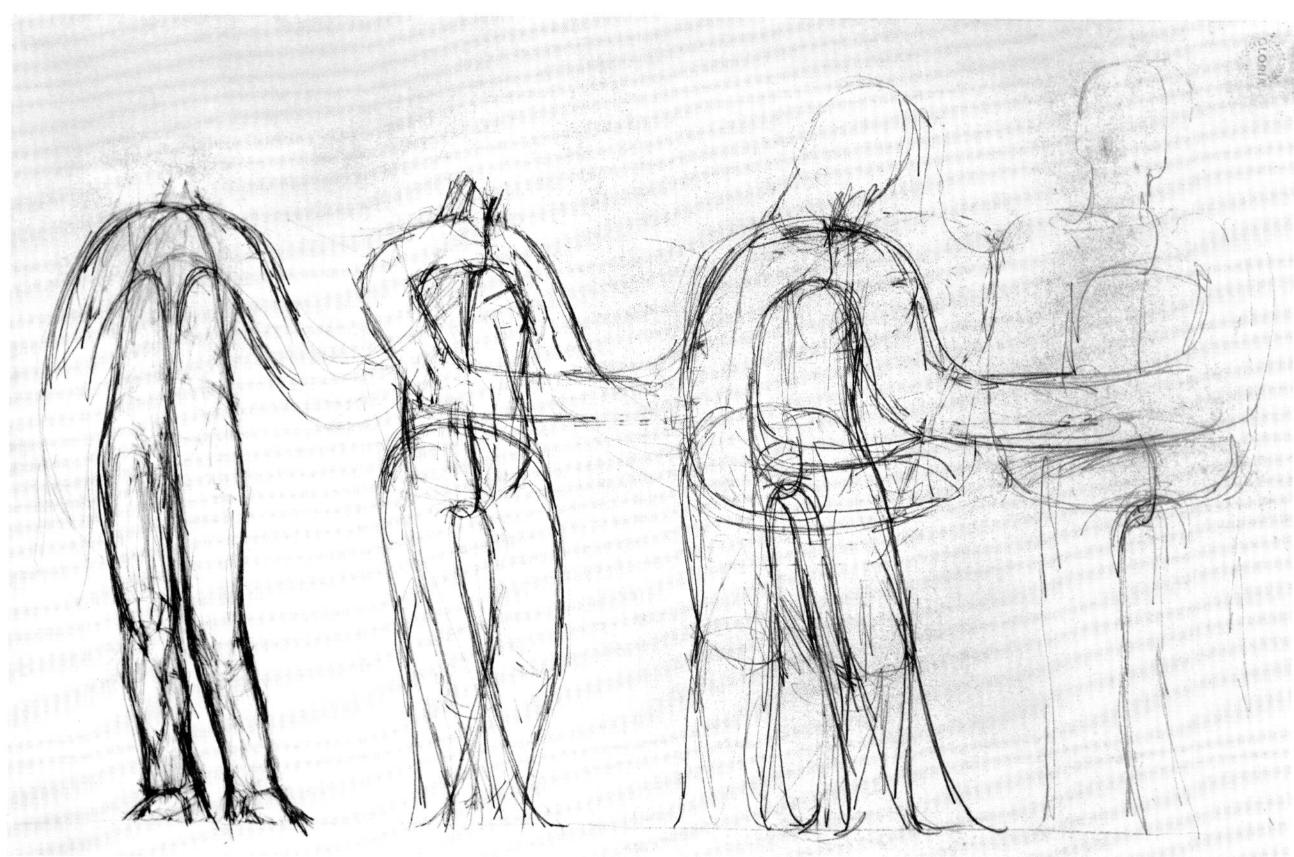

Abb. 64 Bandfiguren. 1966, Graphitstift, 51 × 73 cm

Nichtganzes; Zusammengehendes und Auseinandergehendes, Einklang und Mißklang und aus Allem Eins und aus Einem Alles.«[18]
Die große Entwurfszeichnung (Abb. 40) zeigt, wie Avramidis den Ansatz des Bandgedankens weiterführt in Varianten, in denen sich das Band des Oberkörpers von der Begrenzung auf *eine* Gestalt lossagt und gleichsam querbeet neue Verläufe ertastet, immer noch bedächtig zurückhaltend in der Kurvenführung und in den weichen Ecken dem rechten Winkel verpflichtet. Erst allmählich macht sich der Entschluß zur schwingenden Abrundung bemerkbar. Die Zeichnung *Bandfiguren* (1966, Abb. 64) enthält dazu mehrere Beispiele. Einmal ist da links das souveräne Unisono einer Gestalt, deren »Stammkörper« (oder sollten wir »Körperstamm« sagen? Vgl. dazu Abb. 66 und 67) aus den beiden Beinen besteht und zugleich in den seitlichen Schwung der beiden Arm-»Henkel« buchstäblich überfließt. Die zwei (oder drei) Figuren daneben versuchen bereits, das Kontinuum einer von den abgewinkelten Armen weitergetragenen Welle – den Ansatz zu einem horizontalen Figurenband.

Horizontale Figurenbänder

18 Wilhelm Capelle: Die Vorsokratiker, 4. Aufl., Stuttgart (1935), S. 131

Einen neuen Akzent bekommt diese Linienführung in der *Großen Bandfigur* von 1967 (Abb. 68). Was einmal Körper war, ist nun auf zwei parallel geführte Bänder verteilt, die auf ihrem Weg nach oben das Becken vergessen und sich in zwei Schulterkurven trennen, die nach unten in ein offenes Ende weisen.

Abb. 65 Palmetten-Ornament einer attischen Lekythos, 4. Jhd. v. Chr.

Palmette

Die beiderseitige organische Öffnung der Vertikalen ruft den Vergleich mit pflanzlichem Wachstum herbei, wie es stilisiert in der Palmette vorkommt: als betonte und zugleich von den beiden symmetrischen Spiralen verlassene Mitte (Abb. 65). Die Zeichnung gibt Aufschluß über die Dicke der Bänder in einer dreidimensionalen Umsetzung und über ihre an- und abschwellenden Modulationen (Abb. 69 und 70).

Imaginäre Anatomien

Die Bandfigur bringt das Naturstudium, das Avramidis kontinuierlich betreibt eindringlich zur Geltung, doch hält sie sich letztlich in den imaginären Anatomien hybrider Gebilde auf. Wieder hat Avramidis mindestens zwei Verwandlungsmodi bereit (Abb. 71). Er zeichnet das Knochengerüst eines Fußes, das er dann in zwei lappige Körper vereinfacht und schließlich aus Blöcken wieder zu einem kubischen Konglomerat zusammensetzt. Unten rechts nimmt er in zwei aufeinander liegenden Balken den Band-Modus noch einmal auf.

Knochen

Der Knochen als funktionsloser Körper kann eine derart faszinierende Eigenmacht annehmen, daß Avramidis ihm die domestizierende Umsetzung in ein Band vorenthält, dafür aber sein dichtes Volumen umweglos in eine hybride Figur umsetzt, die ihn von seiner dienend-passiven Rolle im Skelett befreit und mit körperlicher Kraft und Fülle ausstattet (Abb. 72). Wie im *Torso II* (Abb. 26) siegt das Gespür für die vitale (phallische) Potenz über die ausgewogene Syntax der Kunstfigur. Dieser Einfall ist keine Ausnahme. Bereits in den Entwurfszeichnungen nimmt sich das Band das Recht heraus, fremd zu gehen und den Körperverband zu verlassen, wobei die Bänder manchmal das Volumen von Röhren annehmen (Abb. 64). Später entstehen Symbiosen aus Menschenfragmenten und Schlangen (Abb. 73 und 74), aus denen man rituelle Beschwörungsgesten herauslesen kann. Dazu Avramidis: »Rituelles ist mir fremd.«

Erinnerung an Daphne

Am weitesten ist diese Metamorphose in einer Figur von 1987 (Abb. 75) gediehen, die das Thema »Wachsen« in einem Zwitter aus Mensch und Pflanze unterbringt. So erging es Daphne, als sie sich den Liebeswerbungen Apolls entzog und von ihm auf der Flucht in einen Lorbeerbaum verwandelt wurde: »Kannst du (so spricht der Gott) nicht mehr die Gattin mir werden, sollst mein Baum du doch sein« (Ovid, Metamorphosen, I, 557). Die körperliche *Trennung* bringt die immerwährende *Vereinigung* im Geist hervor.

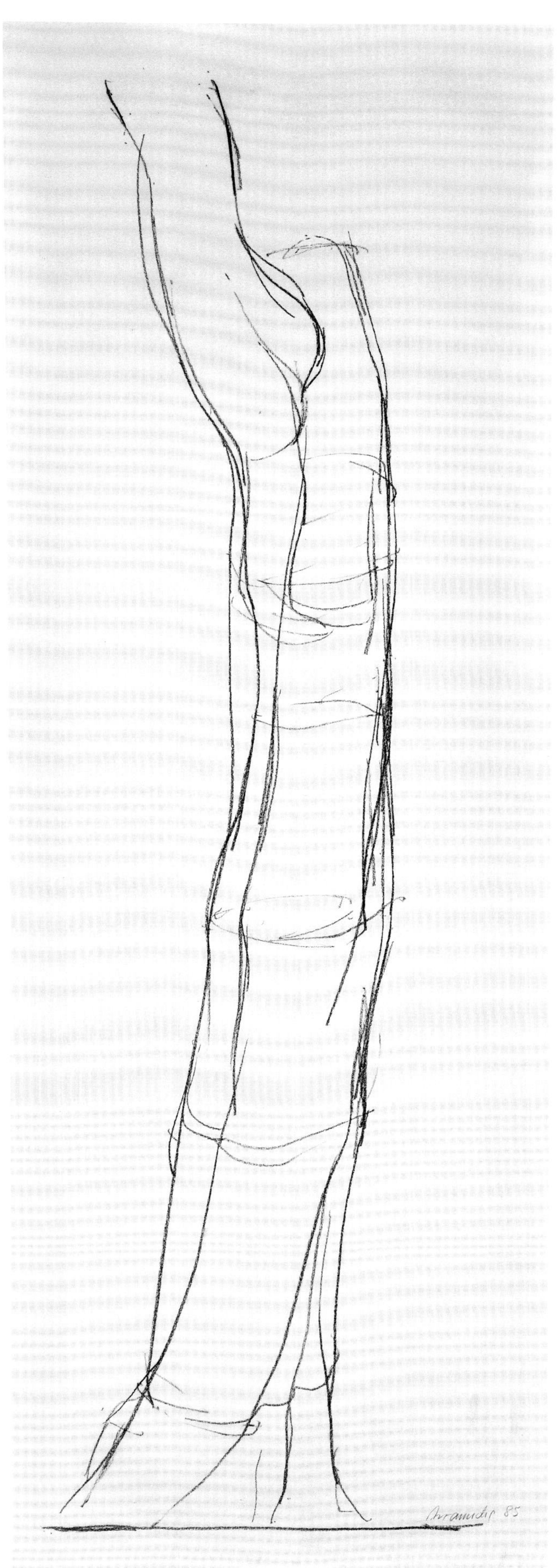

Abb.66 Baum.
1985, Kohle auf Papier,
217 × 74,5 cm, Athen,
Nationalgalerie – Alexandros
Soutzos Museum

gegenüber:
Abb.67 Baum.
1986, Bleistift auf Papier,
50,7 × 36,5 cm, Athen,
Nationalgalerie – Alexandros
Soutzos Museum

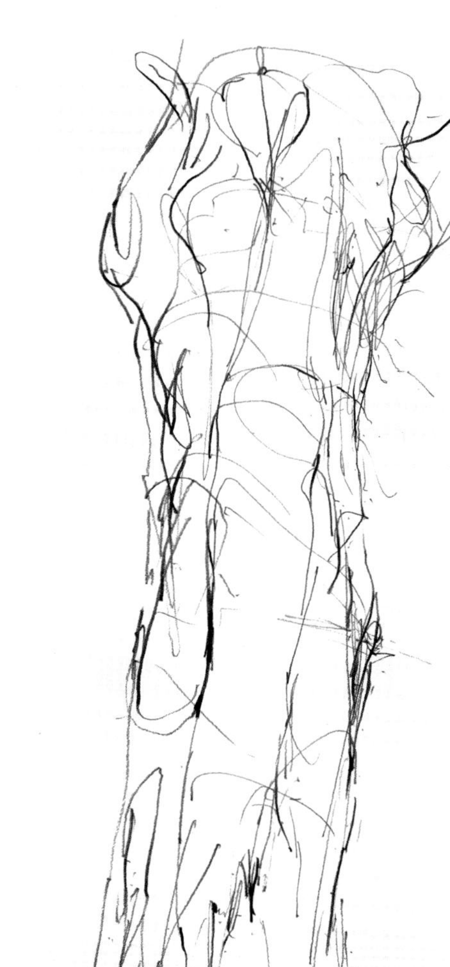

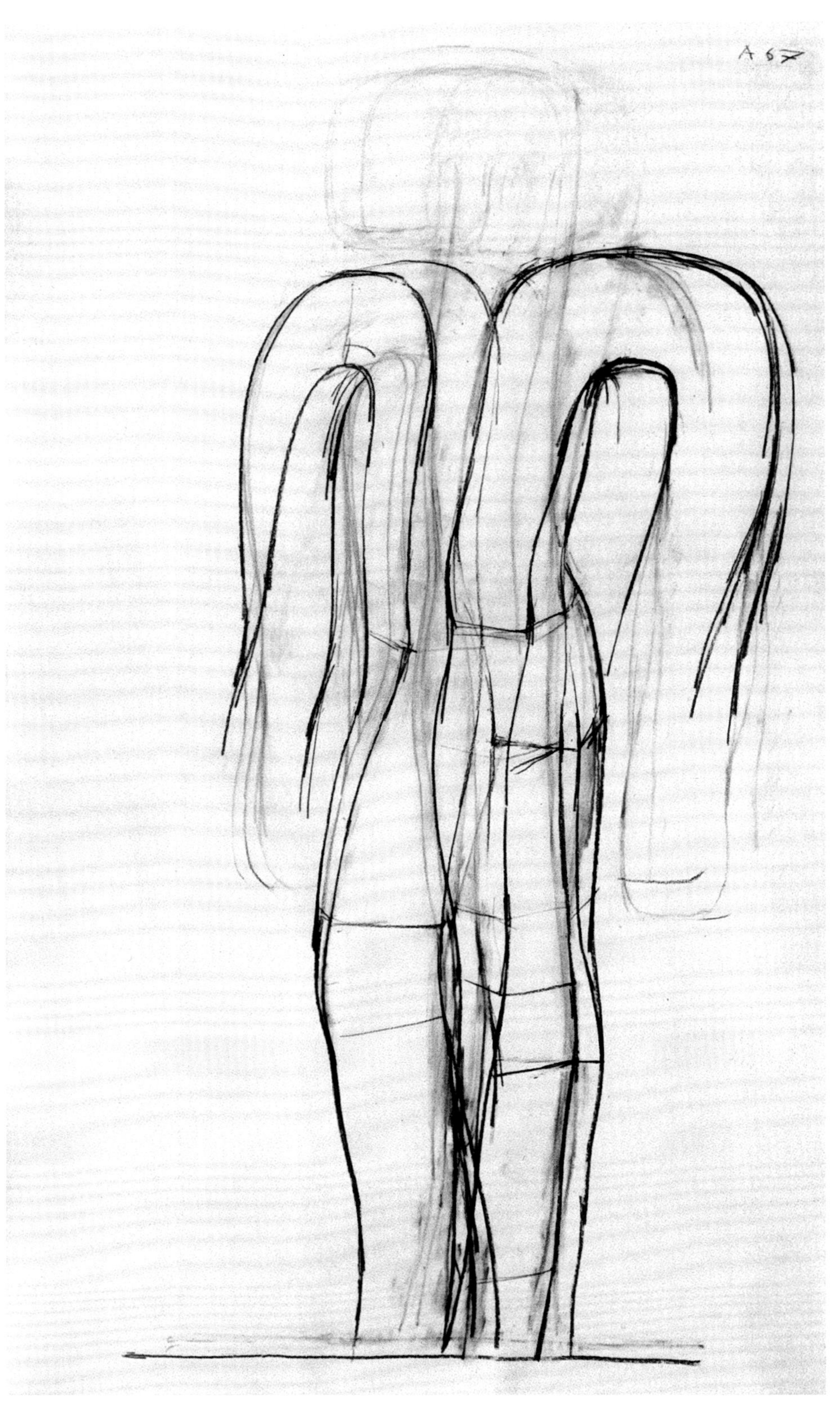

Abb. 68 Große Bandfigur.
1967, Kohle auf Papier, 195 × 112 cm

gegenüber:
Abb. 69 Sitzende Figur (Bandfigur).
1979/1982. Aluminium massiv,
Kaltarbeit, Höhe 159,5 cm

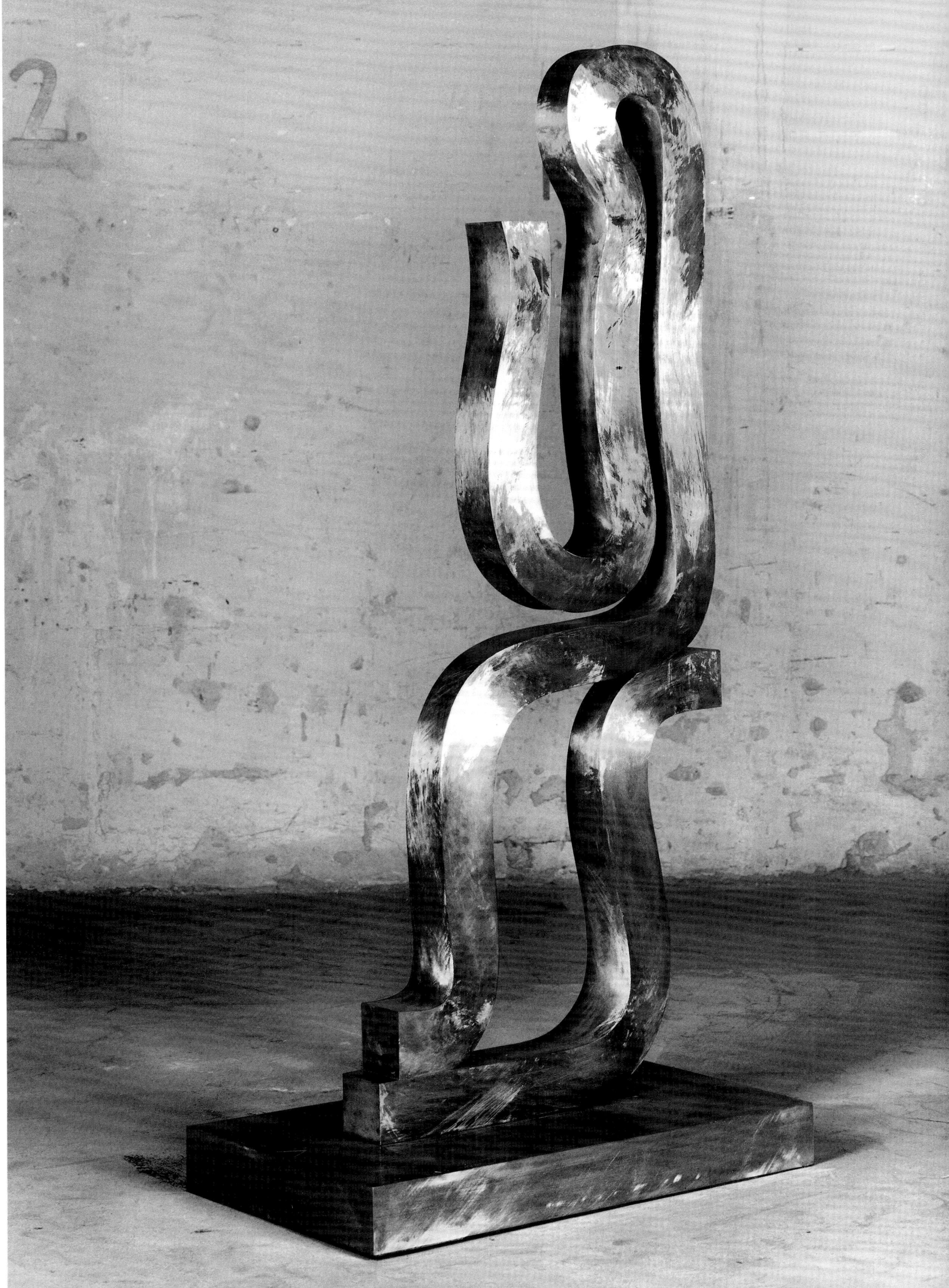
2

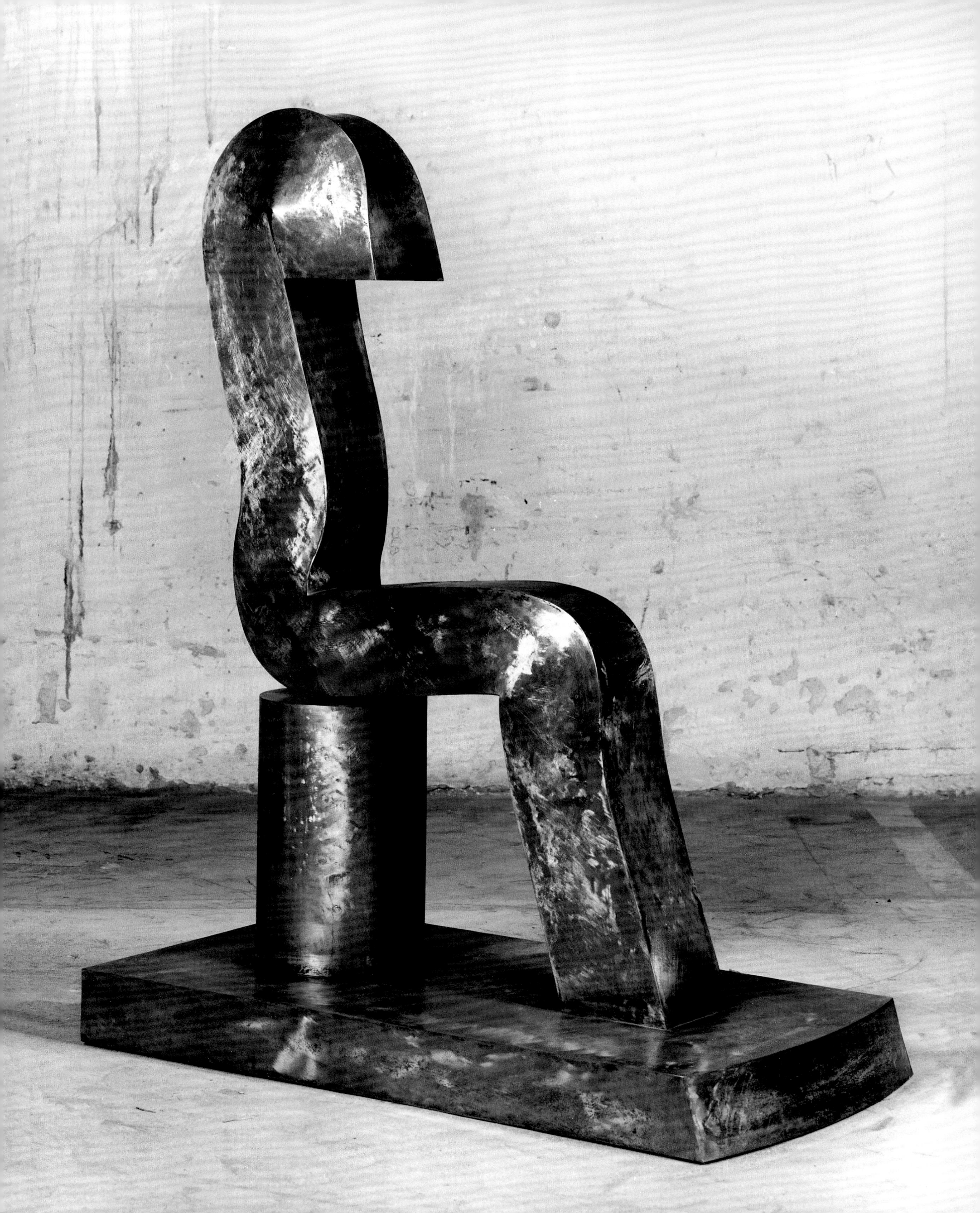

gegenüber:
Abb.70 Sitzende Figur II.
1983/1984, Bronze, Höhe 124,5 cm,
Athen, Nationalgalerie

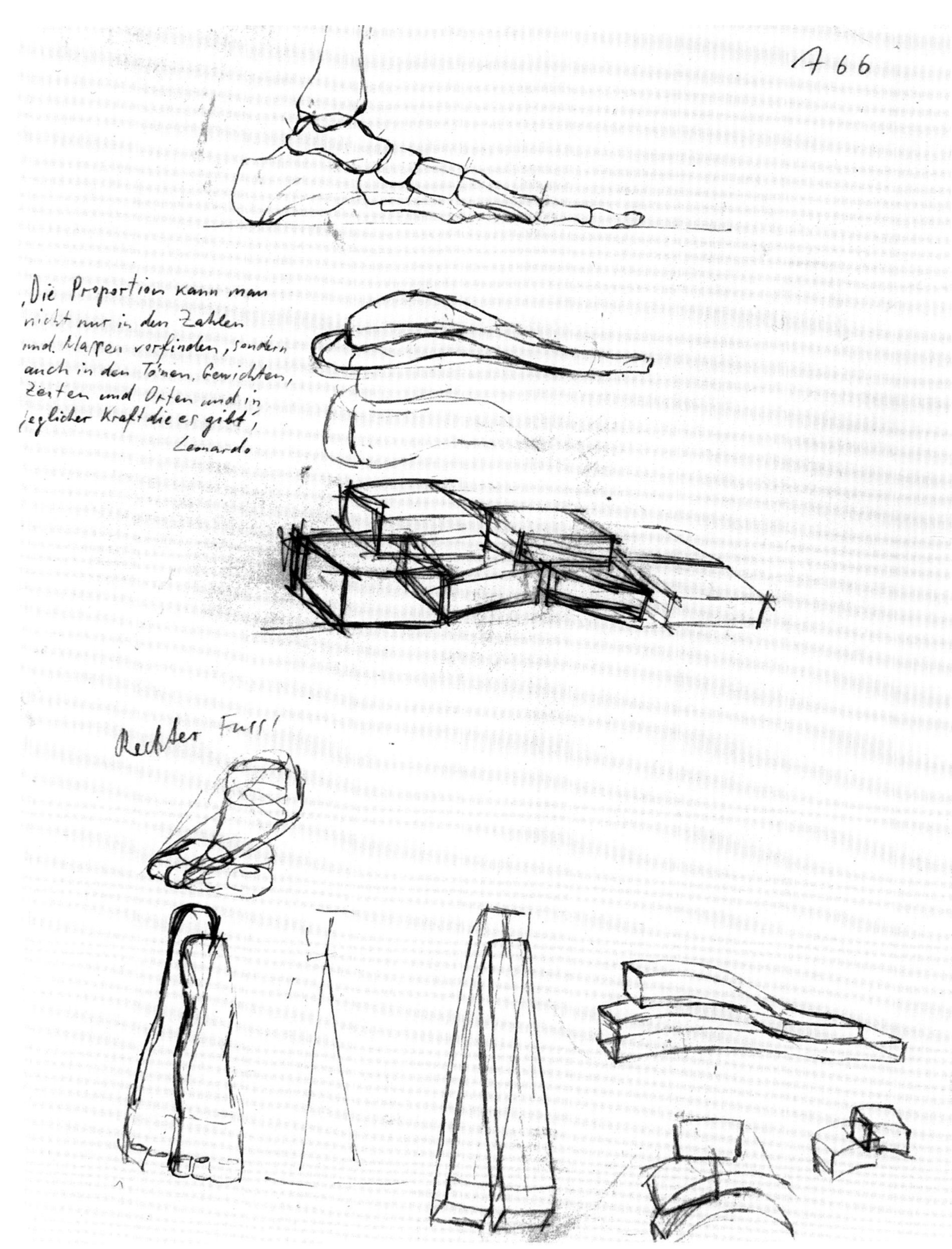

Abb.71 Fußkonstruktionen.
1966, Graphitstift, 33,3 × 25 cm

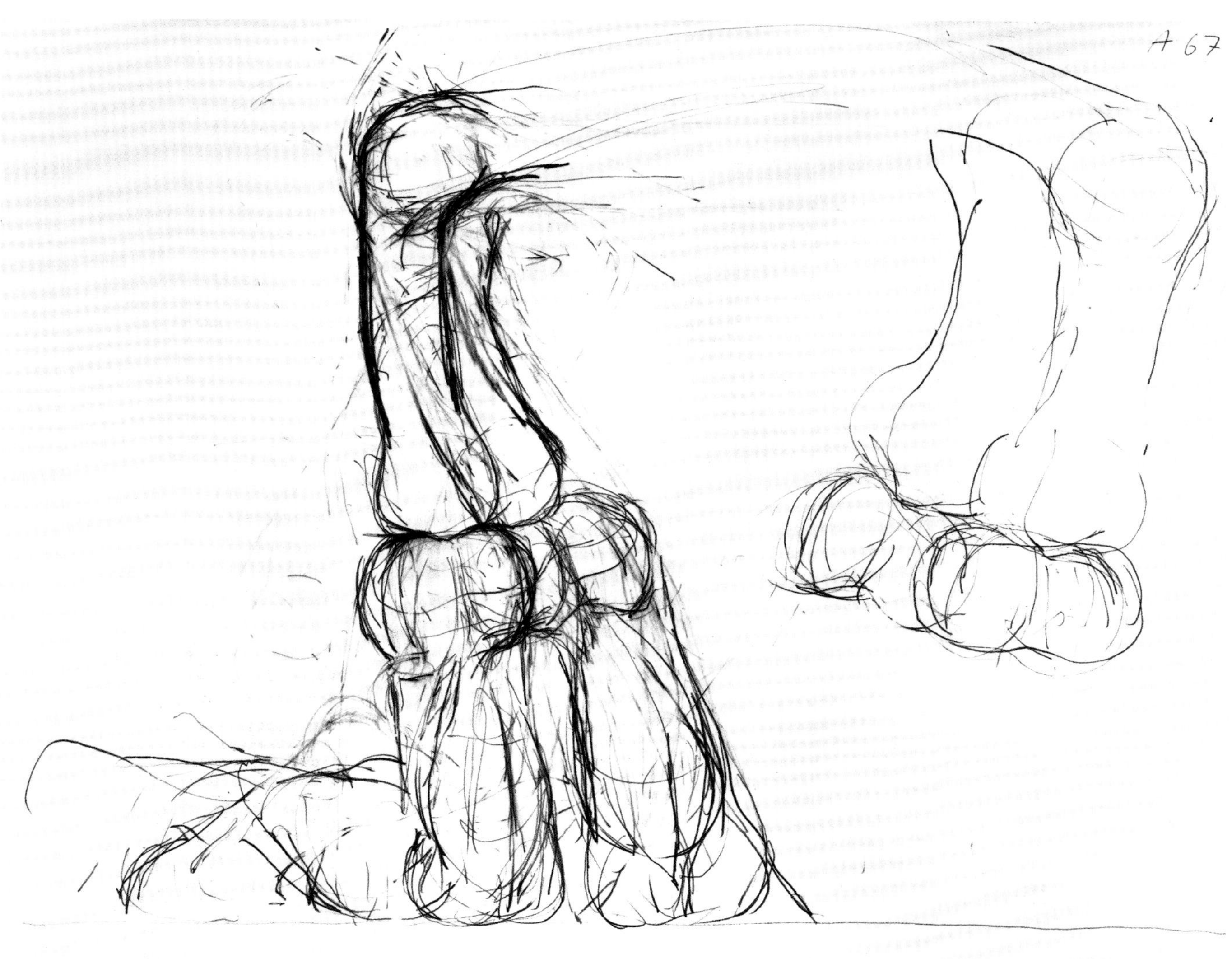

Abb. 72 Figuren (von Knochenformen abgeleitet).
1967, Graphitstift, 50 × 65 cm

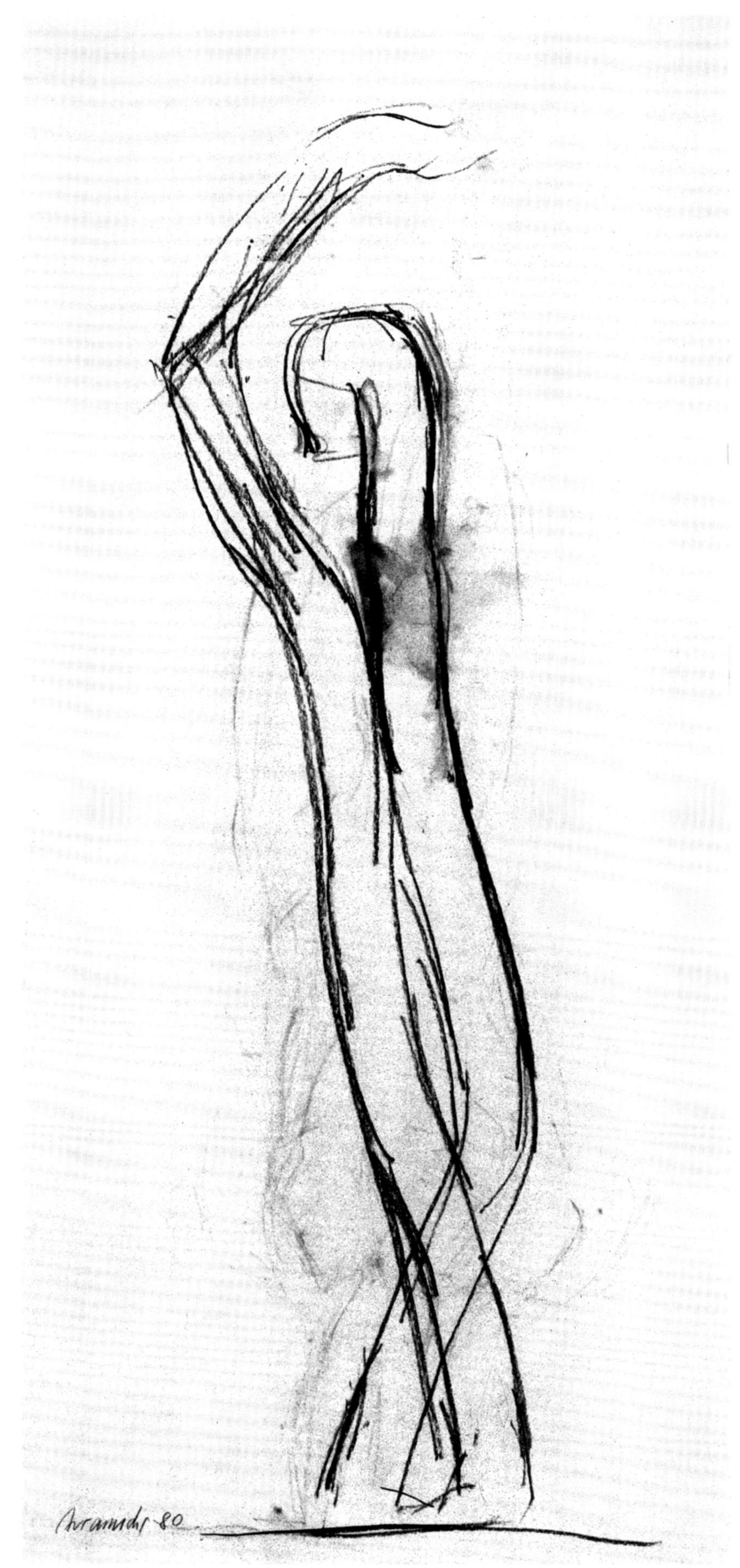

Abb. 73 Bandfigur.
1980, Kohle, 90 × 40 cm

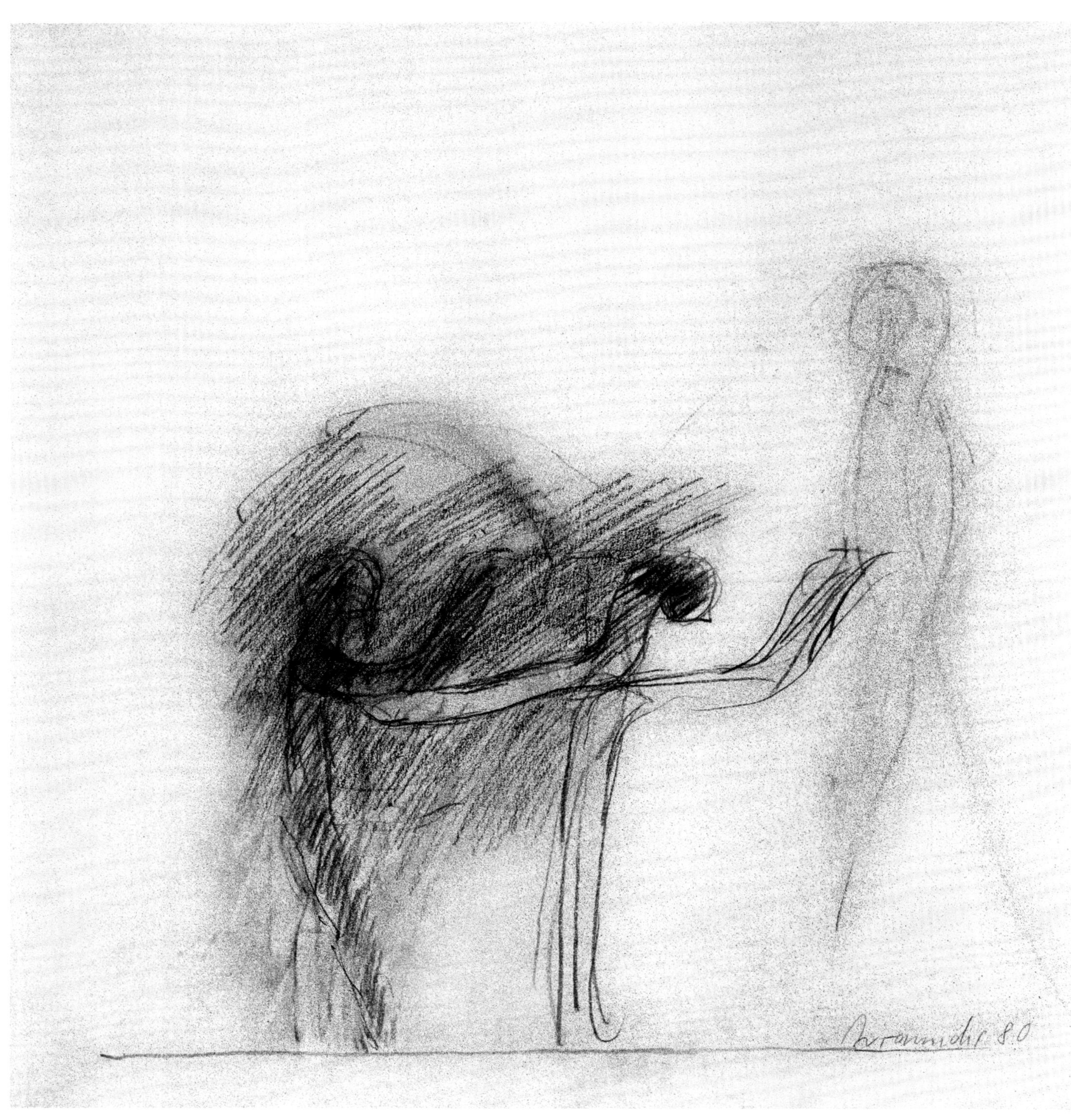

Abb. 74 Bandfiguren.
1980, Rötel, schwarze Kreide,
39,8 × 37,7 cm, Athen, Nationalgalerie

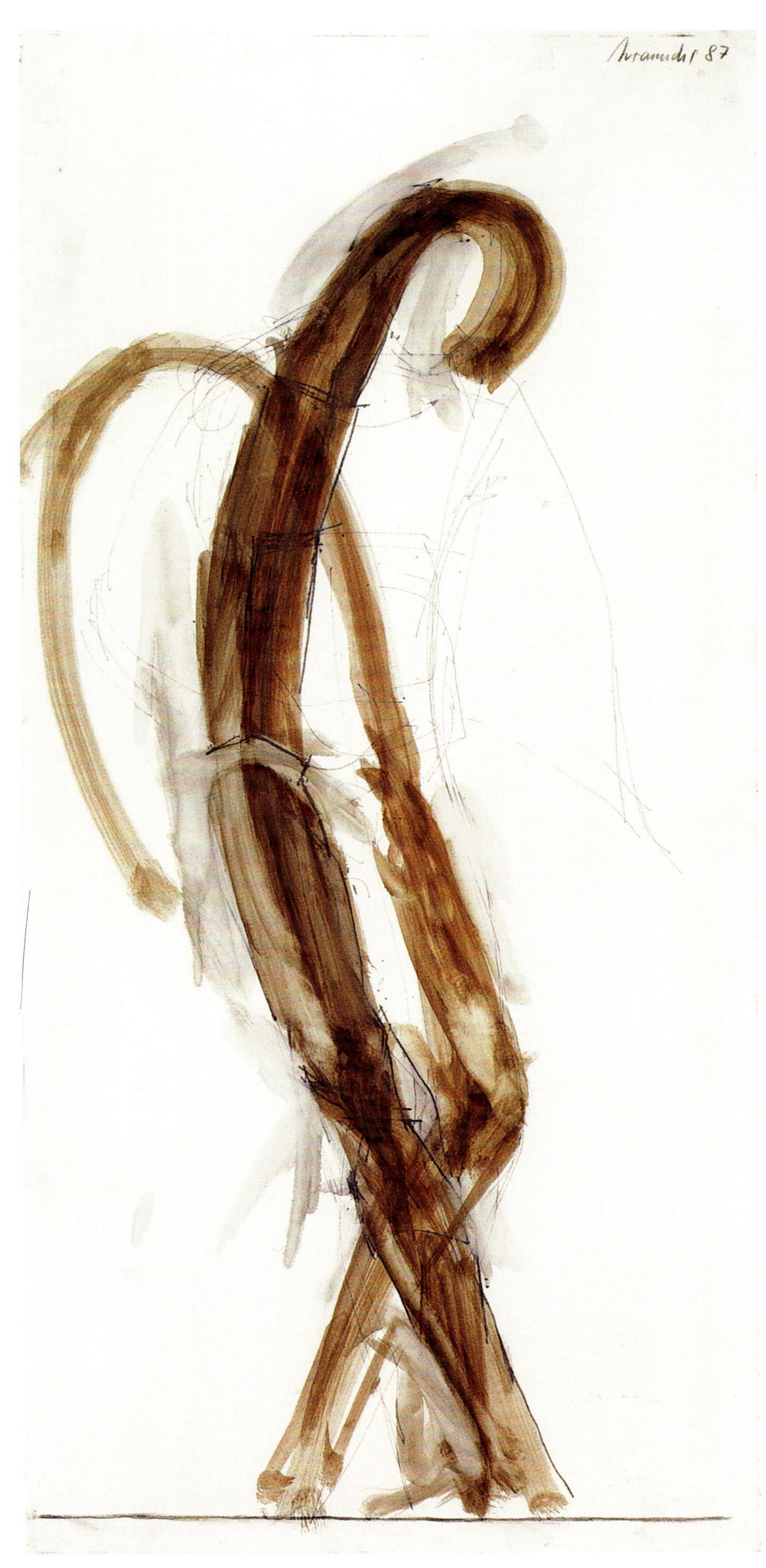

Abb. 75 Figur.
1987, Kohle und verdünnter
Lack auf Karton, 109 × 51,3 cm

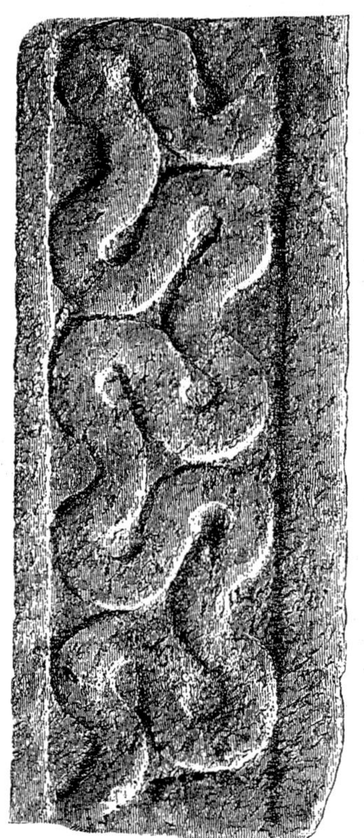

Abb. 76 Bandornament eines mykenischen Grabsteins (Aus: Alois Riegl: Stilfragen, Fig. 62)

Nicht weniger hybrid sind die Sitzenden, die aus einem einzigen Vierkantband bestehen, das in eleganten kalligraphischen Kurven abläuft und die Sitzstütze sich angleicht (Abb. 69). Auf Seitenansicht berechnet, ist das Gebilde Teil einer endlosen, zweidimensionalen Bewegung, die sich mit dem skulpierten Bandornament eines mykenischen Grabsteins vergleichen läßt, das Riegl von Schliemann entlehnte und als Figur 62 in seinen *Stilfragen* abbildete (Abb. 76). Nicht jeder Band-Gedanke kam zur skulpturalen Umsetzung. Die »hybride Figur« (Abb. 77) geriet nicht über die gezeichnete Idee hinaus. So bleibt sie als die durchsichtige Paraphe eines Ariel bestehen, der sich in Luft aufzulösen scheint – im Gegensatz zu den sicher sitzenden oder stehenden Bandfiguren, deren Körper aus einem einzigen Formverlauf besteht, der vom Scheitel bis zur Sohle reicht. Alles, was als Zäsur wirken könnte, kommt in ihrer Formrechnung nicht vor: die Füße, die Knie, das Becken, Arme und Schultern. Die einzige Binnengliederung besorgt das System der metallenen Stege. Diesen Kunstgriff wandte Avramidis schon in seinem Erstling, dem steinernen Kopf von 1953 (Abb. 78) in Gestalt von »Schraffuren« an, die der Meißel als parallele Linienfurchen dem Körper eingräbt.

Erinnerung an Ariel

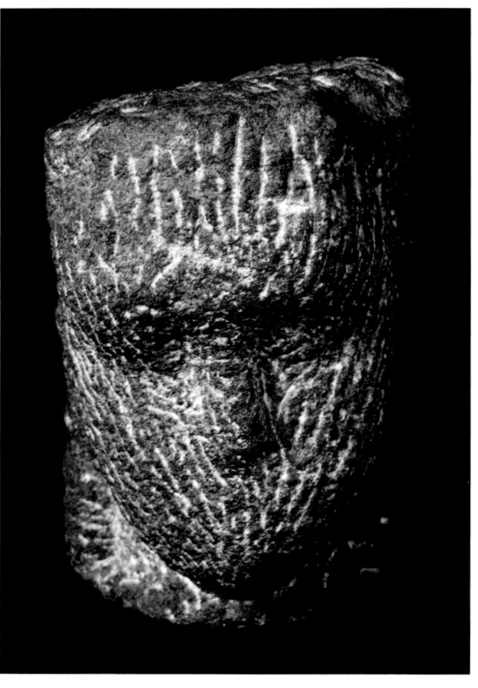

Abb. 78 Steinerner Kopf. 1953, Höhe 34,7 cm, Athen, Nationalgalerie – Alexandros Soutzos Museum

Die makellosen Rundungen der Bandfiguren kommen ohne tektonische Stützen aus: sie tragen sich selbst. Ihre kalligraphische Eleganz wirkt am überzeugendsten, wenn Avramidis den Schaft eines Körpers halbiert, mithin verdoppelt. So entsteht eine neue Variante des Selbstgesprächs, die man als Gleichnis für einen Diskurs auffassen kann. Die beiden Beine stützen sich gegenseitig wie zwei Thesen eines Arguments (Abb. 79 und 80). Im Rumpf finden sie ihre Synthese. Diesem Gedanken ist der *Große Schreitende* gewidmet (Abb. 6). Er zeigt, daß Denkpositionen am überzeugendsten in der Vertikale zu einer anschaubaren Synthese zusammenfinden.

Rätselhaft ist der Ursprung des *Trojanischen Pferdes* (Abb. 81), der seltsamsten aller Erfindungen von Avramidis. Der Katalog von Kaiserslautern zeigt sehr schön, wie dieser hybride Riesenkopf-Behälter, der an die Schnecke des Geigenhalses erinnert, aus dem geneigten Kopf hervorgeht (Abb. 83), wobei am

gegenüber:
Abb. 77 Hybride Figur. 1966, Bleistift und Rötel auf Papier, 42,7 × 31,7 cm, Athen, Nationalgalerie – Alexandros Soutzos Museum

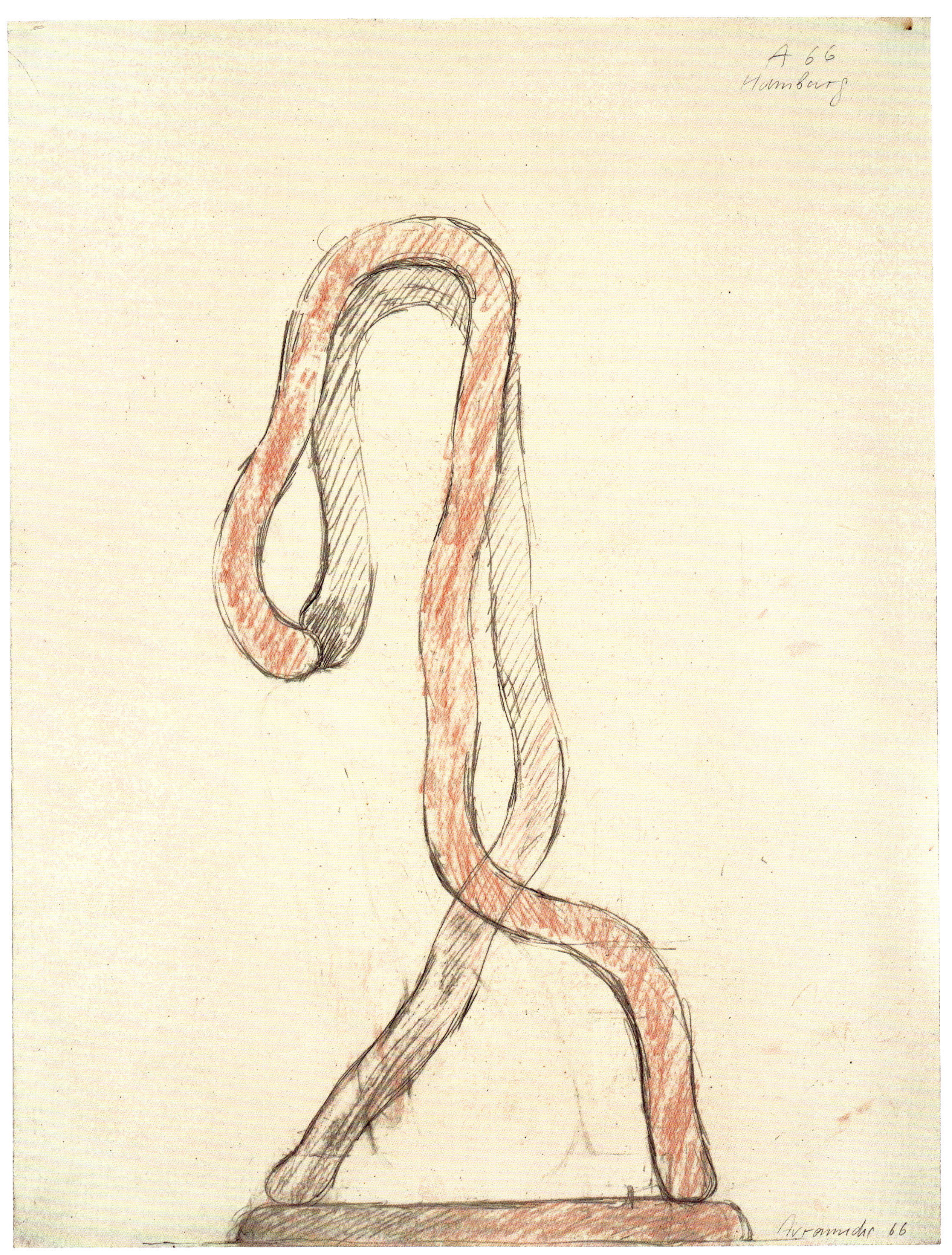
A 66
Hamburg
Avramidis 66

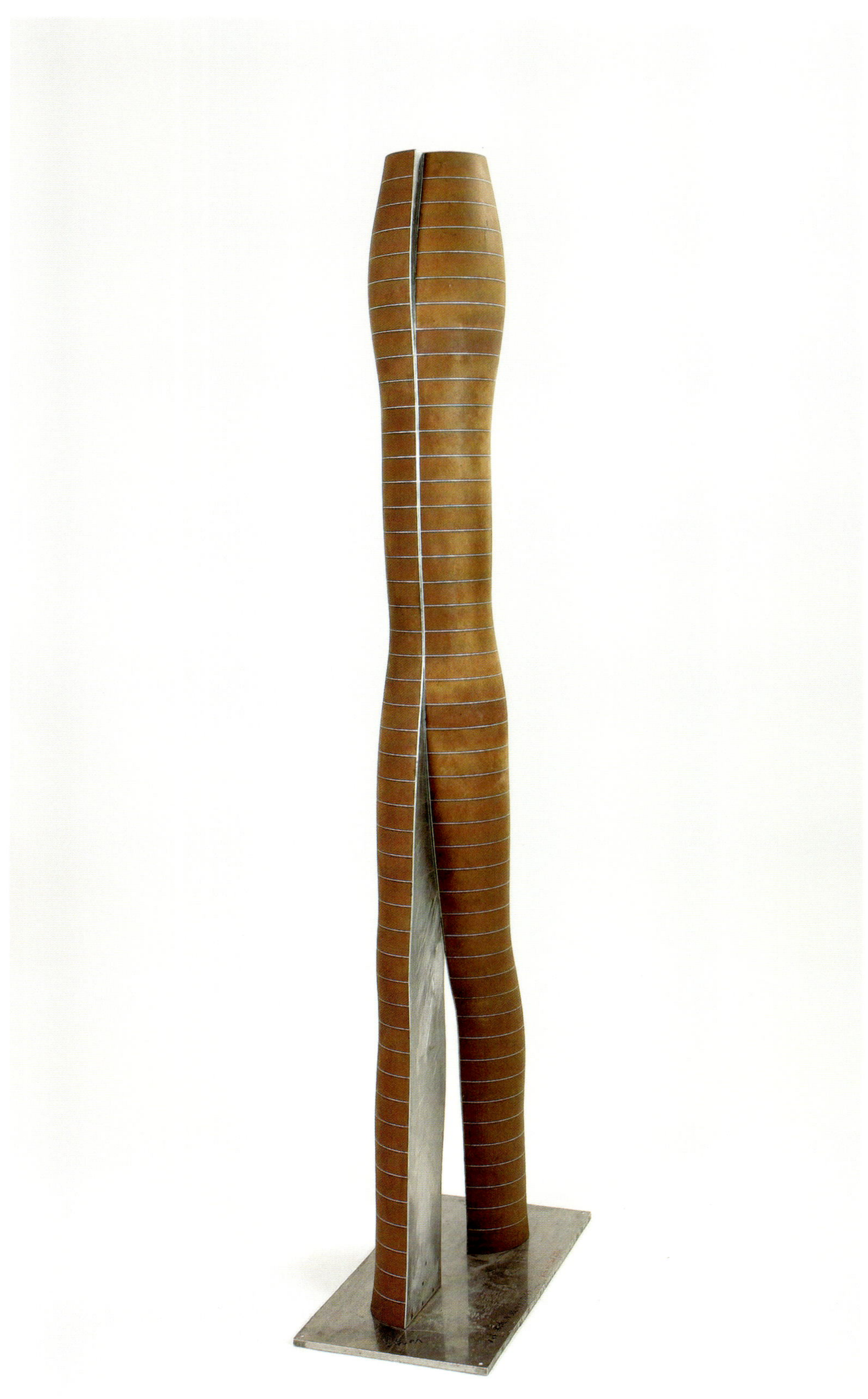

Abb. 79, 80 Schreitender.
1966–1999, Kunstharz, Aluminiumkonstruktion, Höhe 161,5 cm

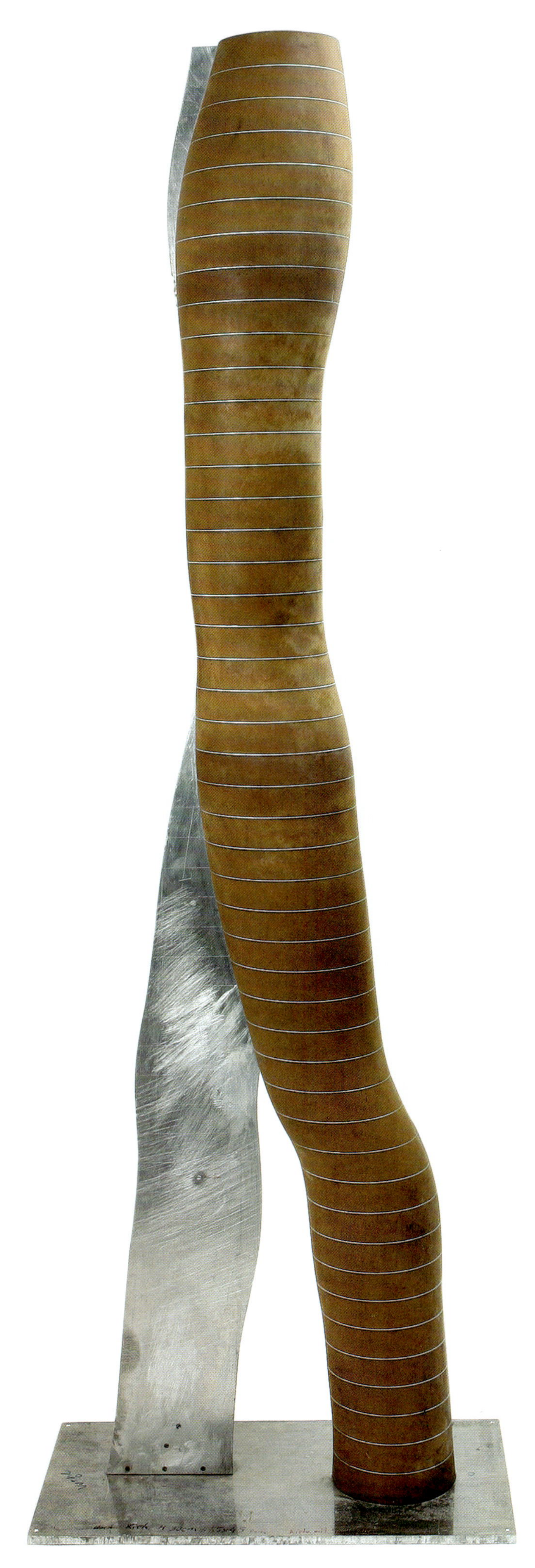

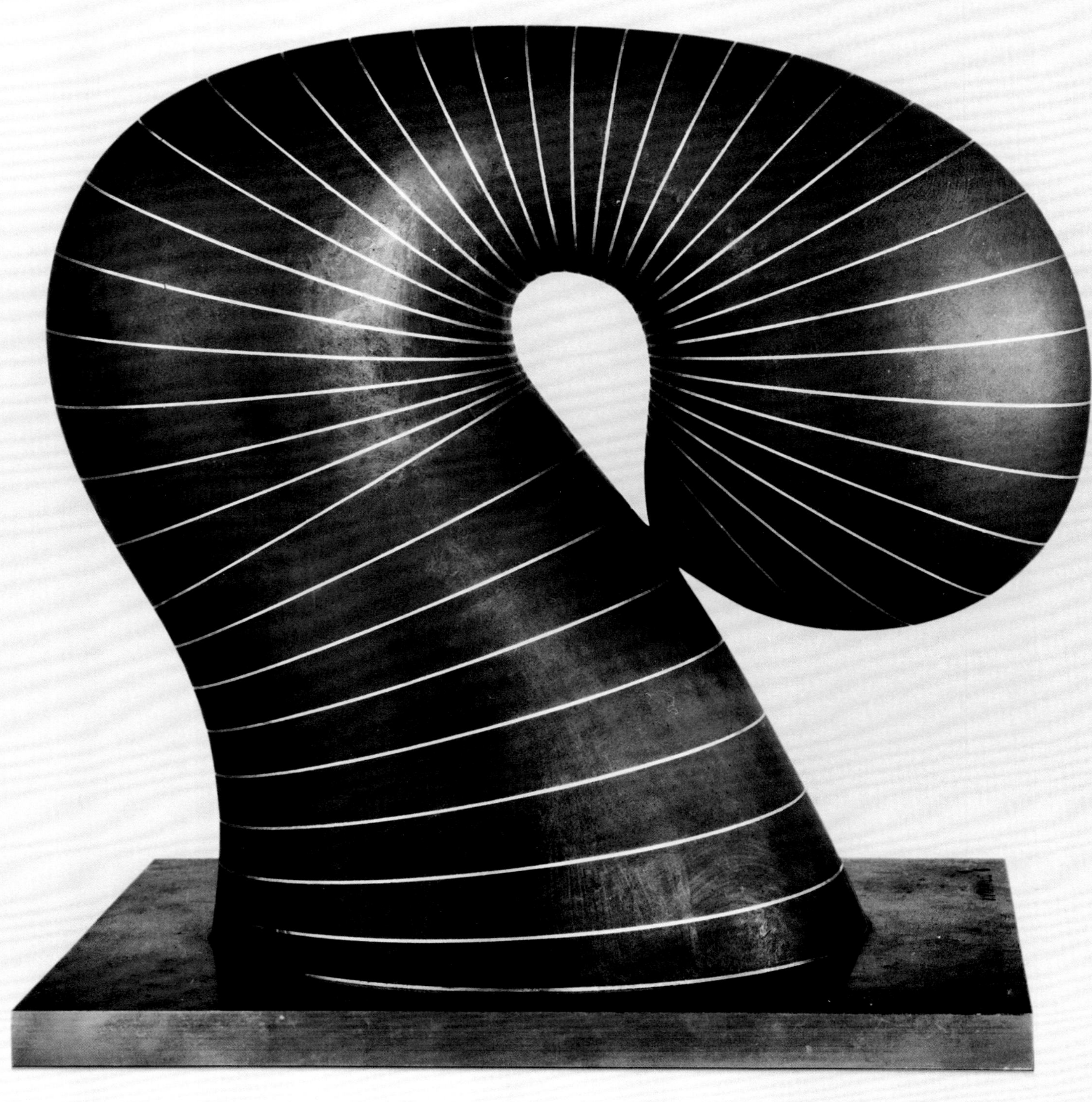

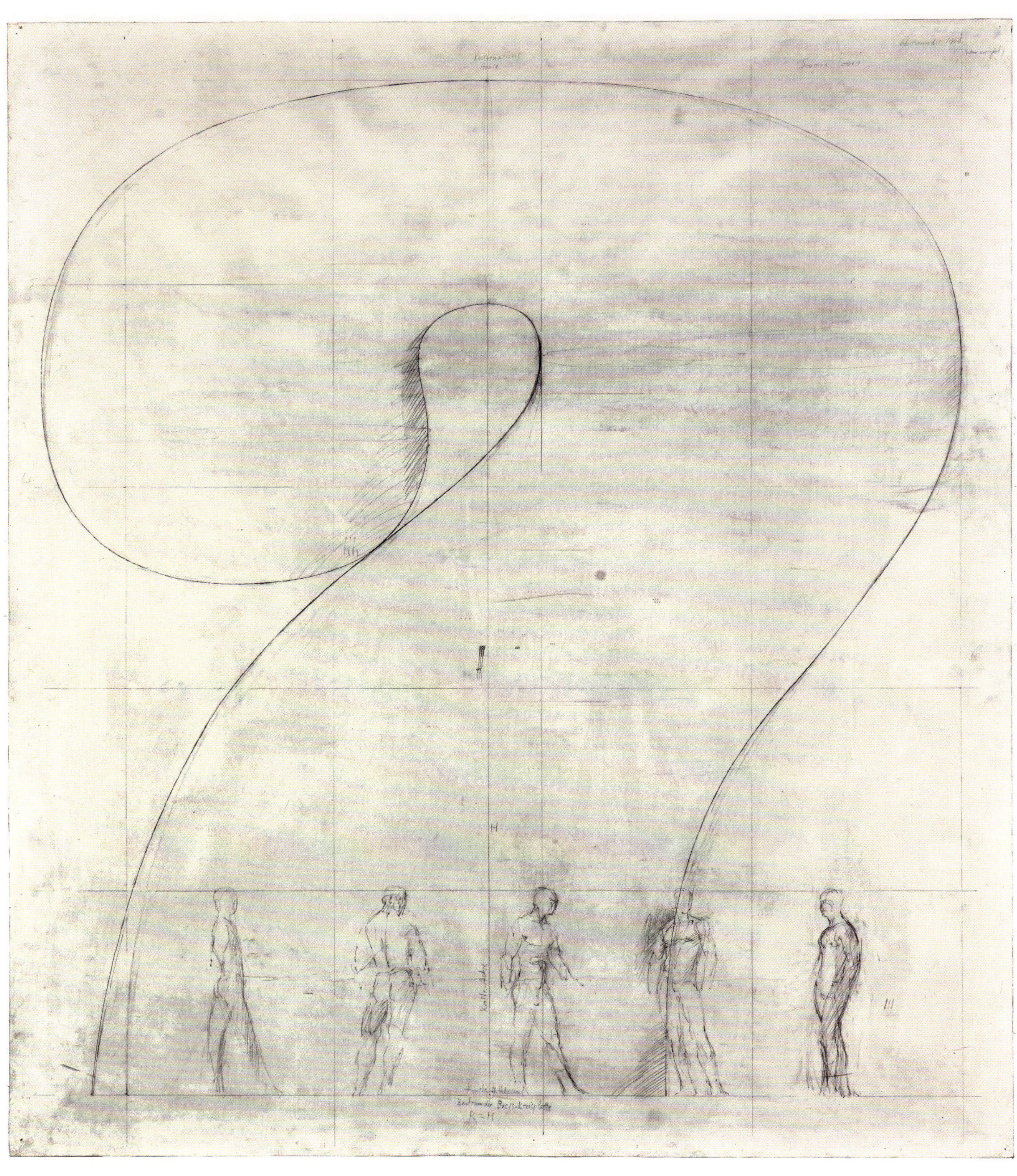

gegenüber:
Abb. 81 Kopf – Das trojanische Pferd. 1970, Kunstharz auf Aluminiumkonstruktion, Höhe 35,6 cm

Abb. 82 Trojanisches Pferd. 1970, Feder auf Papier, 140 × 120 cm, Athen, Nationalgalerie

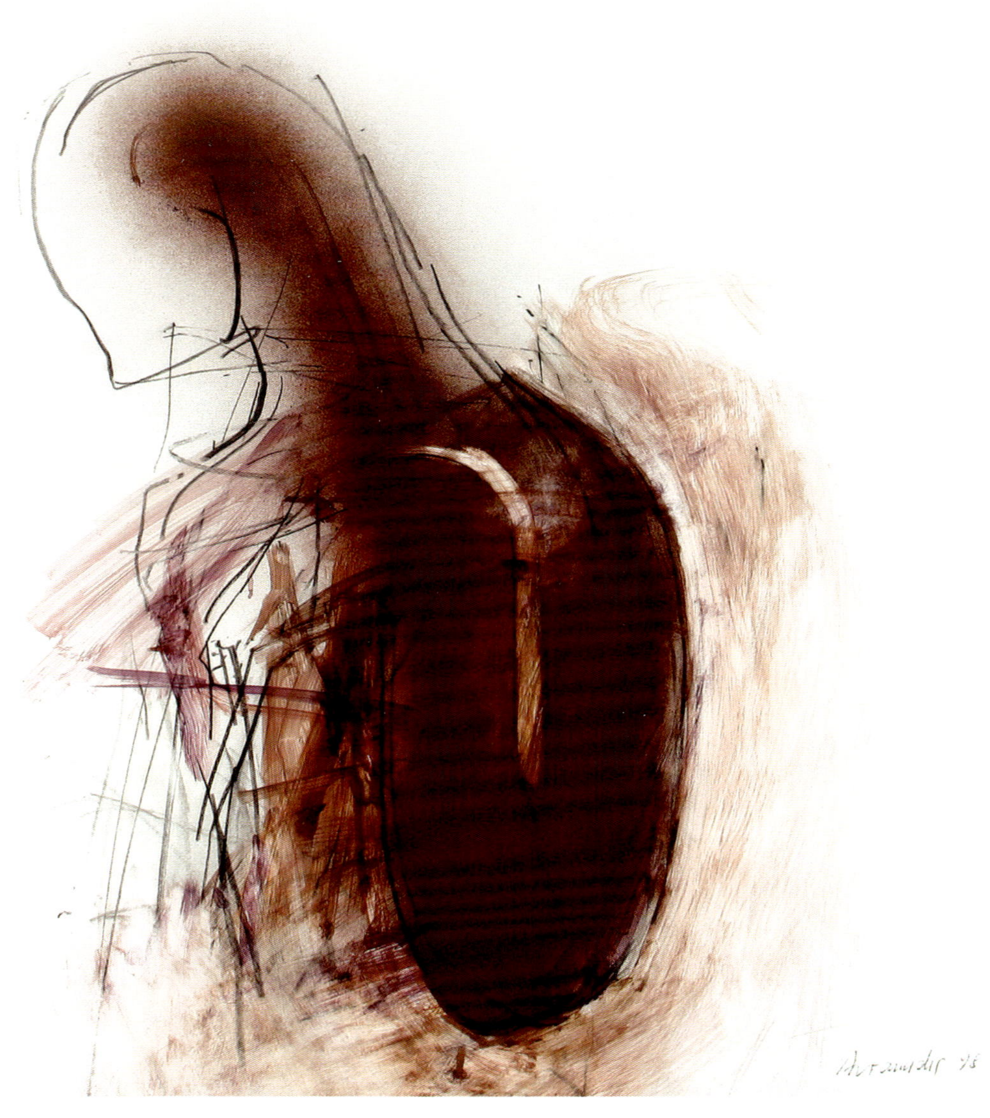

Abb. 83 Studie zu einer Figur. 1998, Kohle, Kunstharzfarbe auf Kunststoffplatte, 79 × 84,6 cm, sign. und dat. u. r.

gegenüber :
Abb. 84 Konstruktionszeichnung für Bandkopf. 1981, Graphitstift und roter Farbstift auf Papier, 55 × 45,3 cm, sign. und dat. u. r.

Für Vierkant Ausführung in Aluminium
Vordere Form bis $0\,0_1$ Teilungsschnitt

Vorne
Vierkant Version

Vierkant Version, Vorne

Avramidis 81

70x40

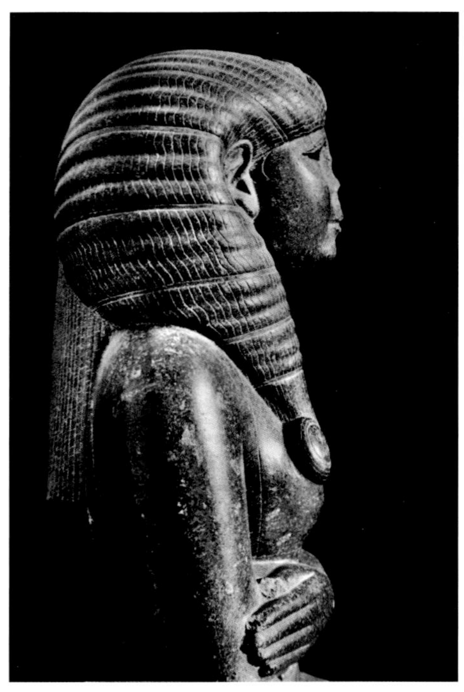

Abb. 87 Nofret, Gemahlin Königs Sesostris II. (1897–1879 v. Chr.). Granit, Höhe 112 cm, Kairo, Museum 382

Rande eines Blattes (Abb. 85) unversehens gleich einem Impromptu das Kuß-Thema auftaucht.

Den Schlüssel zu diesen Metamorphosen bietet der *Bandkopf* von 1986 (Abb. 86, S. 110). Avramidis läßt aus der runden Scheibe zwei seitliche Fortsätze hervorgehen, die ein Stück Hals und eine Neigung nach links implizieren. Eine Linienkurve führt genau in den Mittelpunkt der Scheibe. Ein Geschöpf kommt zum Vorschein, das keinerlei Kreatürlichkeit, sondern die Makellosigkeit eines Idols aufweist. Zugleich aber trägt es das Qualitätsmerkmal des »dritten Geschlechts« in sich, die volle Rundung.

Wenn wir uns wegen der strategischen Praktikabilität dieses Verstecks für Invasoren keine Gedanken machen müssen – in einer Zeichnung (Abb. 82) deutet sich die Gesamthöhe von etwa 10 Metern an –, dürfen wir doch formanalytisch über die mächtig ausladenden Kurven des »Schädels« nachdenken, der mit dem eines Pferdes nichts zu tun hat. Ich sehe von der Innenstruktur zunächst ab und riskiere den Vergleich des Außenkörpers mit dem Kopf einer sitzenden ägyptischen Königin aus der 12. Dynastie im Museum von Kairo (Abb. 87). Die helmartige Haarfülle hat vom Kopf Besitz ergriffen. Sie setzt tief an der Stirn an, lädt nach hinten weit aus und endet in der Höhe der Brüste. Von der Seite gesehen zeigt sich ein kompaktes, gekurvtes Volumen, dessen Verlauf die von Stegen, Wellen und Bändern vorgenommene Binnengliederung der Haare unterstreicht. In dieser eigenwilligen Kurve schwingt insgeheim die des Trojanischen Pferdes mit. Solche aus einem Museum mitgenommenen Eindrücke können die künstlerische Einbildungskraft beflügeln und später, wenn sie sich in der Erinnerung festgesetzt haben, an der »dunklen Totalidee« mitformen.[19]

Ein ägyptisches Vorbild?

19 Am 27. März 1801 schreibt Schiller an Goethe: er fürchte, daß die »Herrn Idealisten« zu wenig Notiz von der »Erfahrung« nähmen – »und in der Erfahrung fängt auch der Dichter nur mit dem Bewußtlosen an, ja er hat sich glücklich zu schätzen, wenn er durch das klarste Bewußtsein seiner Operationen nur so weit kommt, um die erste dunkle Total-Idee seines Werks in der vollendeten Arbeit ungeschwächt wieder zu finden. Ohne eine solche dunkle, aber mächtige Totalidee, die allem Technischen vorhergeht, kann kein poetisches Werk entstehen ...« Brief 808 in: Briefwechsel mit Friedrich Schiller, Gedenkausgabe Bd. 20, Zürich 1950, S. 852

gegenüber:
Abb. 85 Konstruktionszeichnung Bandkopf. 1971, Graphitstift, rote und schwarze Tusche auf Papier, 54 × 38 cm, sign. und dat. u. r.

Proporzionen $\frac{3}{2}$

273 | 3 / 93

93 x 2 = 186

Breite ab = 2 + Zwischenraum

also $\frac{3 \times 93}{2 \times 93 + \text{Zwischenraum}}$

27 mm

3 x 93 = 279

Avramidis 71

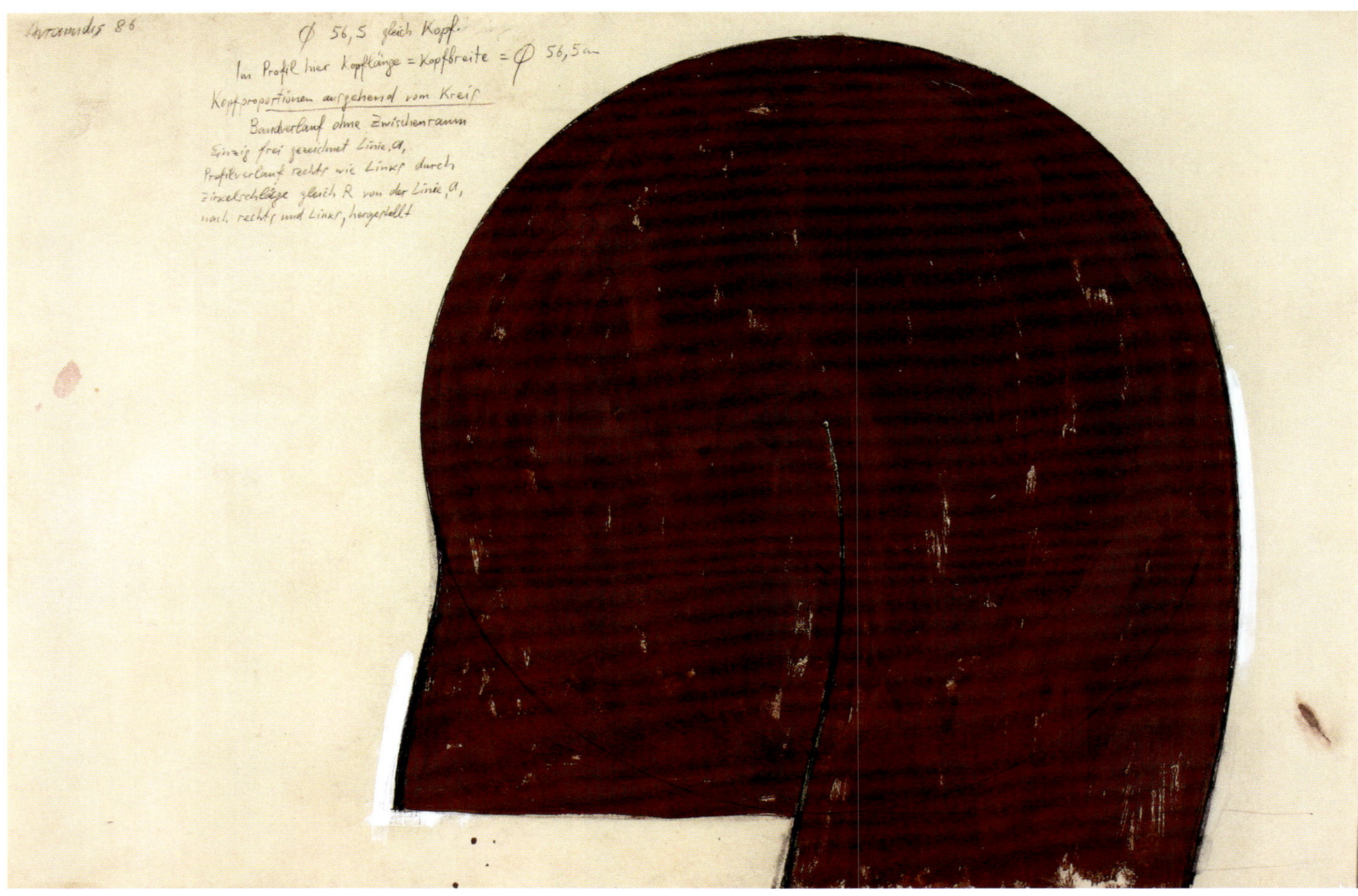

Aber vielleicht ist der bessere Zugang zum *Pferd* der Weg über dessen Innenstruktur. Die Metallstege folgen der organischen Krümmung des Kopfes (Abb. 81). Sie sind weder beliebig noch schematisch angebracht, sondern geben Auskunft über die geheime Gesetzmäßigkeit, die Avramidis in seinem Gebilde unterbringen möchte. Ihr Ursprung – das erfahren wir aus Konstruktionszeichnungen (Abb. 84, 85 und 88) – liegt in einem imaginären Punkt, den Avramidis genau in die Mitte der Schleife versetzt hat, die eine zentrale Öffnung im Formkörper bildet. Aus dieser gestaltlosen Zwischenzone strahlen in der Zeichnung etwa sechzig mit dem Lineal gezogene Linien in ein Kreisrund aus. Dieses stellt das unsichtbare »Gesetz« des *Trojanischen Pferdes* dar, das dessen Körper ebenso umgibt wie der Kreis und das Quadrat den Prototyp von Leonardo. Die listige Kopfgeburt der zur Eroberung entschlossenen Krieger erfährt solcherart eine gedanklich-spirituelle Erhöhung und wird zum Exemplum.

Die Kreis-Idee weckt die Erinnerung an Leonardos »Ikone«, die den menschlichen Körper gleichermaßen als Mitte und Peripherie, Systole und Diastole auf-

Abb. 86 Bandkopf.
1986, Kohle, Kunstharzfarbe auf Karton, 66,5 × 100 cm, sign. und dat. o. l.

gegenüber:
Abb. 88 Trojanisches Pferd (Konstruktionszeichnung).
1970, Feder auf Papier, 52,5 × 75 cm, Athen, Nationalgalerie

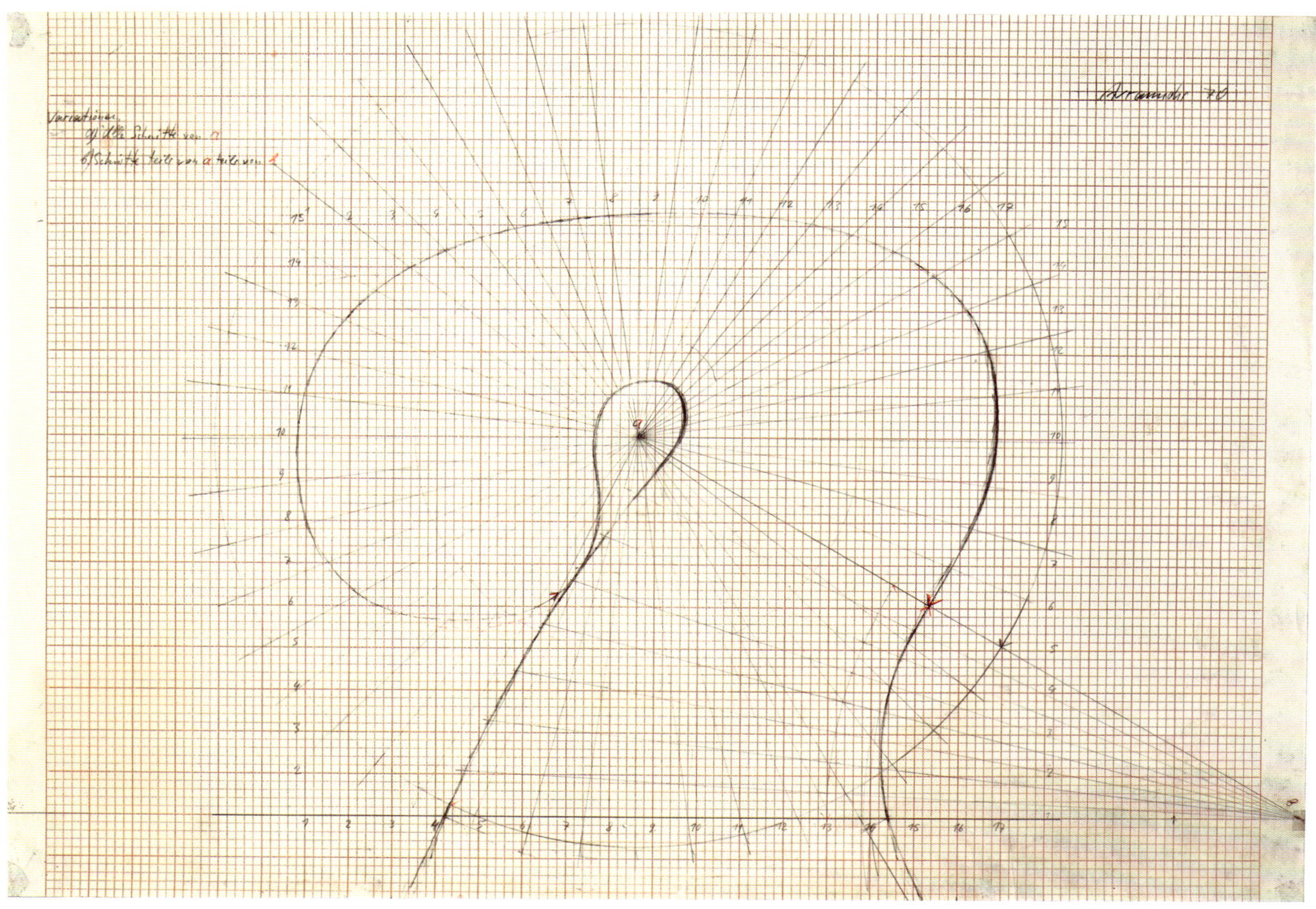

Spirale als Zeichen

faßt. Dieses In-sich-Ruhen ist allerdings für Avramidis kein Thema, er möchte (wie Klee einmal sagte), »über das Pathos hinaus die Bewegung ordnen«.[20] Da kommt er, in neuer Gestalt, einem Doppelakkord auf die Spur, der gleichermaßen Vereinigung und Trennung in sich trägt: Er entdeckt die Spirale als Zeichen, in dem Öffnung und Schließung in ein und demselben Vollzug stattfinden. Dabei erweist sich das *Trojanische Pferd* als verkürzte Spirale. Es gibt einen Entwurf, in dem die Spirale noch als kreisrunde Scheibe auftritt (Abb. 86). Zunächst legt Avramidis die geometrischen Rahmenbedingungen deduktiv fest, wobei das »Quadrat im Kreis« – Leonardos Zwitter! – einen spiraloiden Körper umfängt (Abb. 89), dessen schwellende Rundungen sich zu Muskelmetaphern verdichten. In diesem Gebilde gibt die massige Fülle den Ton an: sie spricht lauter als die eingezwängten Intervalle. Diesen Eindruck korrigiert jedoch ein anderer Einfall, der die Spirale auf zwei komplementäre Chiffren verteilt (Abb.

20 Paul Klee: Tagebücher, hrsg. von Felix Klee, Köln 1957, Nr. 941 (1914)

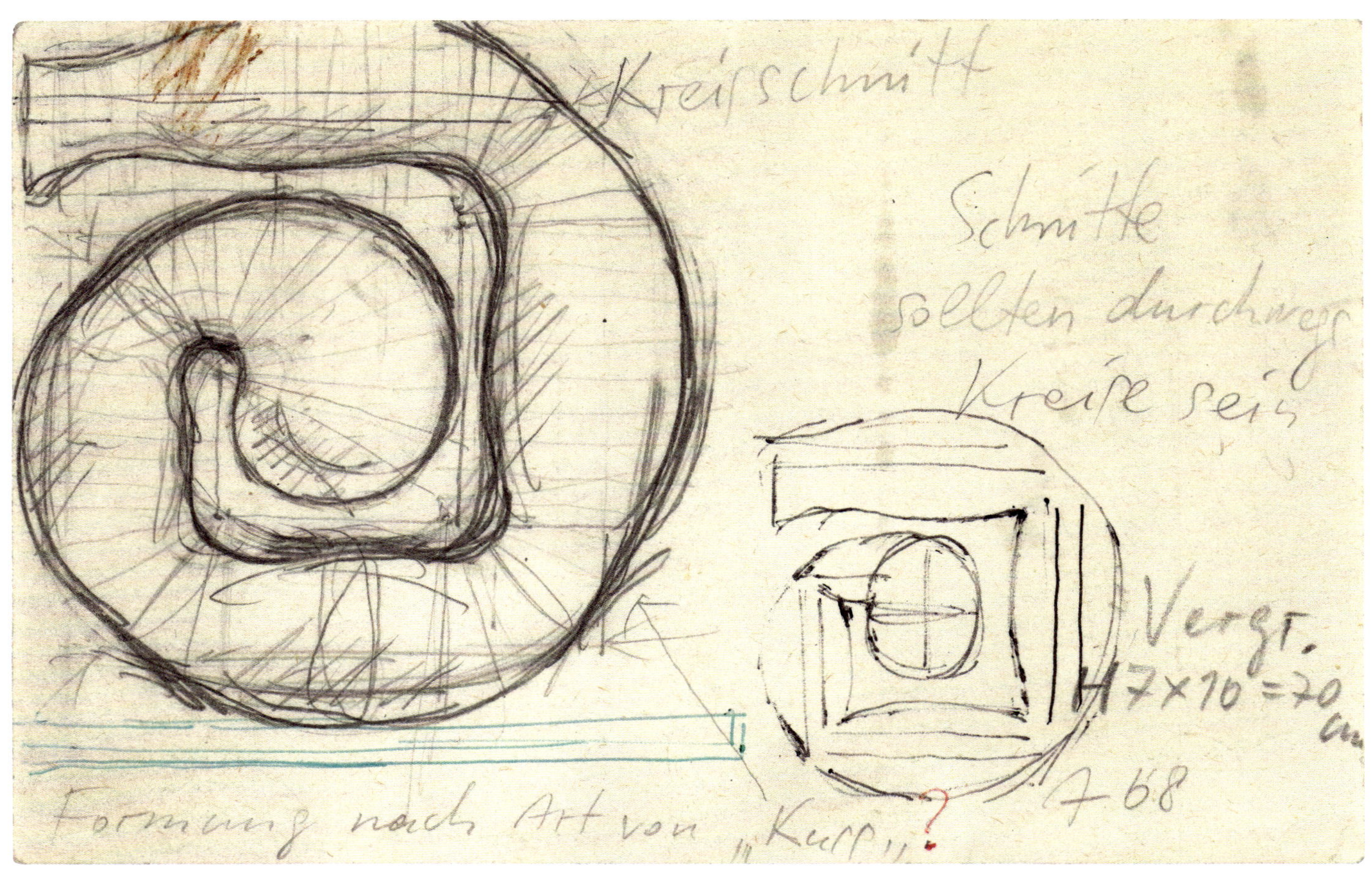

Abb. 89 »nach Art von ›Kuss‹«. Technik und Maß unbekannt, verschollen

gegenüber:
Abb. 90 Konstruktionszeichnung. 1968, Graphitstift, Kugelschreiber und Filzstift auf Papier, 36,5 × 19,8 cm

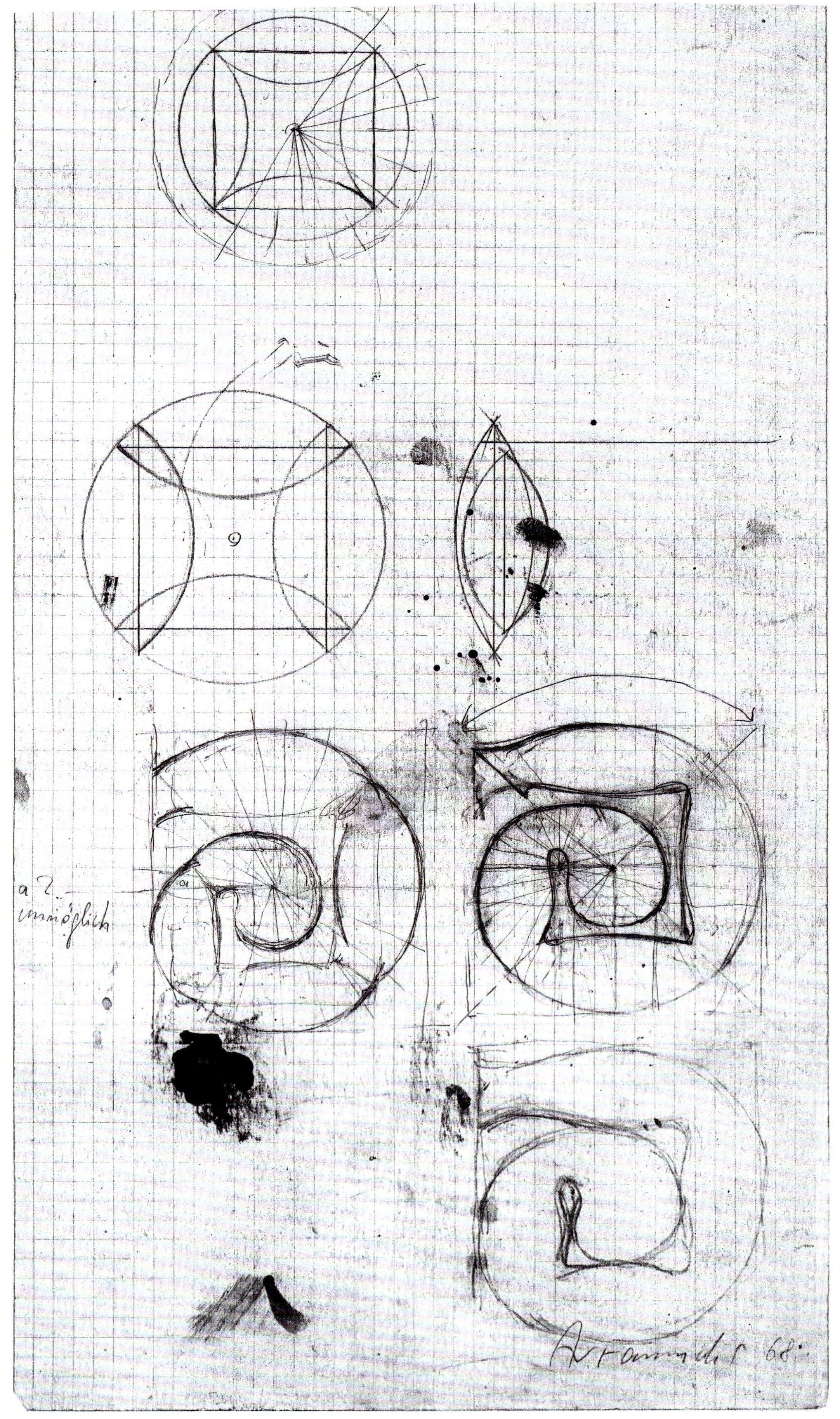
a ?
unmöglich
68

93): auf die von Schraffuren hervorgehobene Kreisbewegung und das dazwischensitzende, beinahe »polygonale« Intervall. Beide Komponenten umklammern sich gegenseitig, beide enden (bzw. beginnen) in einem imaginären Mittelpunkt, von dem Avramidis etwa drei Dutzend Linien ausstrahlen läßt.
Dieser Prozeß verschränkt zeugende und gebärende Impulse – jene führen in die Mitte hinein, diese aus ihr heraus. In der Kernzone umarmen sich die beiden Energien. In dieser Verschränkung der Gegensätze hat Avramidis das chinesische Yin-und-Yang-Symbol (Abb. 91) für sich neu erfunden, Trennung und Vereinigung zur Koinzidenz gebracht. Dieses »Symbol des chinesischen Universismus« beruht auf zwei sachlichen Wortbedeutungen: yin = schattig, yang = sonnig. Auf die Geschlechterrollen übertragen, werden daraus zwei Bedeutungskomplexe: das Weibliche, Dunkle, Irdische sowie das Männliche, das hell, warm und beherrschend vorgestellt wird. Daß beide ineinandergreifen, veranschaulicht der weiße Punkt im dunklen Yin und der dunkle im hellen Yang.[21]
Auch bei Avramidis koexistieren die Sinnzonen der Nähe und der Ferne, ist das »kosmische« Zeichen obendrein von kreatürlicher Nähe und Vitalität erfüllt. Die mythische Selbstumarmung findet gleichsam im Weltall und zugleich in einer körperlichen Raumzelle statt. Alles scheint zu schweben und zu rotieren. Avramidis erfindet das Finale der Umarmungsmetaphern, die in der Symbolkunst um 1900 dem kosmischen Eros huldigten (Abb. 92). Er erfindet ein Sigel, dessen Zeitlosigkeit in die Gedanken- und Sprachwelt des Heraklit zurückreicht: »Ganzes und Nichtganzes; Zusammengehendes und Auseinandergehendes, Einklang und Mißklang und aus Allem Eins und aus Einem Alles.« Was die Wandelbarkeit angeht, ist dieser Formgedanke dem Goethes verwandt, der in kühnem Ausgriff seine »Urpflanze« als Modell für zahllose Erfindungen ansah, die »eine innerliche Wahrheit und Notwendigkeit haben«.
Indes: die dunkel raunende, gestaltmächtige Zone seiner »Urworte. Orphisch« – »Geprägte Form, die lebend sich entwickelt« – »Ein Wandelndes, das mit und um uns wandelt« (Goethe, Fünf Stanzen) – hat auch nüchtern prosaische Entsprechungen in den graphischen Krücken, wie sie von Zeichenlehrbüchern seit Jahrhunderten angeboten werden. Nicht anders als die großen Meister – etwa Dürer in seinem Dresdener Skizzenbuch – beginnen die Schulmeister mit einfachen Formeln. In seinem Lehrbuch »Line and Form« (1900) reduzierte Walter Crane die Faktenwelt auf zwei Modi, die ovale und die rechtwinklige Methode. Schon Villard de Honnecourt machte künstliche Formeln wie Kreis, Dreieck und Pentagramm zu Kürzeln für verschiedene Körper. Auch Avramidis denkt in Kombinationen und Kohabitationen. Ein Blatt mit Kopfstudien (Abb. 56) enthält einen Schädelwürfel, in dem ein Schädeloval sitzt. Auch seine Gestaltungsabsichten gehen mit den Sprachmitteln willkürlich um. Im Extremfall der ver-

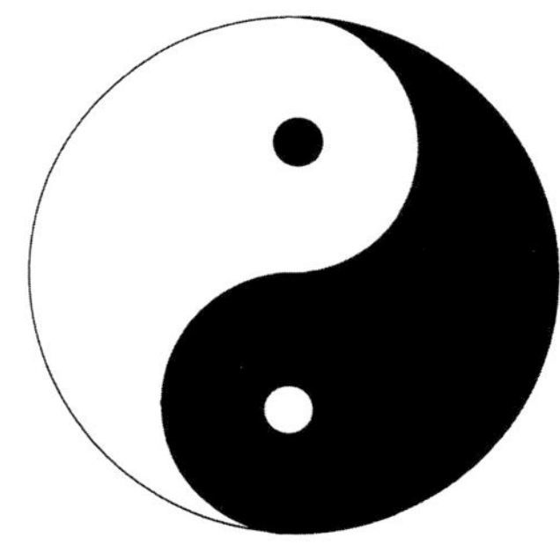

Abb. 91 Yin-Yang Symbol

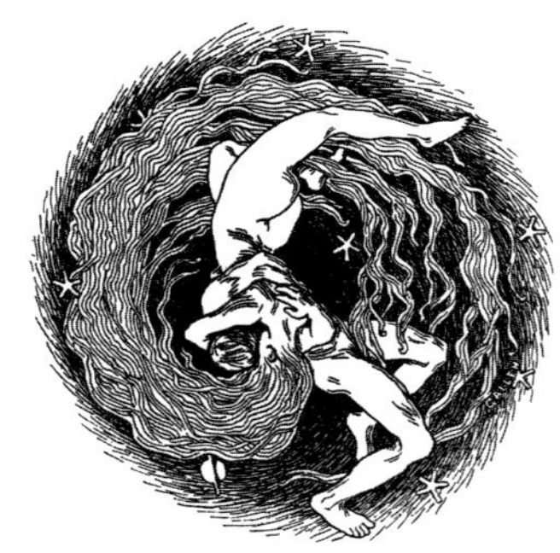

Abb. 92 Axel Gallen, Vignette aus »Pan«, 1895

21 Ferdinand Kriwet: Com.Mix. Die Welt der Bilder- und Zeichensprache, Köln 1972, S. 95

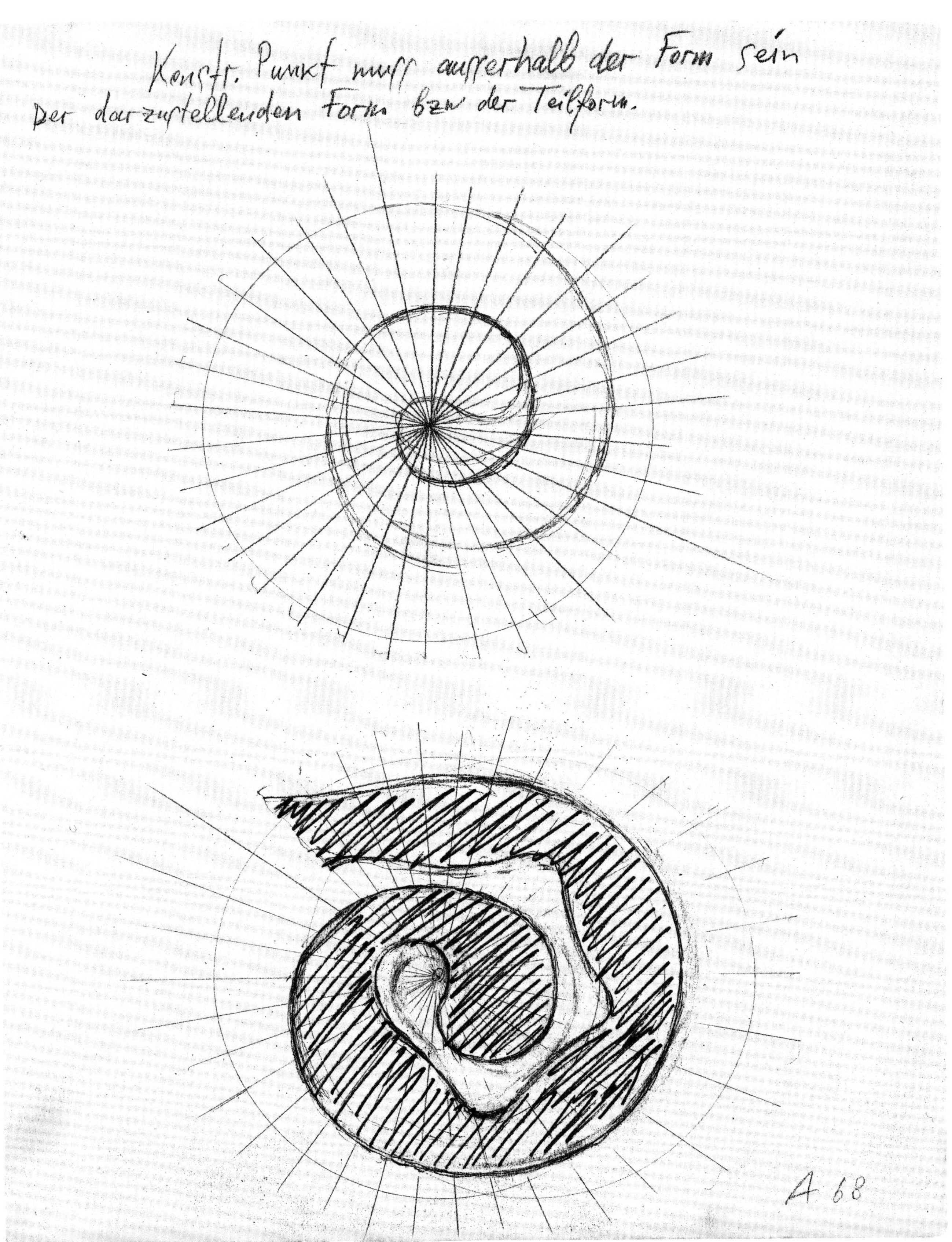

Abb. 93 Konstruktionszeichnung.
1968, Bleistift auf Papier, 34 × 25,6 cm

knäuelten *Weiblichen Figur* von 1953 (Abb. 31 und 32) sind Körper und Gliedmaßen ausschließlich aus Wülsten gebildet. Daraus destillierte Avramidis in jahrelanger Verfeinerung sein straff gleitendes Kurvenrepertoire. Unmittelbar nach der Figur von 1953 hatte er im *Torso* (1954, Abb. 16) den Einfall, ein ganz anderes Vokabular zu versuchen: Er widersetzte sich den Gesetzen der Statik und heftete dem stehenden Bein ein zweites, schwebendes an. Vielleicht war das als Herausforderung an den Lehrer Wotruba gedacht.

So stützt sich Avramidis seit seinen Anfängen bald auf das fließende Band, das Geflecht werden kann, bald auf linealgerade Umrisse, deren Varianten in der zweiten und dritten Dimension (des Würfels) zu Hause sind. Und so spürt er auf beiden Wegen Lösungen für die Idee auf, vier Formelemente zur Implosion zu bringen, einmal kurvig (*Vierformenkopf*, 1964, Abb. 12), das andere Mal kubisch (*Orthogonale Vierkopf-Gruppe*, 1969, Abb. 52). Nochmals gesagt: Die Finalität beider Gebilde trägt allerdings den möglichen Widerruf in sich und erlaubt es, die Gebilde als mögliche Palindrome aufzufassen.

In den vegetabilen Verschlingungen und Verschleifungen kommen Formerfahrungen zum Tragen, die außerhalb der künstlerischen Praxis des Kombinierens und Variierens liegen, aber dennoch an deren spielerischem Duktus partizipieren. Ich denke an die Seemannsknoten, die auf ihre Art das künstlerische Prinzip von Trennung und Vereinigung ebenfalls durchspielen – künstlerisch nenne ich es, weil in den Naturprozessen in der Regel solche Revokationen nicht vorgesehen sind. Ihre Baupläne verfahren nicht nach dem Dreitakt des Künstlers, für den Louise Bourgeois die Formel gefunden hat: I do – I undo – I redo. In den Papieren von Avramidis fand ich eine Einführung in die Herstellung von Seemannsknoten. Einer der Knoten geht aus drei Phasen hervor. In der ersten werden die beiden Seile übereinander geschlagen, in der zweiten gekreuzt, in der dritten entsteht eine wechselseitige Umschlingung, aus der dann jedes der beiden Seile wieder in die Richtung zurückläuft, aus der es kam (Abb. 94). Diese Handgriffe ergeben noch keine eigenmächtige »Kunstfigur«, aber sie zeigen die Verknotung als spielerische Kernsituation des künstlerischen Prozesses auf.

Seemannsknoten

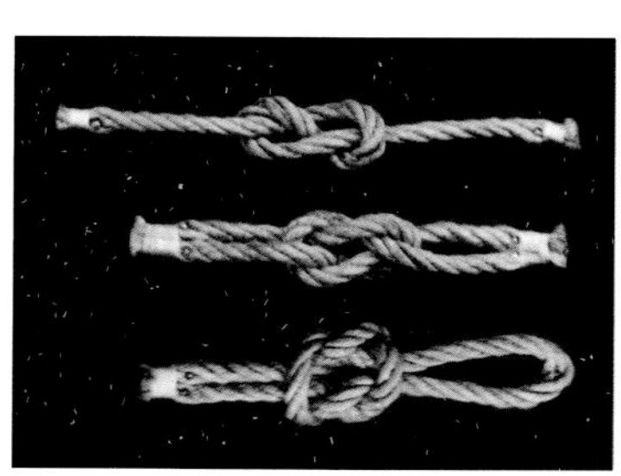

Abb. 94 Seemannsknoten

Die straffe Tektonik des rechten Winkels läßt solche fließenden Verflechtungen nicht zu. Seine Bestandteile sind glattwandige Konstrukte, in denen die Äquivalenz von Figur und Raum (= Intervall) erprobt wird (Abb. 95). Beim »Geflecht« waren die räumlichen Intervalle manchmal zweitrangig, d.h. von geringerer formaler Stringenz als die positive Figur. Die rechtwinklige Kante des »Würfels« setzt hingegen das ausgeschiedene Intervall dem tatsächlichen Formgebilde ebenbürtig entgegen. Schließlich kann Raum als Nicht-Form sogar übermäch-

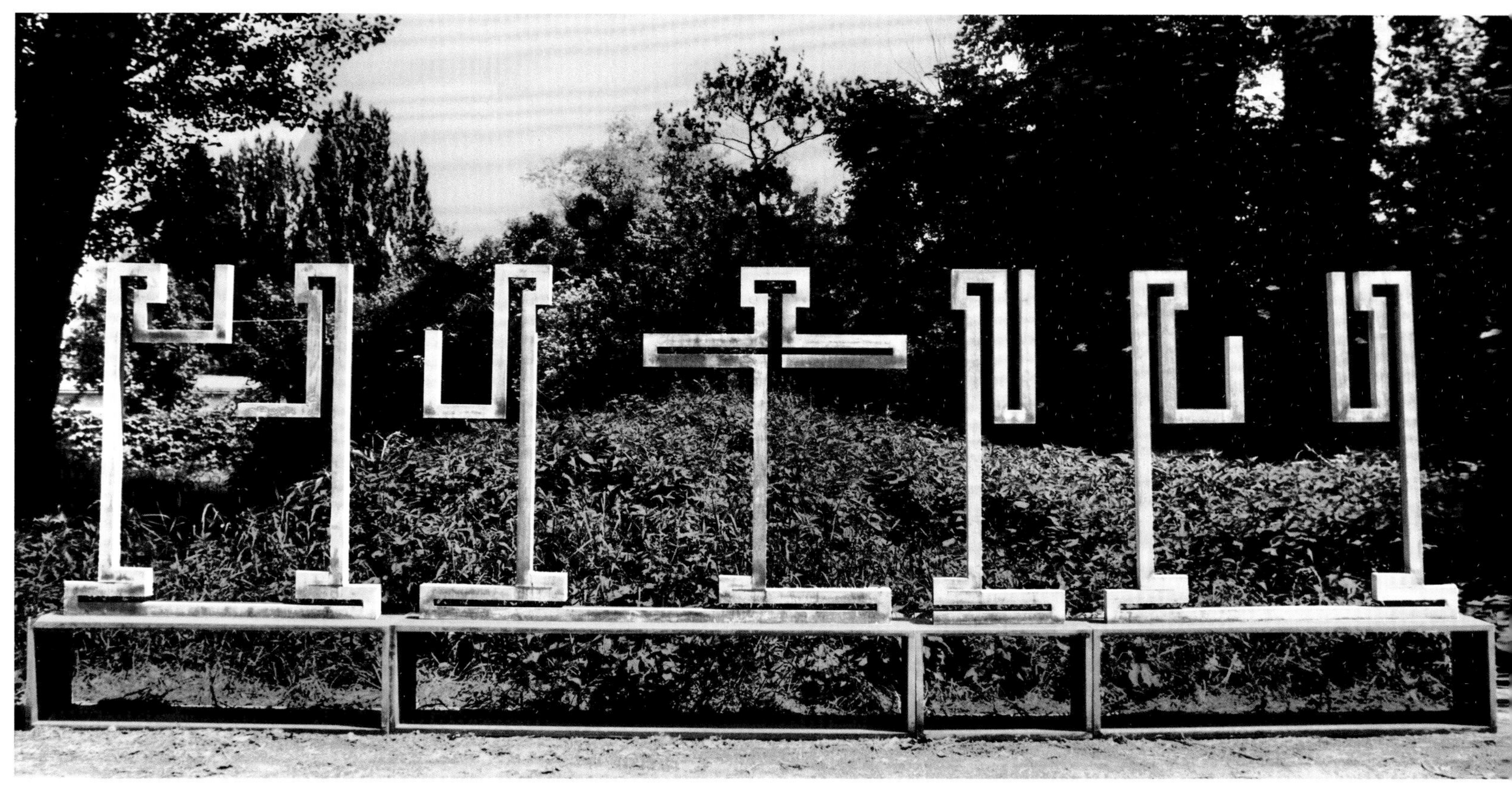

Abb. 95 Bandfigurenfries. 1967/1973, Aluminium, 172,5 × 522 cm

tig werden, so daß seine Dreidimensionalität die geometrischen Zeichen auf helle Silhouetten reduziert, die zweidimensional wirken. Damit entfernt sich Avramidis am weitesten von der raum-körperlichen Präsenz des plastischen Gebildes, die ja in der Regel den Raum nicht schroff abweist, sondern als Partner an sich herankommen läßt. Einem solchen Dialog geht jedoch Avramidis in den Bandfigurenfriesen (Abb. 95 und 96) und in den orthogonalen Bandfiguren (Abb. 97 und 98) aus dem Weg. Die aus Mäander-Zitaten zusammengesetzten Figuren verharren im Monolog, sie halten sich vor der Raumfolie auf. Ihre starre Endgültigkeit billigt auch dem Betrachter keine Partnerschaft zu; so geraten sie in die Nachfolge von Leonardos Prototyp (Abb. 2). Als Wegweiser, »Priester« oder gebieterische Oranten sind sie überlegene Leitfiguren, deren präzises Regelmaß schneidende Autorität ausstrahlt. Hier wenn irgendwo begibt sich Avramidis in die auferlegten Zwänge eines Generalbasses, der den Formerfinder der Fremdbeherrschung ausliefert. Doch gerade diese monologisierenden Extrempositionen weisen zurück auf das, was ihnen abgeht, das Klima des Dialoges, das dieser Künstler sein Leben lang durchdacht und mit dem Atem seiner Formen erfüllt hat – Dialog innerhalb der Anatomien seiner Schöpfungen, Dialog im Umgang mit dem mündigen Betrachter.

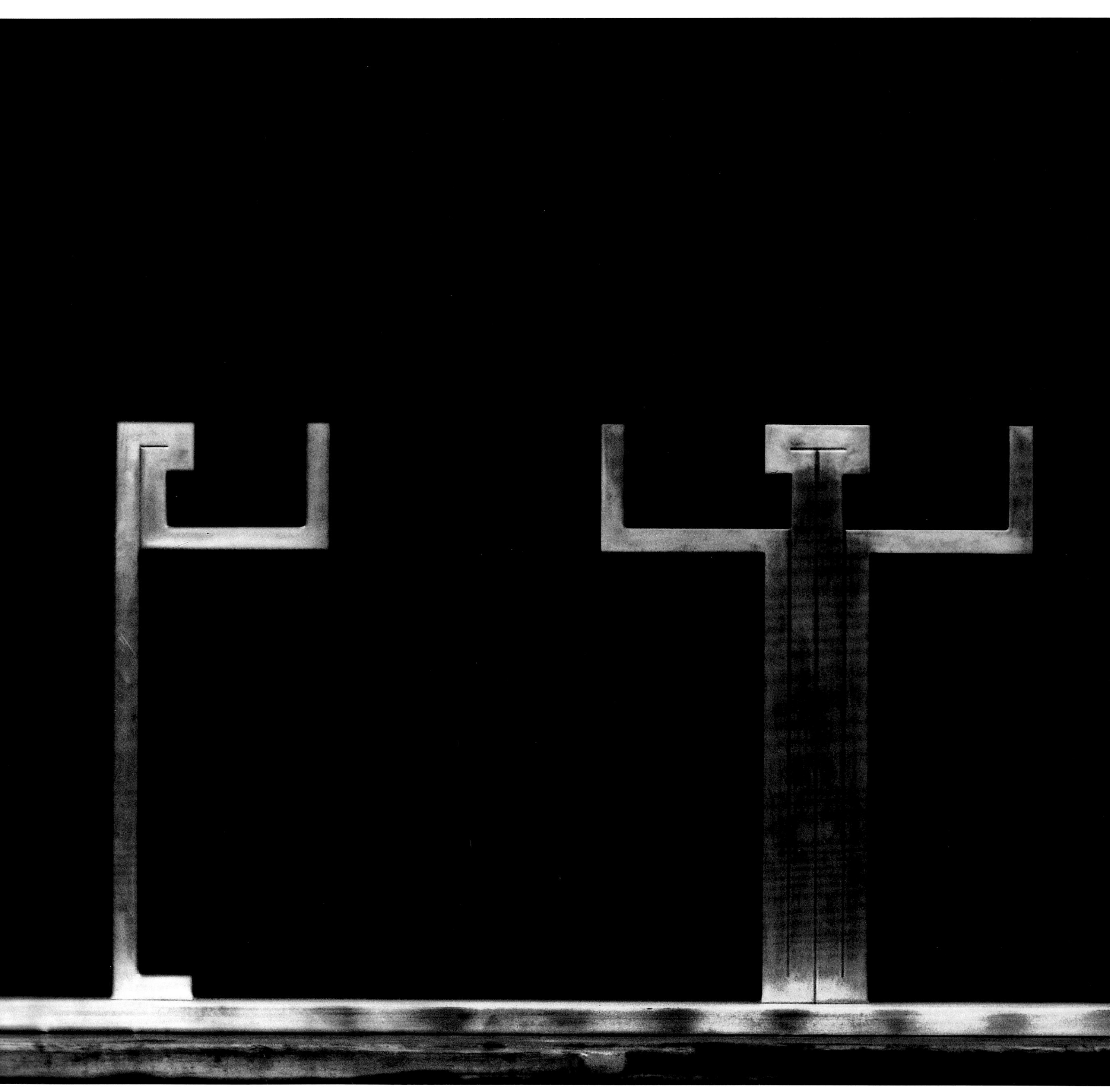

Abb. 96 Bandfigurenfries
(Kleine Fassung). 1974,
Aluminium, 46 × 172 cm

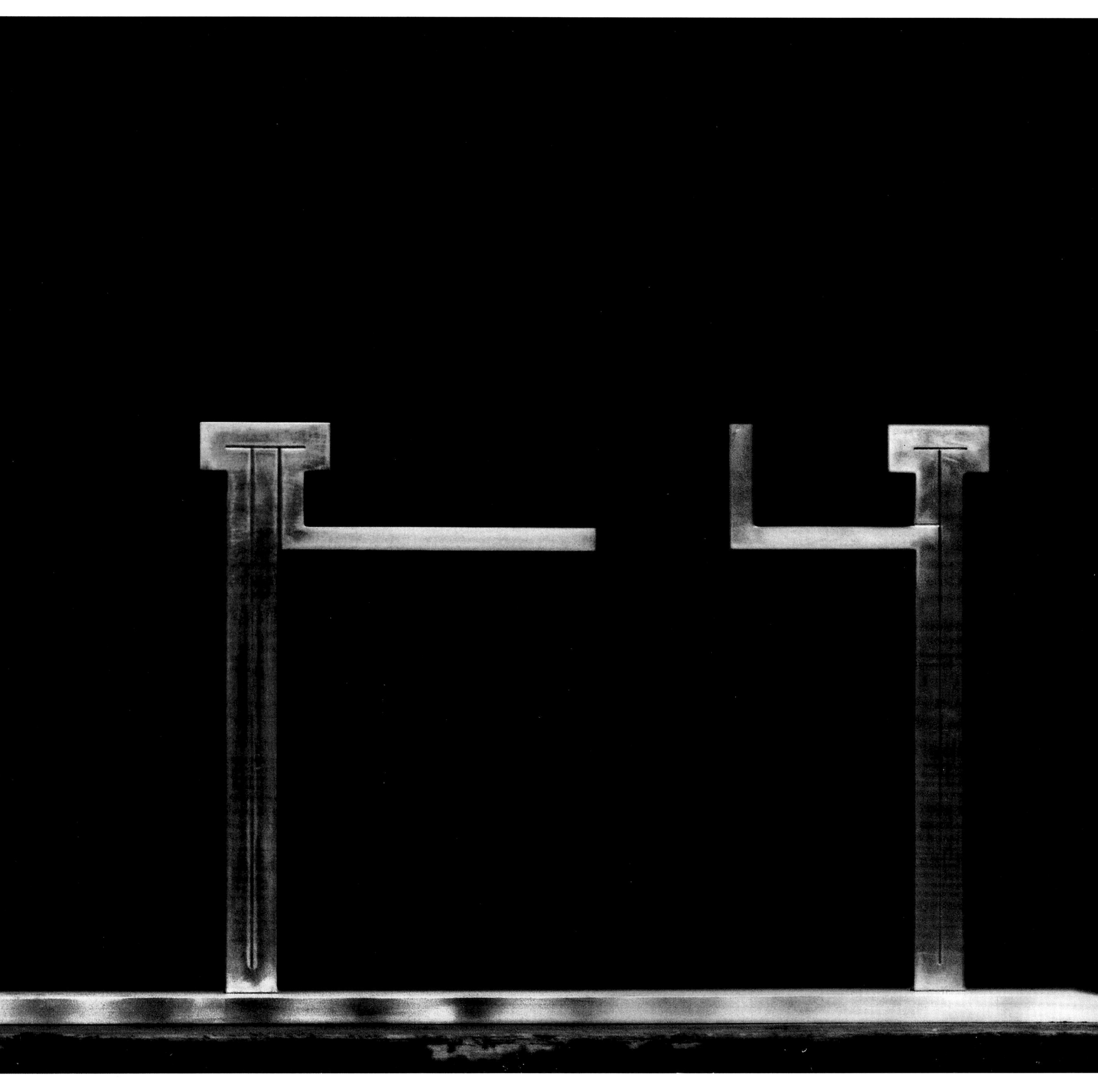

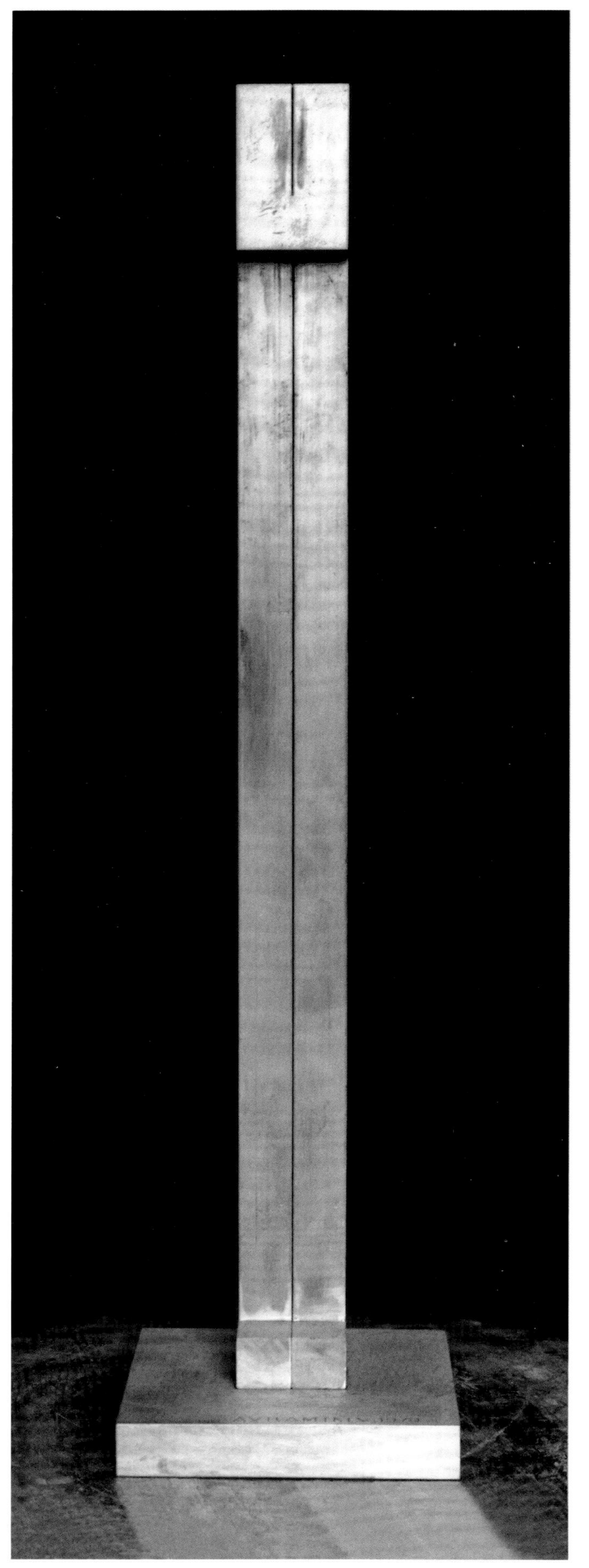
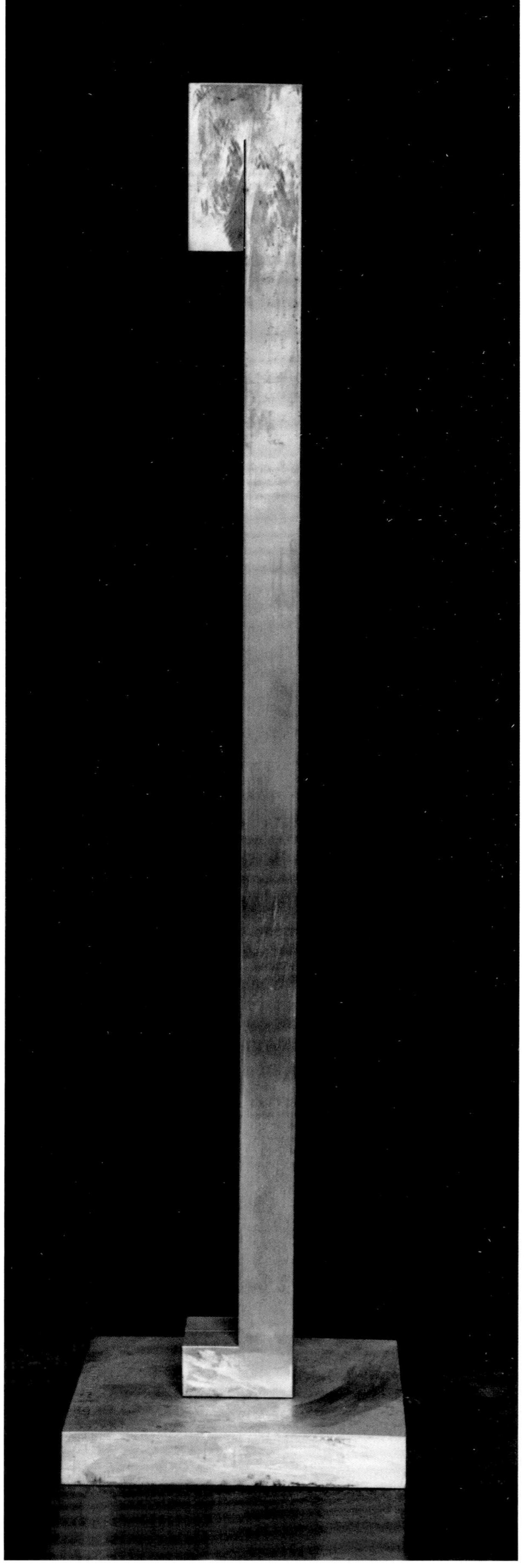

»How shall we find the concord of this discord?«
Shakespeare, *A Midsummer Night's Dream*, V, 1, 62

Die Papiere, die den geistigen Radius von Avramidis anzeigen, enthalten Ideen und Entwürfe, die sich jenseits unseres musealisierten, institutionalisierten Umgangs mit Kunst bewegen. Sie belegen die potentielle Beweglichkeit expandierender Formprozesse auf der Grundlage von Vereinigung und Trennung.

Huldigung an die Gotik

Der *Entwurf einer Kirche* stellt eine Art Huldigung an die Gotik dar: Ein Spitzbogenportal, konstruiert aus »Figuren-Bogen-Pfeilern«, menschlichen Partnern also, die sich einander zuneigen. (Im Spitzbogen entdecken wir eine halbierte Spindel.) Dieser Reigen kann in der Konstruktion für ein Rundtor zum Halbkreis abflachen, zusammengesetzt aus Gestalten, deren jede ein Stück des gekrümmten Ganzen in sich trägt. Auf demselben Blatt findet sich ein rechteckiges Gebäude nur als Glas, in dem Avramidis seine Würfelmetapher in eine Nutzarchitektur umsetzt.

Die gebündelten Köpfe seiner *Vollsymmetrischen Figuren* (z.B. Abb. 34) ließen die Idee eines riesigen Gebildes aus mehreren Köpfen entstehen – einen alles sehenden Wächter wie den hundertäugigen Argos, der Io bewachte. Dieser Komplex sollte die Mitte eines Platzes einnehmen, bei dessen linearer Unterteilung Avramidis an den Kapitolplatz in Rom dachte, den Michelangelo als Zentrum der Welt konzipierte (Abb. 99).

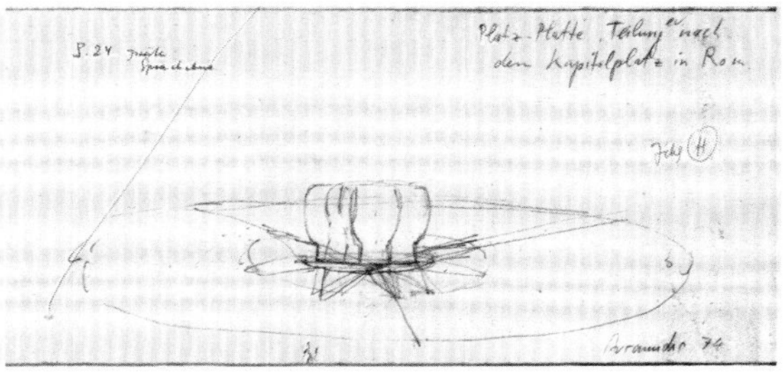

Abb. 99 Kapitol. 1974, Bleistift auf Papier, 29,2 × 13,9 cm, sign. u. dat. u. r.

Avramidis richtet seinen Blick, von der Musealisierung unbefriedigt, auf Landnahmen außerhalb der Koordinaten, die unsere Zivilisation für den Umgang mit Kunstwerken vorsieht.

Eine Akropolis

Da entstand 1979 das Projekt für einen *Skulpturen bzw. Plastiken Hügel* (Abb. 100). »Für jede Figur eigenes Umgebungs-Relief. Etwa ein Hügel mit vielen Einschnitten angepasst zu einzelnen Figuren bzw. Figurengruppen. Könnte ein Naturhügel [sein]: Also ein Stein-Hügel aus dem Einzel-Figuren mit Umraum bzw. Figurengruppen mit Umraum herausgeschlagen werden. Das wäre eine präzise Möglichkeit eines Bildhauersymposions, mit Gegebenem (bestimmter, ausgesuchter Steinhügel) zusammengehöriges zu schaffen – eine Ἀκρόπολις. Auch ein Beton-Hügel wäre möglich. Senken formen, und Skulpturen aussparen.« Dazu eine Variante ebenfalls aus dem Jahr 1979 (Abb. 101): »Ein zunächst exakter Hügel mit Figuren darauf. Eine aufgeschüttete Kohlenhalde,

gegenüber:
Abb. 97, 98 Orthogonale Bandfigur. 1970, Aluminium, Höhe 200 cm

ev. Kokshalde (Ruhr) zum Beispiel. Mittlerer Bronzeton der Figuren auf dem Grauschwarz. (könnte das Ganze fixiert werden?) Oder nur im Film festgehalten. Wenn so ein Hügel existiert dann Figuren rundherum 100 Stück? mehr? Jedenfalls alle meine lebensgr. und auch überlebensgroßen Figuren wäre das eine Ausstellung!«

Wieder begegnen wir dem Leitgedanken von Vereinigung und Trennung. Keine Synthese, sondern ein widersprüchliches, gegensätzliches Nebeneinander von Einzelfiguren und Gruppen – ein Ort der geistigen Selbstbestimmung des Künstlers, seiner Werke und ihrer Betrachter.

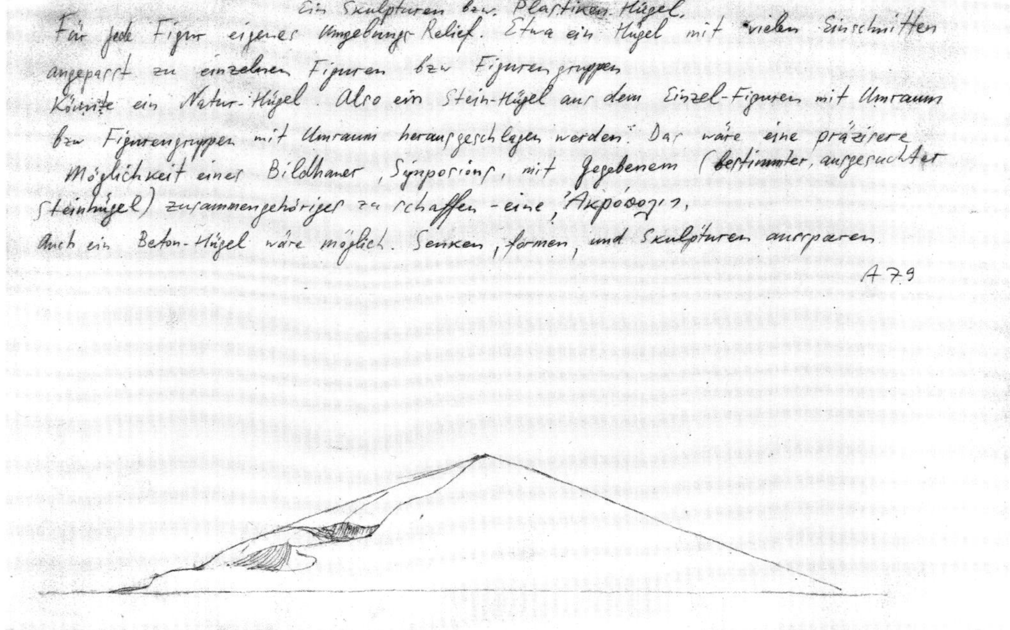

Abb. 100 Ein Skulpturen bzw. Plastiken Hügel. 1979, Bleistift auf Papier, 21,9 × 33,1 cm, dat. Mitte rechte Seite

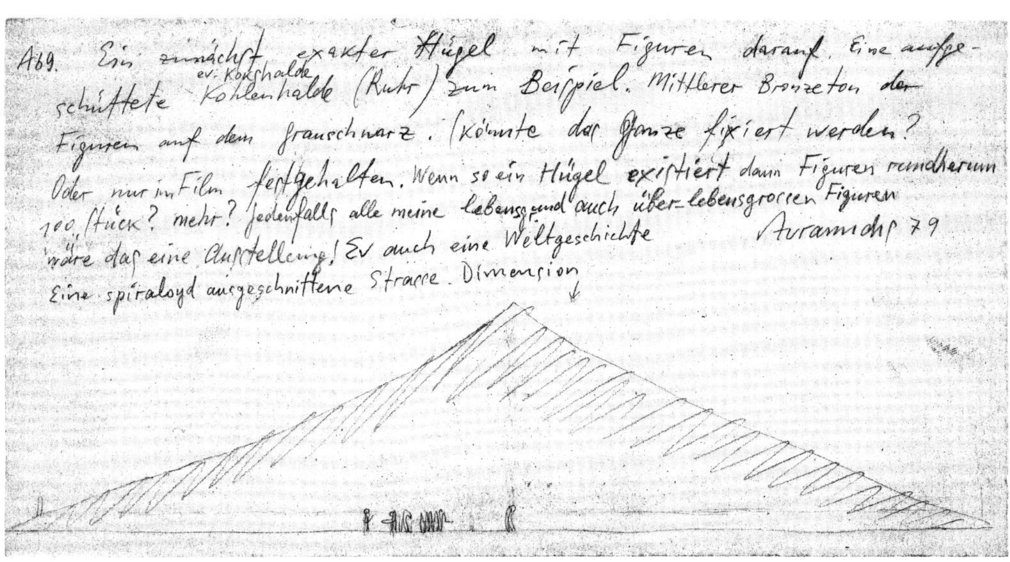

Abb. 101 Ein zunächst exakter Hügel. 1979, Bleistift auf Papier, 14,8 × 25,1 cm, sign. u. dat. Mitte rechte Seite

Farb-Abbildungen V–X
Avramidis in der Betrachtung

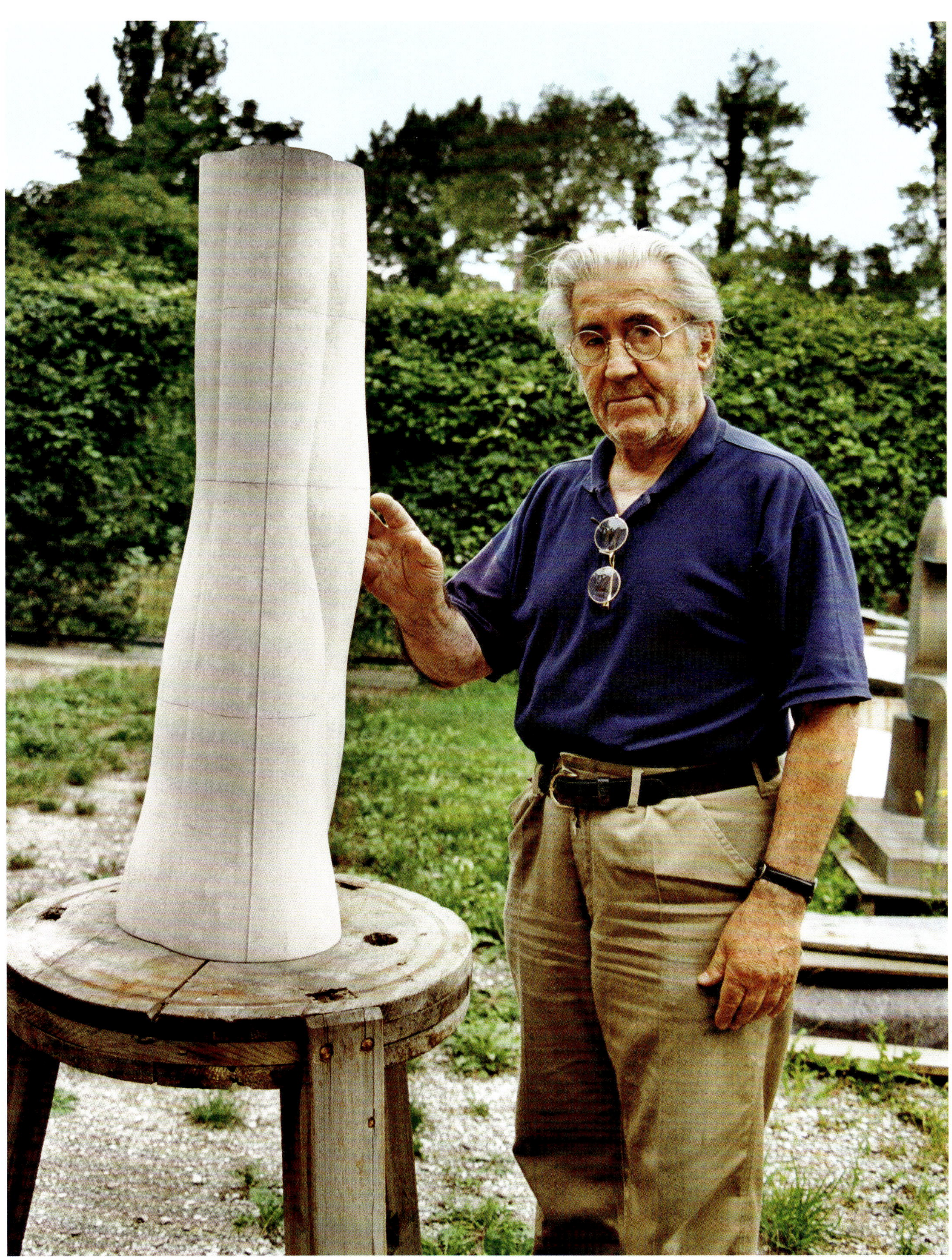

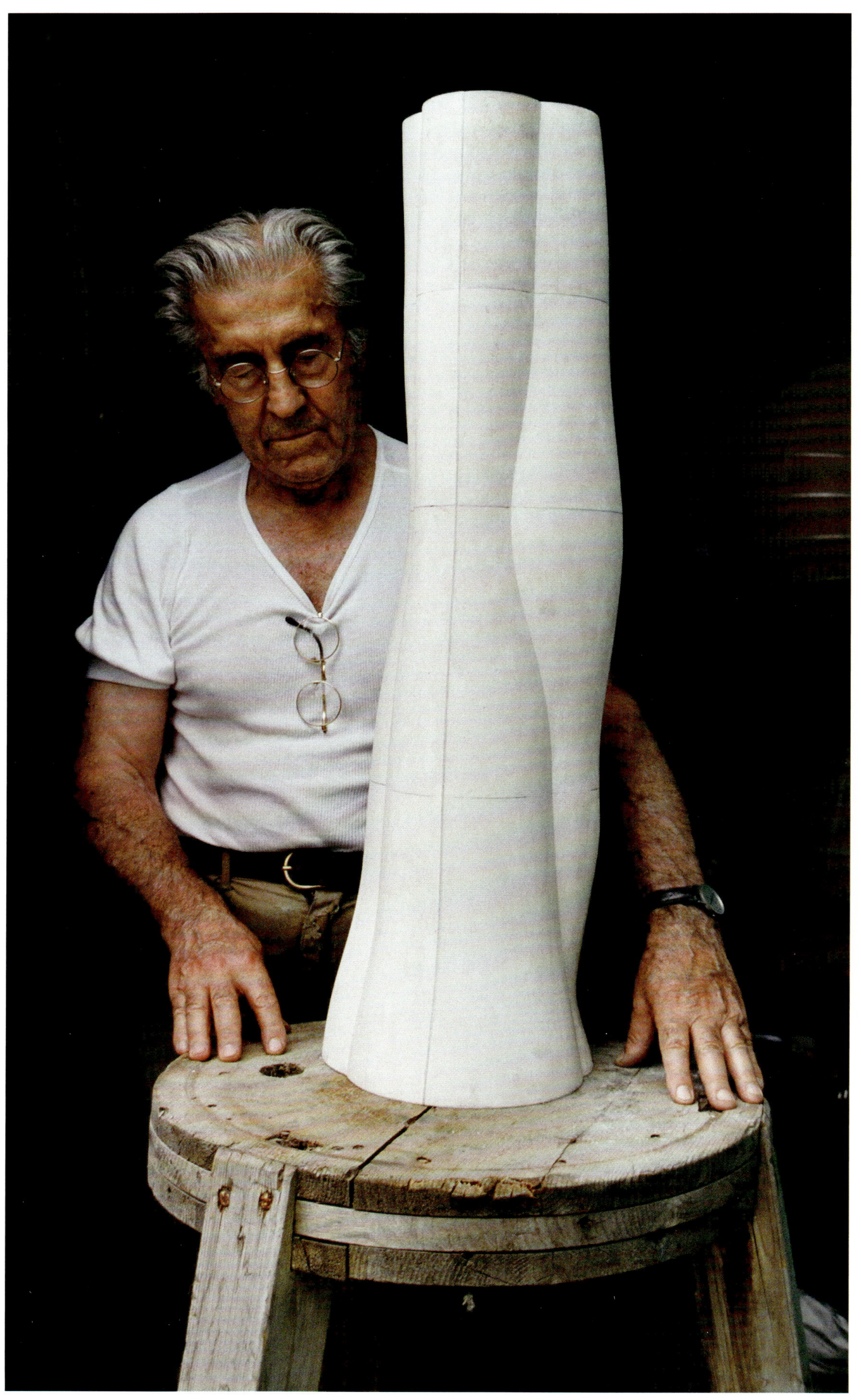

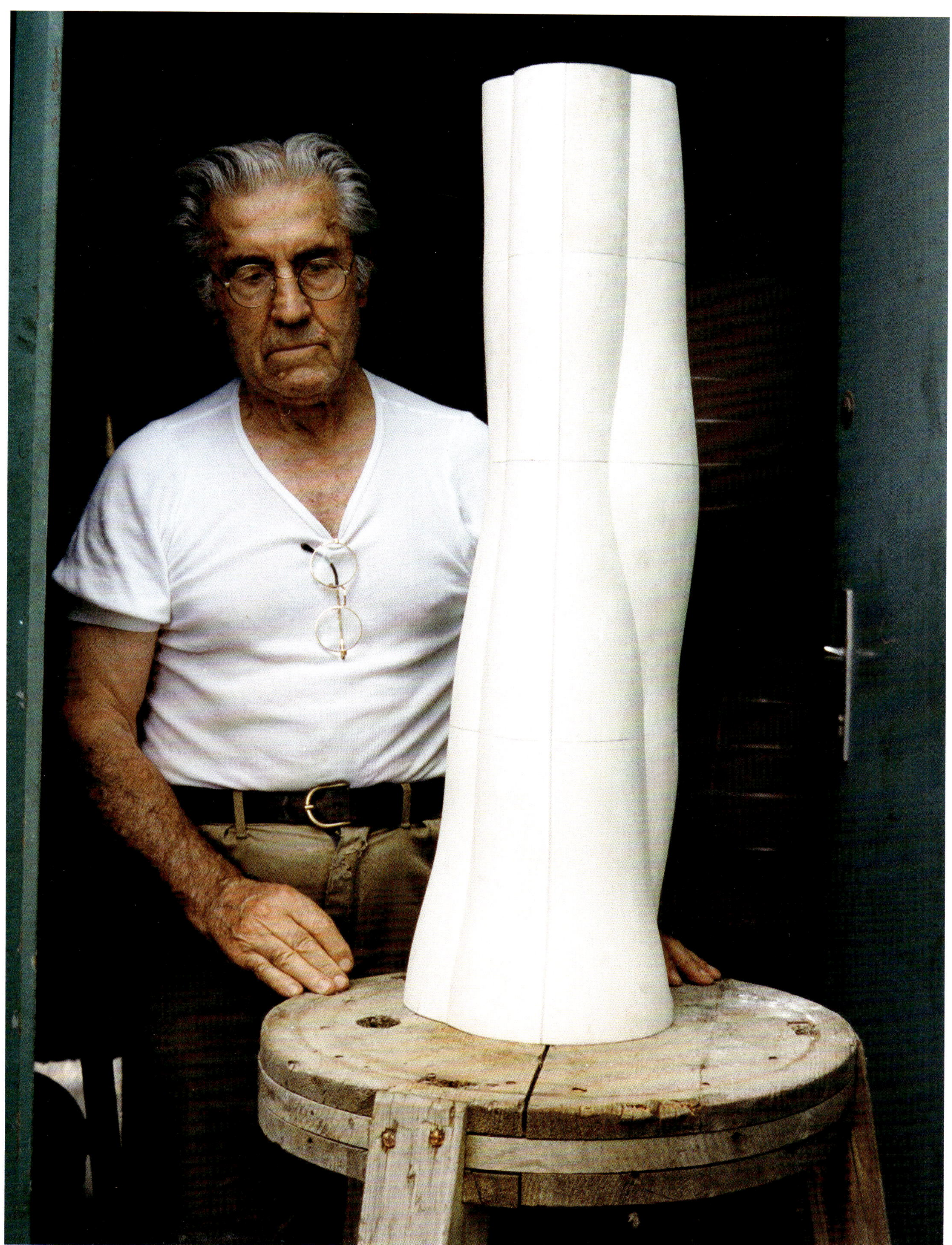

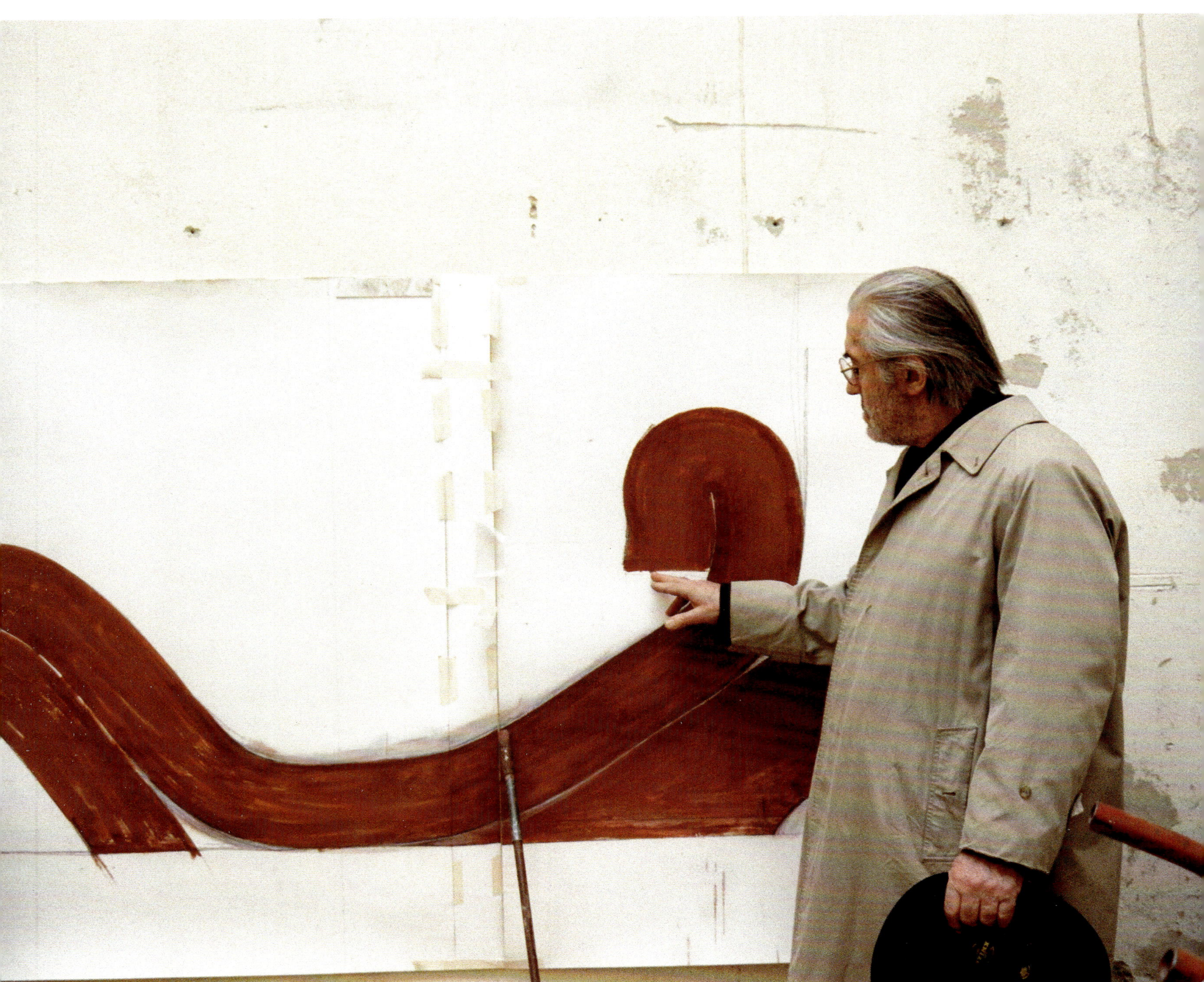

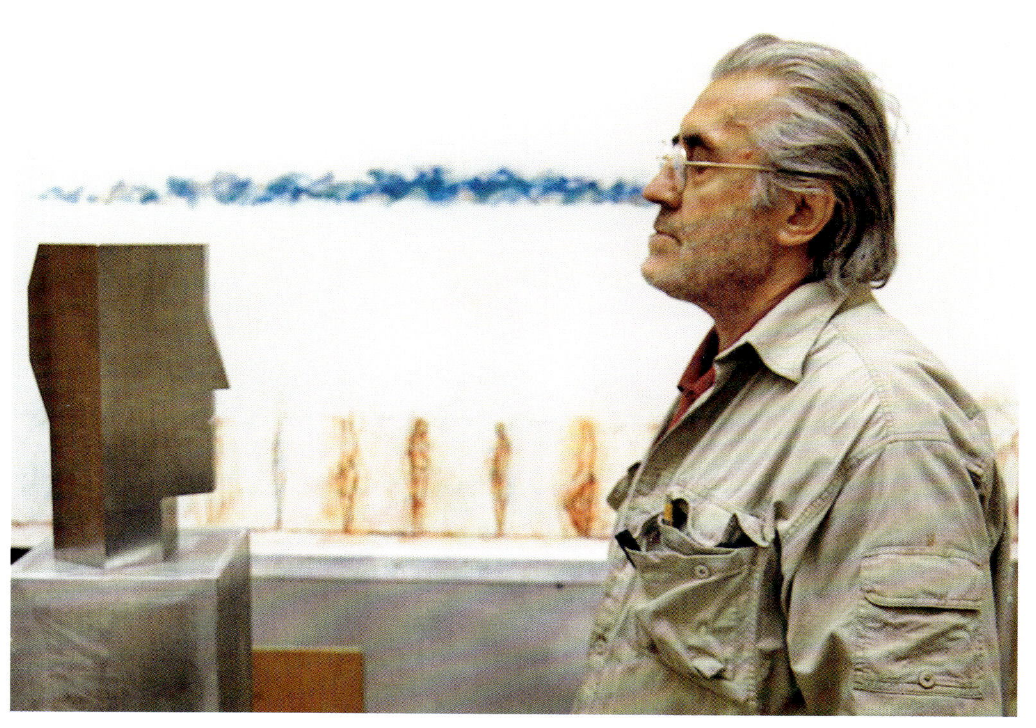

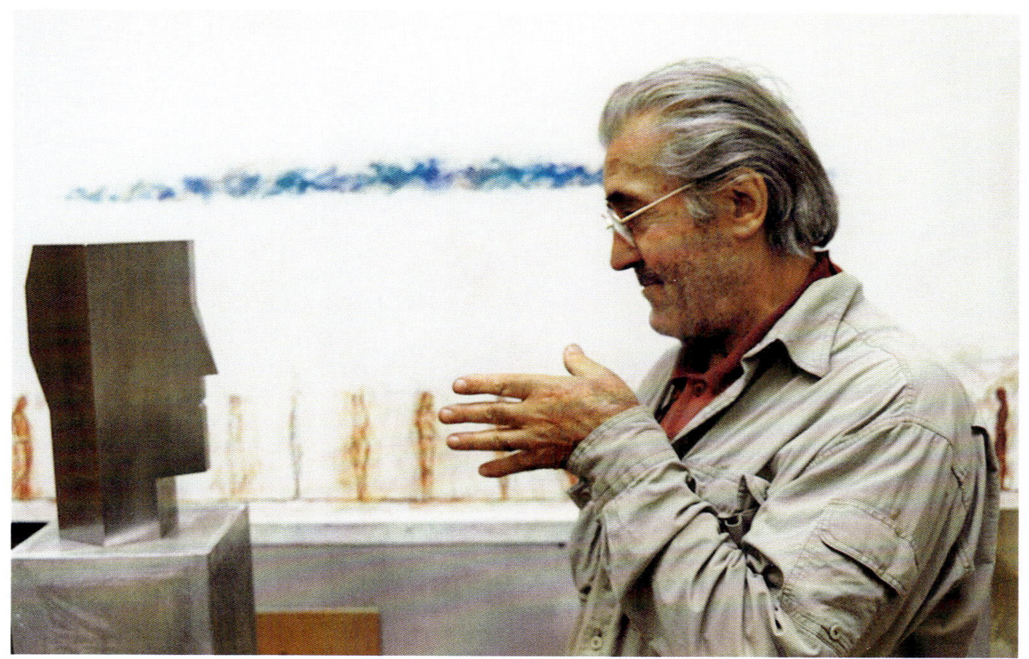

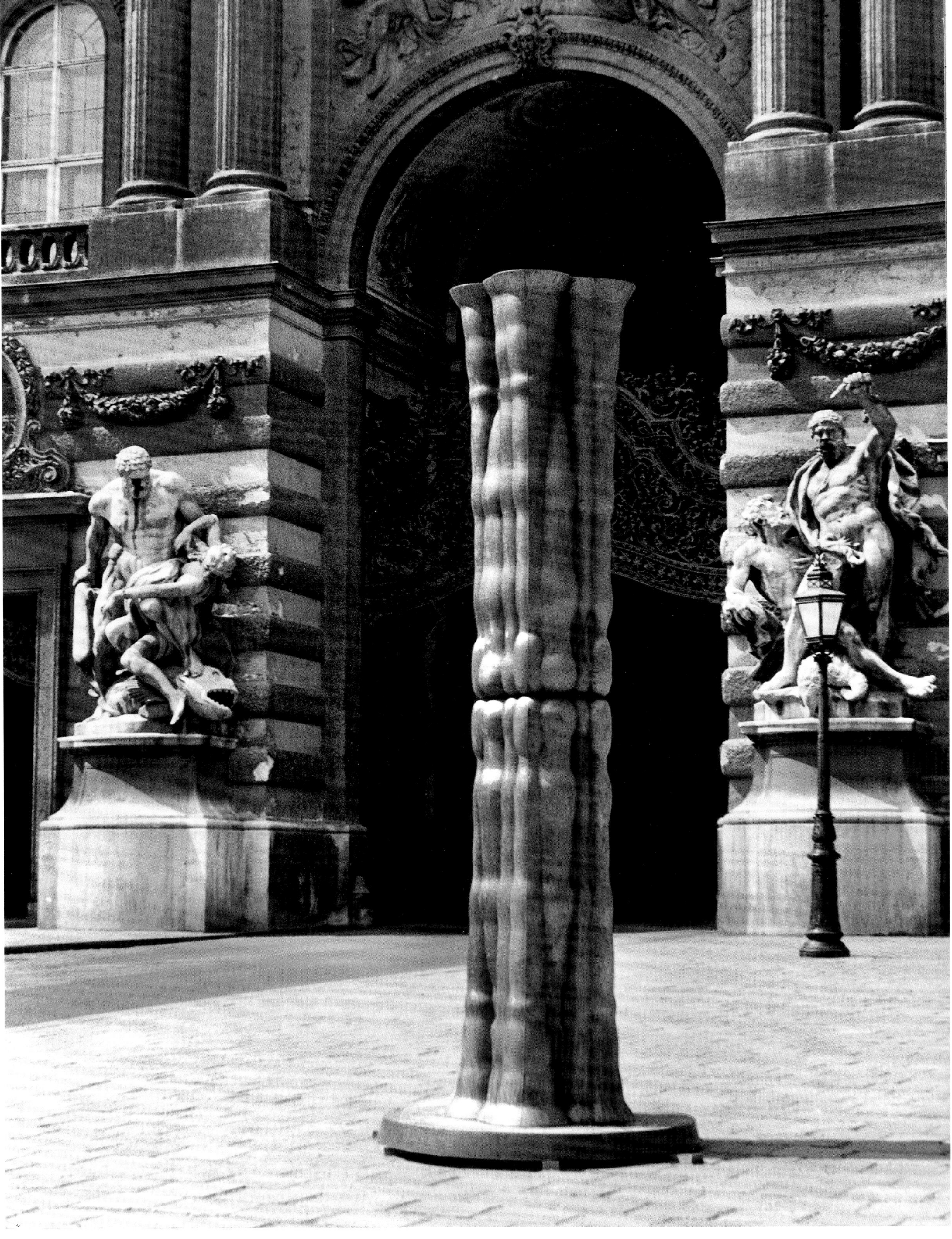

1982 wurde die vier Meter hohe Säule auf dem Wiener Michaelerplatz vor dem Portal zur Hofburg aufgestellt, das zwei Herkules-Episoden flankieren und zugleich bewachen (Abb. 102). In ihrer Formensprache eklatant unvereinbar, provozieren sich die beiden »Standpunkte« gegenseitig. Die ruhige, ereignislose Vertikalität der »Säule« gefriert unter den Kraftakten der Ringstraßenkunst, in denen das Habsburgerreich noch einmal barockes Heldenpathos mimt. Dahinter verbergen sich die Prozesse der Auflösung und des Zerfalls. »Zwecklos, sich dagegen aufzulehnen«, schrieb Kubin als Titel unter eine Zeichnung, in der alles zusammenbricht. Doch die »Säule« ist kein nachträglicher zeitkritischer Kommentar. Ihre formale Askese kontrastiert bloß mit den großsprecherischen Anatomien der antiken Heldensaga.

Die zeitlich befristete Konfrontation faßte hundert Jahre europäischer Bildhauerkunst zusammen, an deren Anfang das bereits verbrauchte antike Formenerbe noch einmal der physischen Gewalt huldigen durfte, an deren Ende eine rätselhaft hermetische Formensprache steht, die sich mit beredter Stummheit allem erzählerischen Aufwand verweigert. Sie findet ihr Auskommen mit dem in sich ruhenden dreidimensionalen Ordnungsentwurf der *Säule*, der auf seinen Umraum keinerlei Rücksicht nimmt. Das geglückte Kunstwerk, so lautet die Botschaft, ist sich selbst genug. Aus dieser isolationistischen Haltung ging der Schönheitsbegriff hervor, der den Künstler der Neuzeit als »alter Deus« dazu ermächtigt, gleich dem Schöpfergott unverrückbare formale Paradigmata hervorzubringen. Von dieser Hybris wird Schönheit als Resultat einer Totalität gedacht, der jegliche materielle Veränderung einen Substanzverlust einbrächte. Höchstes Ziel ist ein Ebenmaß, »das jede Erscheinung der Schönheit wunderbar verklärt« – so der nüchterne Leon Battista Alberti, bei dem die neue Rationalität unversehens ins Schwärmerische umschlagen kann. Gestützt auf Aristoteles und Vitruv verkündet er, »daß die Schönheit eine bestimmte gesetzmäßige [!] Übereinstimmung aller Teile was immer für einer Sache sei, die darin besteht, daß man weder etwas hinzufügen noch etwas wegnehmen oder verändern könnte, ohne sie weniger gefällig zu machen.«[22] Später hat sich Goethe auf diese Richtung festgelegt und das Schöne als eine »Manifestation geheimer Naturgesetze« aufgefaßt. Wieder also der Anspruch auf Exemplarität! In seiner Nachfolge definiert dann Heinrich Wölfflin 1892 das »Wunder einer guten Komposition« als Ereignis, »in dem plötzlich alles Beziehung zueinander gewinnt, alles zusammenschießt, die zerstreuten Teile zu einem Ganzen sich fügen …« – eine Epiphanie! So Wölfflin über Hans von Marées.[23]

---

22 Leon Battista Alberti: Zehn Bücher über die Baukunst, hrsg. von Max Theuer, Wien-Leipzig 1912, Sechstes Buch, S. 293

23 Hans von Marées (1892), in Heinrich Wölfflin: Kleine Schriften, Basel 1946, S. 81. Von Goethe (Brief an Herder, 6. September 1787: »Alles Willkürliche, Eingebildete fällt zusammen, da ist Notwendigkeit, das ist Gott«) ist Wölfflins Wort von der Komposition, die »Notwendigkeit« atme, abgeleitet.

gegenüber:
Abb. 102 Große Säule.
1963, Bronze, Höhe 400 cm
(während der Aufstellung auf dem Michaelerplatz in Wien

Dieser exklusive Schönheitsmaximalismus überzeugt uns heute nicht mehr, er mutet keimfrei und steril an. Dennoch wurde mit ihm argumentiert, als Jahrzehnte später die Bewunderer von Avramidis das zu begründen suchten, was man um 1900 noch als das Wunder der geglückten guten Komposition pries. Wotruba, der ihn bereits 1974 »zu den wenigen großen Bildhauern unserer Zeit« zählte, bekannte: »Ich kenne nicht die direkten Ursachen, die das Werk Avramidis' zu einer Dokumentation von harmonischer Schönheit machen.« Der Meister stand damals nicht allein mit seinem Respekt vor dem Mut seines früheren Schülers. Er bewundert dessen Wagnis: »Der Begriff des ›Schönen‹ hat etwas Aufreizendes, Verpöntes an sich und es gehört Mut dazu, in dieser modernen, verrotteten Welt ein Idol des Schönen zu errichten.« Wotruba hält diesen Versuch für gelungen, »selbst dann, wenn man sagt, dieses Werk sei einseitig, monoton und konstruiert«.[24]

Wotruba über Avramidis

In diesen Formulierungen spricht Wotruba von sich selbst, seinem eigenen Werk, das sich, intellektuell und vital, in Spannungen und Konflikten ereignet, von denen er den Jüngeren unbelastet glaubt. Wotruba wandte auf Avramidis die enge, doktrinäre Schönheitsnorm an, mit der er selbst zu ringen hatte. Diese klassische monofokale Norm bezog er aus Diskussionen mit einem Kreis von Wiener Literaten und Theoretikern, die in Konrad Fiedler, dem Mentor und Mäzen von Hans von Marées, ihren Meisterdenker verehrten. Der Neukantianer verlegte den Akzent von Wahrnehmungsproblemen auf die Herstellung von Wirklichkeit im Kunstwerk. Für ihn stand der Künstler nicht in einer Anschauungs- sondern in einer Ausdrucksbeziehung zur Wirklichkeit. Seine Tätigkeit ist nicht von Gefühlen gelenkt, sondern von dem Streben nach Klarheit, Bestimmtheit und Gesetzmäßigkeit. Der daraus resultierende Schönheitsbegriff gründet im Ebenmaß (Alberti), in der Folgerichtigkeit (Goethes »da ist Notwendigkeit, da ist Gott!«) und schließlich ganz allgemein in der zweifelsfreien Eindeutigkeit der formalen Aussagen. Dahinter steht eine statische Werkrealität, also ein in sich ruhendes Werk, dessen Gestaltungsprozeß einlinig und unwiderrufbar abläuft – bis zum finalen »Wunder«, das alle Teile in der *Fiktion der Vollkommenheit* vereint.

Konrad Fiedler und Marées

Die von der monofokalen Schönheit kategorisch verkündeten Gewißheiten haben nichts mit der strukturellen Offenheit zu tun, die Avramidis in seiner »Schönheit« unterbringt. Folglich ist sie weder *notwendig*, noch *eindeutig* oder *endgültig*, sondern entspringt einem Werkbegriff, der pluralistisch – und polyfokal – angelegt ist, also im Betrachter einen an der Entschlüsselung Mitwirkenden anerkennt. Das Schöne ist nicht eine statisch ein für alle Male festge-

Abschied von monofokalen Ordnungsmustern

24 Lobrede auf einen jüngeren Kollegen anläßlich der Verleihung des Großen Österreichischen Staatspreises an Joannis Avramidis 1974, in: Wotruba. Figur als Widerstand, hrsg. von Otto Breicha, Wien-Salzburg 1977, S. 182

legte Formhöhe, sondern wird von Prozessen hervorgerufen, die mit mehrsinnigen Forminhalten operieren.

Das alte, monofokale Ordnungsmuster entbehrte der Eigenschaften, auf die ich in meinen Werkanalysen immer wieder hingewiesen habe. Es ging mir um den Nachweis, daß diese Kunstgebilde ein künstliches Innenleben haben, das nichts mit romantischer Verinnerlichung zu tun hat, sondern die internen Formbewegungen betrifft: ihre Öffnungen, Verschränkungen und Verklammerungen, ihre Dialoge und antipodischen Gegenbilder, ihre Palindrome und Ambivalenzen, ihre inneren Monologe und doppelsinnigen Metaphern. Es geht also um Erfindungen einer konstruktiv-kombinatorischen Intelligenz, die in ihrer Verbindung mit einer ernsten, intuitiven Spielfreudigkeit (Goethes »ernste Spiele«) in ihrem Jahrhundert ohne Vergleich sind. Recht eigentlich ist, was ich Innenleben nannte, das unerschöpfliche Binnenleben und Doppelleben dieser Kunstfiguren.

Erfindungen einer konstruktiv-kombinatorischen Intelligenz

Fotos, die Avramidis mit Zirkel und Lineal meditierend vor einem Blatt Papier zeigen, verstellen gleichwohl den Zugang zur sensiblen Geometrie (ist das nicht ein Wort von Klee?), in der sein Erfindergeist zu Hause ist (Abb. 1, 103). So wichtig wie der Zirkelschlag sind für ihn die Chiffren der Verschlingung, die ein Seemannsknoten hervorzaubert. Freiheit und Vielgestaltigkeit sind im Vokabular und in der Syntax von Avramidis nicht als ausschweifende Versuchsanordnungen auf einem schier unbegrenzten Terrain zu verstehen, sondern als formale Explorationen innerhalb eines dialektisch angelegten Gesprächs, das ein Selbstgespräch ist.

Sensible Geometrie

Der Formenhaushalt, über den Avramidis verfügt, umkreist einen Werkbegriff, der das Kunstwerk dezidiert für die Tätigkeiten des Machens und Kombinierens in Anspruch nimmt. Die daraus resultierende »Schönheit« ist folglich nicht eine notwendige, organisch gewachsene Qualität, sondern ein Postulat, eine erfundene Größe, die sich aus Gegensätzen zusammensetzt. Ihre klassische Definition als ein »Zusammengesetztes« hat diese Schönheit in Pico della Mirandolas Traktat *Über das allgemeine Wesen der Schönheit* gefunden. Ich gebe einen wesentlichen Teil der Passage wieder, die Edgar Wind in seinen *Heidnischen Mysterien in der Renaissance* abgedruckt hat. Sie beginnt mit der Feststellung, daß kein einfaches Ding schön seine könne. »Daraus folgt, daß es keine Schönheit in Gott gibt, denn Schönheit enthält in sich eine gewisse Unvollkommenheit, das heißt, sie muß auf bestimmte Weise zusammengesetzt sein, was auf den ersten Grund keineswegs zutrifft ... Doch darunter (= unterhalb des ersten Grundes) beginnt Schönheit, weil dort Gegensätzlichkeit beginnt, ohne die es nur Gott gäbe und keine Schöpfung. Auch genügt es zur Bildung einer Kreatur nicht, daß Gegensätzlichkeit und Zwietracht zwischen verschiedenen Elementen herrschen, sondern erst, wenn sie zueinander ins rechte Verhältnis treten, vereinigen sich die Gegensätze und wird Zwietracht

Schönheit – ein Zusammengesetztes

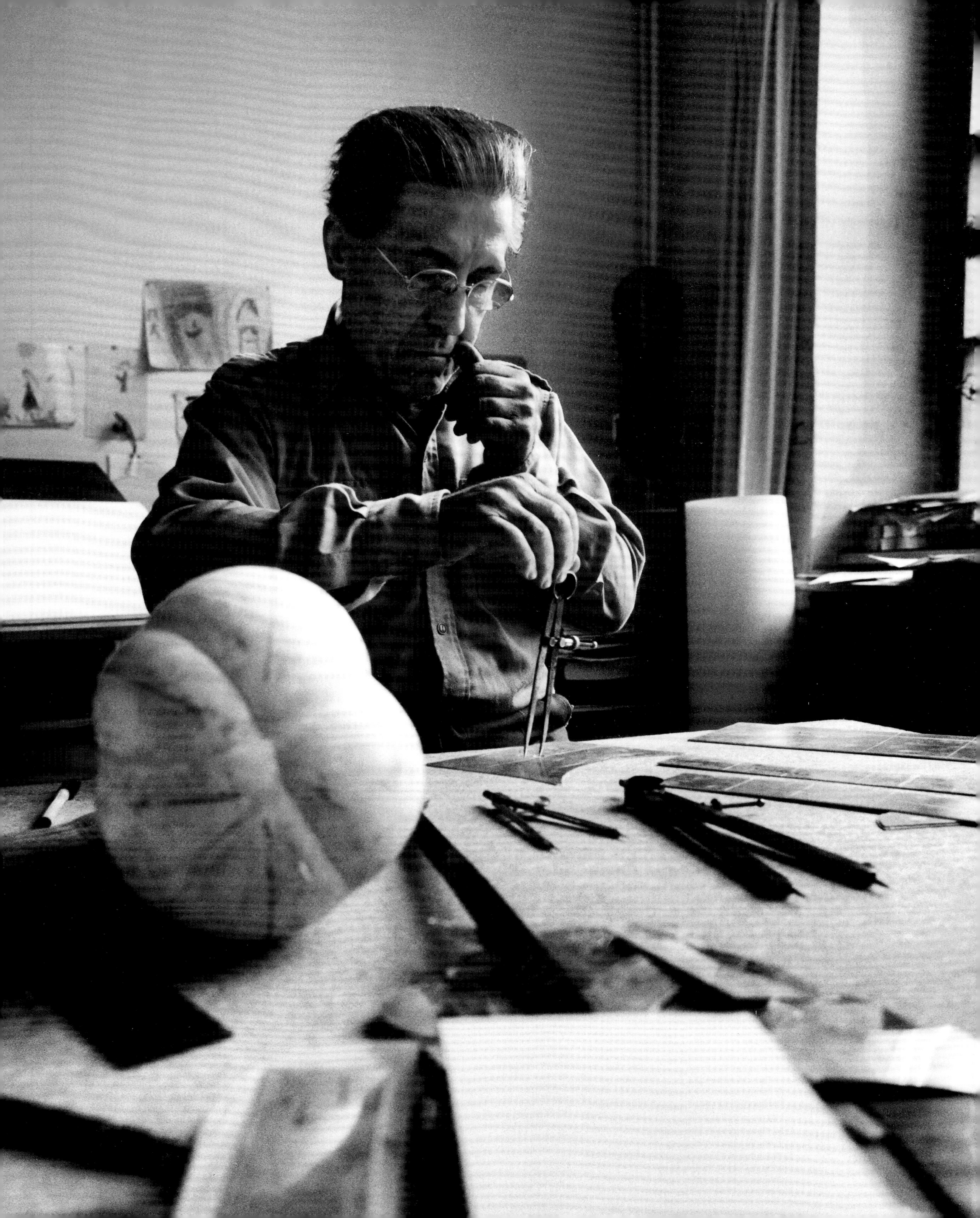

Einträchtige Zwietracht

zur Eintracht. Als wahre Definition von Schönheit mag somit gelten, daß sie nichts anderes ist als freundliche Feindschaft und einträchtige Zwietracht. Daher sagt Heraklit, daß Krieg und Streit Vater und Herr aller Dinge seien, und in Bezug auf Homer, daß man von dem, der den Streit verfluche, sagen könne, er habe wider die Natur gelästert. Vollkommener ist jedoch Empedokles, wenn er Zwietracht nicht für sich allein, sondern zusammen mit Eintracht als den Ursprung aller Dinge einführt, wobei er unter Zwietracht die Verschiedenheit der Elemente versteht, aus denen sie zusammengesetzt sind, und unter Eintracht deren Vereinigung; daher sagt er, daß einzig in Gott keine Zwietracht herrsche, denn in ihm gäbe es keine Vereinigung verschiedener Elemente, sondern seine Eintracht sei einfach, ohne jede Zusammensetzung.«[25]

Mir scheint, daß niemand besser als Pico das Paradoxon einer exemplarischen, aber nicht auf Vollkommenheit abzielenden Schönheit benennt, das unserer Moderne angemessen ist. Sie zieht sich nicht in exklusive Synthesen zurück, sondern überrascht mit Gestaltsummen, die widerstreitende Elemente in sich vereinigen. So wird das Schöne letztlich zur Summe der Möglichkeiten eines Weltbildes, das auf dem Ineinander der Gegensätze beruht, wie Heraklit es sah: »das All ist eins: getrennt, ungetrennt, geworden, ungeworden, sterblich, unsterblich, Logos, Aion, Vater, Sohn, Gott und Gerechtigkeit.«[26]

Ineinandergreifen der Gegensätze

Es ist hier nicht der Ort, diesen summarischen Ausblick auf die Gesamtheit der Moderne auszudehnen – gemäß meiner Überzeugung, daß diese Blickrichtung deren ambivalente Strukturmuster enthält –, gleichwohl möchte ich wünschen, daß der von mir als Kunsthistoriker an Avramidis exemplifizierte offene Schönheitsbegriff (den ich auch schon in anderen Zusammenhängen heranzog), einmal Gegenstand einer umfassenden Erörterung werden wird. Denn Avramidis, so entschieden er für dieses Merkmal der Moderne eintritt, ist nicht der Einzige auf diesem Wege, aber in meinen Augen der Innovator, der ihm die folgenreichsten und ergiebigsten Konsequenzen abgewonnen hat. Ihm verdankt die Moderne eine neue Signatur.

---

25 Wind, wie Anm. 7, S. 107

26 Capelle, wie Anm. 18, S. 131

gegenüber:
Abb. 103 Avramidis im Wiener Atelier, um 1980

AUSWAHLBIBLIOGRAPHIE

Joannis Avramidis. Zwischen Körper und Linie – Skulpturen und Zeichnungen, Ausst.-Kat. Museum Pfalzgalerie Kaiserslautern, hrsg. von Britta E. Buhlmann, Katalog von Annette Reich, Kaiserslautern 2006

Michael Semff: Joannis Avramidis. Skulpturen und Zeichnungen, München 2005

Grieche unter Griechen. Joannis Avramidis in der Glyptothek, Ausst.-Kat., hrsg. von Peter Prange, München 1999

Joannis Avramidis. Köpfe, Ausst.-Kat. Galerie Thomas, bearb. von Virginia Glasmacher und Florian Sundheimer, München 1999

Joannis Avramidis – a classic of contemporary sculpture, Ausst.-Kat National Gallery and Alexandros Soutzos Museum, Athen 1997

Joannis Avramidis. »Agora«. Skulpturen und Zeichnungen 1953–1988, Ausst.-Kat. Galerie Brusberg Berlin, hrsg. von Dieter Brusberg, Berlin 1989

Joannis Avramidis. Zeichnungen, Ausst.-Kat. Staatsgalerie Stuttgart, Graphische Sammlung u.a., bearb. von Michael Semff, Stuttgart 1986

Joannis Avramidis, Ausst.-Kat. Kunsthalle Bremen u.a., hrsg. von Peter Winter, Bremen 1980

Joannis Avramidis. Skulpturen, Entwürfe, Zeichnungen, Ausst.-Kat. Kunsthalle Nürnberg, bearb. von Wolfgang Horn, Barbara Wally und Curt Heigl, Nürnberg 1980

Fritz Wotruba: Lobrede auf einen jüngeren Kollegen anläßlich der Verleihung des Großen Österreichischen Staatspreises an Avramidis 1974, in: Otto Breicha: Wotruba. Figur als Widerstand, Salzburg 1977

Joannis Avramidis, Ausst.-Kat. Galerie Krugier, Genf 1970

Joannis Avramidis, Ausst.-Kat. Kestner-Gesellschaft Hannover, bearb. von Wieland Schmied, Hannover 1967

Katalog XXVIII. Biennale Venedig 1956: Austria, Wien 1956 (Text von Werner Hofmann)

BILDNACHWEIS

Sofern nicht anders angegeben stammen die Abbildungen aus den Archiven des Künstlers und des Autoren.

Andreas Avramidis: S. 4; Abb. 1, S. 57–60, S. 123–127, Abb. 103
Günter Balzer, Kaiserslautern: Abb. 6, 7, 8, 12, 56, 79, 80, 83, 84, 85, 86
Galerie Brusberg, Berlin: Abb. 17, 18, 24, 25, 29, 33, 35, 52, 53, 69
Charlotte Fetzer, Wien: Abb. 23
Reingard Friedrich, Berlin: Abb. 37
Koppermann: Abb. 26
Sanjiro Minamikawa, Tokyo: Abb. 16
Engelbert Seehuber, München: Abb. 5, 14, 30, 34, 36, 38, 39, 58, 81, 93

Athen, Nationalgalerie – Alexandros Soutzos Museum, © Stavros Psiroukis: Abb. 20, 28, 31, 32, 42–48, 57, 61–63, 66, 67, 70, 74, 77, 78, 82, 88
Kassel, Museumslandschaft Hessen Kassel: Abb. 54
Krems, Kunstmeile: Abb. 40
München, Staatliche Antikensammlungen und Glyptothek, Engelbert Seehuber: Abb. 21
München, Institut für Ägyptologie, LMU: Abb. 87

Illustrationsgraphik: Sophie Friederich

Lektorat
Markus Kersting

Gestaltung und Produktion
Gunnar Musan

Lithographie
Reproline Genceller, München

Druck und Bindung
Editoriale Bortolazzi-Stei S.r.l.,
San Giovanni Lupatoto

Papier
BVS matt, 170 g/qm

Schrift
Trump Medieval

Printed and bound in Italy

Die Deutsche Nationalbibliothek
verzeichnet diese Publikation in der
Deutschen Nationalbibliographie;
detaillierte bibliographische Daten
sind unter http://dnb.d-nb.de abrufbar

ISBN 978-3-7774-3911-2

www.hirmerverlag.de

mu[illegible]

also
d[illegible]

für Aussenblatt dieses ½ cm quadriertes Papier. Darau[illegible]
orthogonale Figur, bzw. Figuren Aluminiumfarbig?

Titel —— Orthogonale Bandfiguren

Länge 4 9 m H 2[illegible]